U0895740

ESSENTIAL MANAGERS

DK 职场基本能力手册

新版

英国DK公司　编著

靳婷婷　译

北京联合出版公司
Beijing United Publishing Co.,Ltd.

DK ESSENTIAL MANAGERS

MANAGEMENT HANDBOOK

DK 职场基本能力手册

Original Title: Essential Managers Management Handbook

图书在版编目（CIP）数据

DK 职场基本能力手册 / 英国 DK 公司编著 ; 靳婷婷译 .
-- 北京 : 北京联合出版公司 , 2022.11
ISBN 978-7-5596-6481-5

Ⅰ . ① D… Ⅱ . ①英… ②靳… Ⅲ . ①工作方法－通俗读物 Ⅳ . ① B026-49

中国版本图书馆 CIP 数据核字 (2022) 第 180788 号

北京市版权局著作权合同登记 图字：01—2022—4944

DK 职场基本能力手册
作　　者：英国 DK 公司
译　　者：靳婷婷
出 品 人：赵红仕
策　　划：张　缘
责任编辑：李艳芬
封面设计：张　敏、豆安国
版式设计：张　敏、豆安国
责任编审：赵　娜

北京联合出版公司出版
（北京市西城区德外大街 83 号楼 9 层 100088）
北京华景时代文化传媒有限公司发行
广东金宣发包装科技有限公司印刷　　　新华书店经销
字数 376 千字　　880 毫米 ×1230 毫米　　1/32　　14. 75 印张
2022 年 11 月第 1 版　　2022 年 11 月第 1 次印刷
ISBN 978-7-5596-6481-5
定价：168. 00 元

For the curious

www.dk.com

目录

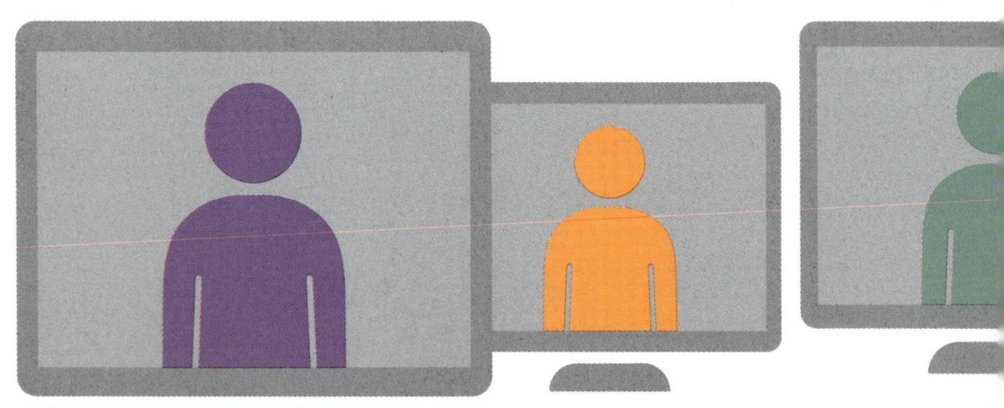

前言

担任管理者的职位，是一个既让人兴奋又令人恐惧的挑战。你要负责确保团队共同协作和取得成效，即使在远程工作的模式下，整个部门也能有条不紊地运作。想要成为一名优秀的管理者，不能单靠一种技巧，而《DK职场基本能力手册》就针对管理的六个关键领域提供了至关重要的建议。

领导你的团队

管理人才是建立高绩效团队的关键。无论是在办公空间与团队协作还是远程工作，一位成功的管理者都必须学会设定目标、计划工作、分配任务、激励员工、求同存异、评估绩效和解决问题。为了契合复杂、多样和灵活的现代工作环境，人才的管理无时无刻不在演进。但是，通过学习这一部分的核心技能，你便会为适应变化做好充分的准备。想要高效领导你的团队，树立优秀领导者的形象至关重要。**领导力**是一种能力，能够打造出人人致力于拿出最好表现的工作环境。这一部分内容提供了有助于开发领导技能的建议，帮助你将自己和团队的全部潜力都发掘出来。

实现你的潜能

想要实现潜能，你不仅需要变得更有创意和更加自信，也要提升自己的沟通技巧。在**实现高绩效**部分，你将获得帮助你了解自己的工具，学会如何发挥自己的优势和克服自己的弱点。本书的**有效沟通**部分集中涉及一系列话题，从如何规划策略，到如何分析你的沟通对象。你将学会如何有效地沟通和倾听，无论是针对你的团队，还是你的目标市场。

提高你的商务技能

纵观全球，**演讲**已经成为现场或远程商务交流的重要工具，因此，一位优秀的管理者也必须是一位成功的演讲者。通过清晰、简洁和实用的细节，演讲部分讲述了有效演讲的关键点，无论你发表的是正式演讲、面对员工的非正式演讲还是与媒体之间的交流，都适用这些知识点。**谈判**则是另一种所有管理者都应该掌握的技能，富有挑战、错综复杂，但也让人兴奋。这一部分概述了各种谈判技巧，不仅教你如何管理自己的情绪，也帮助你理解自己的谈判风格，让你在任何环境中都能成为一个更加成功的谈判者。

在这本书中，你会发现许多功能板块，它们旨在帮助你快速有效地掌握成为一名管理者的基本要素。“问问自己……”板块可以帮你审视自己的现状，评估如何提高自己的技能，而“小贴士”板块则会提供精辟的建议。“案例研究”板块提供了可供读者学习的真实案例，而“注意事项”板块则针对重要问题提供一目了然的建议。

管理人才

认识自己

认识自己能够为你提供宝贵的意见，让你更加了解自己的领导能力，也能让你理解他人对你的看法，人们通过特定方式回应你的原因，以及如何最大限度地发挥他人的潜能。

01

发展自我意识

认识自己的情绪、个性和喜好，明白什么因素能激励你，什么东西对你来说容易上手，什么东西会构成挑战，这是获得有效管理能力的关键先决条件。简而言之，如果不能管理好自己，你也就没法管理好其他人。

不断进步

增强自我意识的最好方法，就是从自己的经历中系统地汲取经验。刚开始的时候，你可以反思工作中的具体事件、你对这些事件的应对方法以及事件的结果。你需要安排一个固定的时间来做这件事，比如选在相对空闲的刚上班时或快要下班时进行。你还得给自己一个反思的空间，确保你有20分钟左右不受打扰的独处时间。在这段时间里，你可以试着对发生的事情进行更加深入的理解，并思考如何从每件事中总结经验。

小贴士

做笔记

利用笔记本，在纸上思考你在这本书或其他书中读到的关于管理的内容，或是在管理培训课程中的亲身经历。

花些时间**反思**工作中的**具体事件**、你针对这些事件所**采取的行动**，以及这些事件的**结果**。

分析你的表现

对实现目标的过程进行评估，可以帮助你更全面地了解自己的优势和劣势。在做出关键决定或采取关键的行动时，你可以将预期写下来，然后每隔三四个月，将实际结果与你的期望进行比较。坚持实践，这种方法能帮你认识到还有哪些你做到的或没做到的事情导致自己无法发挥全部优势，并将你不是特别擅长或无法充分发挥能力的领域暴露出来。

焦点话题

寻找反馈

在生活中，至少找到一个能够给你真诚的反馈、帮你正确认识自己的经历并从中汲取经验的人，这一点至关重要。这个人应该是你足够信任的人，遇到真正的问题时，你可以向这个人提问:“我是不是搞错了?是不是不够理智？”这个人可以是伴侣、导师、挚友、同事、治疗师或是私人教练。当今，许多组织都会为管理者提供360度评估反馈，以便其从其他员工那里了解自己的优势和劣势。

写每日纪要

坚持写每日纪要是帮助你总结经验的好方法。每日纪要与日记类似，但内容涉及管理经验的总结，并包括对老板、员工和同事之间沟通的反思。如果想要征求反馈意见，你可以把每日纪要以博客的形式发表在网上。

每日纪要可以描述下面一些事情

- 某人在处理情况时用到的有效（或无效）的方法。
- 一个正在发生的问题。
- 人们应对情况的不同反应。
- 针对有见地或有趣的文章发表评论。
- 逸事、新闻报道，以及幽默漫画。
- 你对新闻、书籍或电影中人物的看法。

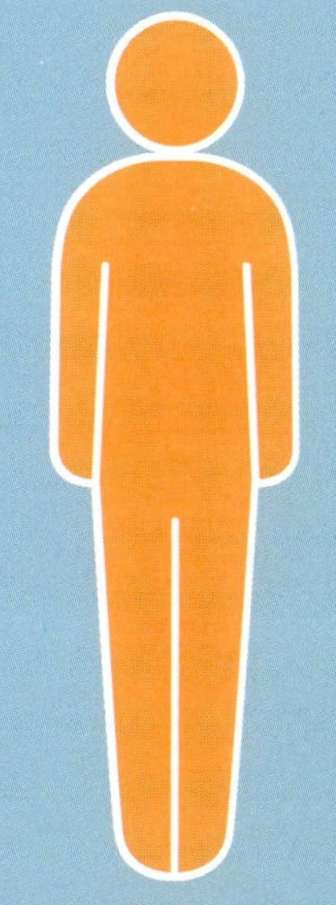

情商的利用

情商（EI）是指监测和处理你与他人的情绪的能力。情商用EQ作为衡量单位，相当于情绪版的智商（IQ）。包括畅销书《情商》（*Emotional Intelligence*）作者丹尼尔·戈尔曼（Daniel Goleman）在内的一些作家都认为，一位技术熟练且具有高情商的经理要比一位只有高智商的经理更富有成效。

了解情商

情商是衡量你理解他人以及与他人互动的能力的标准。与你打交道的人越多，你的情商就越重要。情商衡量的并非性格特征或认知能力。情商可以随着时间的推移得到开发，也可以通过训练得到提高。高情商的人能够更有效地控制自己的情绪，同时也能把情绪作为行动的基础。与情绪和平相处而不受其支配，能使我们更有效地应对周围环境的需求。这样的人能够更好地控制冲动和处理压力，解决问题的能力也更强。所有这些品质，都有助于个人在工作中表现得更出色。

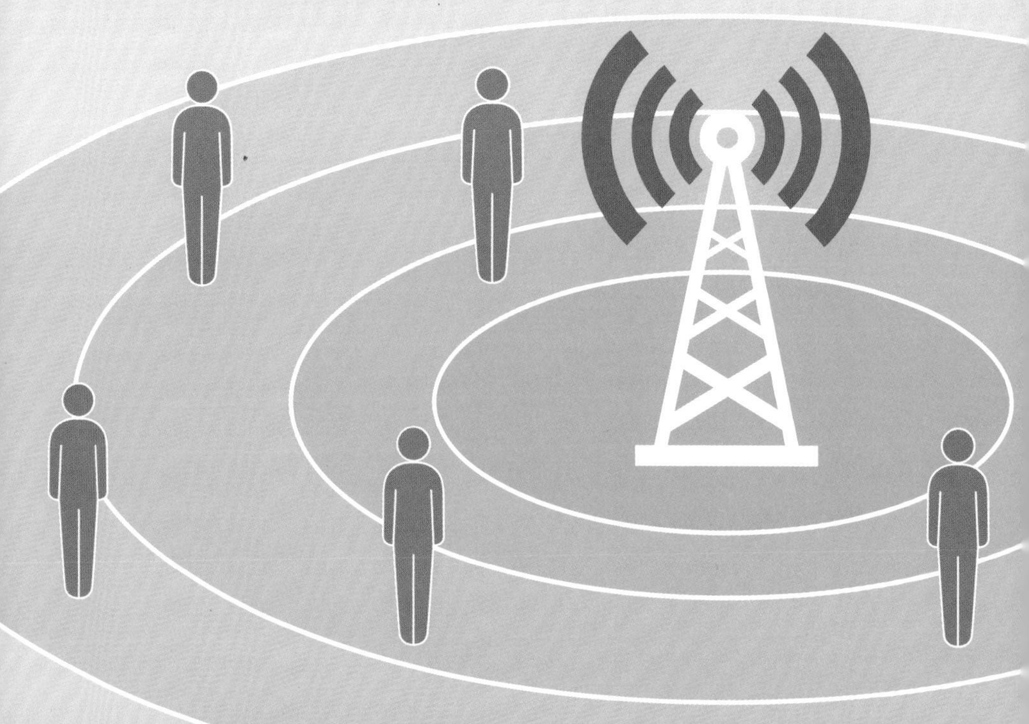

问问自己……
情商的利用

		是	否
1	我能否意识到自己的情绪并采取相应的行动？	☐	☐
2	我能坦率而从容地分享自己的感受吗？	☐	☐
3	我能以同理心、敏感和友善对待他人吗？	☐	☐
4	我能接受别人的意见和想法吗？	☐	☐
5	我能果断地面对冲突吗？	☐	☐
6	我能在个人生活和工作中保持平衡吗？	☐	☐

在工作中利用情商

想要在当今的商界成为一名成功的管理者，高情商或许要比高超的智商或纯熟的技能更加重要。作为领导一个由多样化人员组成的项目团队的管理者，不仅需要理解他人，还要能够有效与他人互动。在工作中运用情商，不仅意味着要以开放的态度对待他人的想法，还意味着应当具备与他人建立和修复关系的能力。你应该有能力察觉自己的感受并采取相应的行动，能够清晰地传达自己的想法供他人理解，能够建立融洽的关系，建立信任并努力达成共识。那些能敏锐感知自己和他人感受的管理者，会利用这种感知来提高个人、团队和组织的表现。

管理情绪

情商有两个方面：一个是向内，一个是向外。前者是指你对情绪的自我意识和管理自己情绪的能力。后者则是指你的共情能力，也就是对他人情绪的意识，以及有效管理与他人关系的能力。情商中的内向和外向因素，都是由许多技巧或能力组成的。

情商的四大能力

内向型能力

自我意识

- 对情绪的自我意识
- 准确的自我评价
- 自信心

自我管理

- 对情绪的自我管理
- 可信度
- 责任心
- 成就导向
- 适应力
- 乐观
- 主动性

关系管理

- 开发他人能力
- 鼓舞型领导力
- 影响力
- 沟通
- 引导变化
- 冲突管理
- 建立关系
- 团队与合作

外向型能力

社交意识

- 共情能力
- 对组织的意识
- 服务导向

71%

相比于**员工**的智商，71%的管理者**更看重**情商。

果断决策

一位卓有成效的管理者必须以积极自信的态度完成工作。果断的管理者能够表达自己的感受，秉持恰到好处的开放心态，同时也会尊重他人的感受或权利。

理解人格类型

不同的人拥有不同程度的果断决策和表达情感的能力。有些人咄咄逼人、直言不讳，可能表现得盛气凌人、爱出风头或以自我为中心。有些人则较为被动拘谨、温柔顺从，他们往往会压抑自己的感情，甚至不敢挺身维护自己应有的权利。消极的人会努力避免冲突，容易舍弃自己的需求和感受来满足他人。

果断决策，有效管理

绝大多数人都处于被动和激进两个极端之间。极端的被动和激进行为都会对有效的人员关系管理造成阻碍，因为二者都不利于建立开放透明的心态。卓有成效的管理者需要果断决策、坦诚表达自己的想法和感受，维护自己的权利，为被管理人员树立效仿的榜样。果断的管理者开诚布公，同时也能体恤他人的需求，且不妄图

变得更加果断

陈述你的立场

试着用“我”作为对话的开头，比如“我认为”“我相信”，或者“我需要”。

做好准备

做好应对难以回答的问题的准备：搜集手边所有的信息，试着预测对方的回应。

利用开放式问题

如果觉得难以让对方敞开心扉，那就提出不能只用“是”或“否”来回答的开放式问题。

问问自己……

我足够果断吗？

	是	否
1 在别人称赞我的工作时，我的回应是否能**准确反映**自己的感受？	□	□
2 和一群陌生人共处时，我**能畅所欲言**吗？	□	□
3 如果别人在我说话时打断我，我能**捍卫自己的权利**吗？	□	□
4 我能**避免自己成为被别人利用**的工具吗？	□	□
5 在认为对方会做出消极回应时，我还能**对其工作提出批评**吗？	□	□

压榨那些不太果断、自信的人。压迫或许会产生短期效果，但不利于充分调动团队成员的能力。

> **果断的**管理者开诚布公，同时也能敏感觉察**他人的需求。**

用想象勾画自己

尝试与一位你信任的同事进行角色扮演，表现出果断的人设，这有助于你将自己视为一个果断的人。

全面看待问题

试着站在别人的视角来看问题。比如，绝大多数的职场刺头都是在掩饰自己的不安全感或是对工作的无能。

耐心应对

适应新的行为，需要时间和练习。需要注意的是，当你开始变得更加果断时，周围的人或许一时难以适应。

审视你的假设

对于自己的团队，管理者容易按照自己假设的激励因素进行管理。这些假设会形成团队行为的自证预言。管理者会对他们预期的行为进行奖励，从而只收获预期的结果。想要成为更优秀的管理者，首先要采取的一个步骤，就是质疑你的假设。

X型管理者

根据管理者对团队激励因素的不同假设，著名管理理论学者道格拉斯·麦格雷戈（Douglas McGregor）将管理方式分成X型和Y型两种。X型管理者认为，他们需要对员工加以强迫和指挥。这样的管理者大多严格且控制欲强，几乎不给自己的员工留出空间，且会对差劲的表现进行惩处。他们很少给予奖励，往往只给出负面的反馈。这些管理者认为员工无须拥有自主权，因为在他们看来，员工是不能或不愿协作的。

Y型管理者

Y型假设反映了一种对人性更为正面的看法。Y型管理者认为，如果努力能够得到适当的奖励，人们便乐意鼓励自己朝着目标前进。持有Y型假设的管理者对员工抱有很大的信心。他们不那么爱发指令，并会赋权给员工，给他们更多的责任和自由来完成员工自己认为应该完成的任务。

打造环境

以X型假设为基础假设的企业与Y型管理者设计的企业截然不同。举例来说，Y型管理者认为员工有动力帮助企业实现目标，因此会对权力进行去中心化，与X型管理者相比，他们会将更多控制权下放给员工。Y型管理者明白，从天性而言，绝大多数人不会与企业需求对着干，但却可能因消极体验产生排斥心态。Y型管理者致力于构建参与型管理和共同目标设定等框架，鼓励员工肩负起职责。这些方针

小贴士

自我分析

坦诚地回顾**你做出的每一个决策和委派的每一项任务**。对于每个案例，都问问自己，你的相关下属会作何感想，你预期他们会拿出怎样的行动。请记住，**正面的期望**有助于产生积极的结果。

使得团队成员可以在工作中执行一定程度的自我指挥和自我管控。

在Y型管理法中，个人和团队仍要对自己的行为负责，但管理者并非施加控制的角色，而是应当提供支持和建议，并确保员工具备有效完成工作的资源。与之相反，X型管理者认为他们是对员工进行监管的角色，以确保他们对生产过程有所贡献，且不会对产品质量产生损害。

X型和Y型假设

X型管理者	Y型管理者
	人们可以享受工作，能够将工作看得与休闲玩乐一样自然。
	如果人们能够重视任务背后的目标，便会执行自我指导和自我管控。
	普通人有能力接受和寻求责任。
	绝大多数员工将工作满意度和职业满足感放在优先考虑事项的前端。

明确你的价值观

价值观是一种针对积极、正确和有价值的事物的稳定持久的理念，也涉及为达到重大目标采取的合宜行为。想要成为一名卓有成效的管理者，你就必须对自己的价值观有深刻的理解，并以此作为采取行动的出发点。

定义价值观

在生命的早期，受到父母、老师、朋友、宗教领袖和媒体塑造的榜样的影响，我们的价值观已经形成。有的价值观或许会因我们生活阶段的改变和经历不同事物而变化。你的价值观会体现在你所做的每一件事和每一次选择上。举例来说，如果你是一个特别重视准时的人，便会确保自己的行动传达出准时赴约的信息。迟到的想法会刺激你产生压力，从而在你赶忙赴约时使肾上腺素激增。作为一名管理者，明确自己的价值观至关重要，这样一来，你才能够确定自己的目标，并明白如何通过管理自我和他人来实现目标。

明确个人价值观

或许听来奇怪，但想要明确你的个人价值观并明确自己重视的事物，最好的一个方法，就是思考你想要在自己的悼词中被人以何种方式铭记。静坐着想一想你希望朋友和家人怎样回忆你，希望你的同事怎样评价你。同时，也请考虑更广泛意义上的贡献，即你希望以怎样的方式被你所在的群体铭记。把答案写下来，利用写下的信息来明确你最重视的价值观。

处理冲突

当你的个人价值观与企业的价值观发生冲突时，或者当个人或小团队之间出现价值观分歧时，你或许会进退两难。如何完成工作、采取怎样的奖励机制，或是工作关系的亲密程度如何，在这些问题上，

问问自己……

关于影响你的人或事

		是	否
1	我能否找出影响我的**价值体系**发展的人和事？	☐	☐
2	对我来说，这些影响源是否与最近对我产生影响的人和事**一样重要**？	☐	☐
3	在现在所处的世界中，我的价值观还**适合**作为行为的圭臬吗？	☐	☐
4	我是否应该考虑改变自己的一些价值观，使之更加**切合时宜**？	☐	☐

都可能存在着价值观的差异。明确了解自己的价值体系，有助于处理这些冲突。如果能清晰把握自己的价值观，你就可以采取坦诚、正确的行动，不受情感或社会压力的影响，做到言行一致。想要解决冲突，首先要确保你能意识、理解并容忍对方的价值观差异。这会帮你确定判断冲突是否无法调节、是否需要人事变动，还是可以通过妥协和调整来照顾到不同的观点。

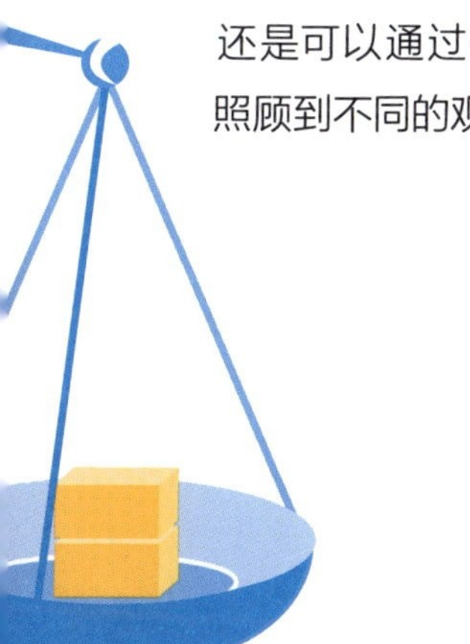

焦点话题

价值观的类型

价值观可以分为两种类型：**终极价值观**和**工具性价值观**。终极价值观（即你的人生目标）指的是你希望实现的效果或目标，比如舒适富足的生活、世界和平、获得伟大的智慧等。工具性价值观（即达到这些目的的手段）是指努力实现预期效果和目的时应该采取何种适当的行为。我们可以想象一位为尽早交付客户紧急订单而加班加点的管理者，这位管理者表现出的是愿意为客户解决问题的态度。这种态度就是一种工具性价值观，其背后的基础或许是为他人服务的终极价值观。

设立你的个人使命宣言

个人使命宣言能为你提供长远的愿景和动力，让你以符合自己价值观的方式管理自我和团队成员。使命宣言还能帮你确立作为管理者的使命与目标，也为自我评估铺设了一个基准。

界定你的未来

你的使命宣言阐释了你的管理哲学，界定出你想成为什么样的管理者（你的性格），你希望实现什么样的成就（你的贡献），以及指导你行为的原则（你的价值观）。使命宣言提供了指导你管理方式的愿景和价值观，不仅为制定长期和短期目标提供了基础，也利于最有效地分配个人时间。

构想未来

设想实现目标时的情景。对于理想未来的憧憬，能够成为一种**强大的动力**。

评估进展

以你的**使命宣言**为标准，不断评估自己的表现。如果没有成功，那就诚实面对自己，找出其中的原因。

厘清你的哲学

确保你的个人使命宣言准确地反映出你的价值观、目标以及对成功的渴望。某个个人使命宣言可能是这样的：“我的职业目标是有效地管理我的团队，赢得尊重，获取知识，利用我的管理才能帮助他人，并在企业中发挥积极的作用。”另一个人的个人使命宣言关注的焦点或许截然不同：“作为一家创意公司的管理者，我想建立一个不存在失败、能够自我存续的学习环境。”定期对你的使命宣言进行重新评估，至少做到每年一次，以确保宣言描述出作为管理者的你对未来的整体愿景。

小贴士

从挫折中汲取经验

事情并不总是如你所计划的那样顺利。面对挫折时，**坦诚面对自己**，认识到发生的事情以及发生的原因，并仔细考虑是否需要对目标进行**重新评估**。

设定并实现个人管理目标

SMART口诀

设定**具体的**（Specific）、**可衡量的**（Measurable）、**可实现的**（Attainable）、**符合实际的**（Realistic）以及**有时限的**（Time-bound）目标。界定明确且在能力范围之内的目标更容易实现。

奖励自己

为取得小小的成就奖励自己。朝着目标**不断迈进**的过程中，不时犒劳自己一下，比如晚上出去放松放松，或是享受些娱乐活动。

获取支持

建立一个由**能帮助你实现目标**的人组成的支持小组。支持小组中，应有一些有资源助力你成功的人员。

设定你的目标

打造个性化的目标。相比于别人设定的目标，你**对自己设定的目标要投入得多**。

管理
团队

团队是企业的基石。成功的团队领导者明白什么因素有助于团队达到预期效果，什么因素可能导致失败。想要成为一名成功的管理者，你需要对团队的工作进行规划和设计，有效地分配任务、监督进展，并激励你的团队拿出卓越的表现。

02

设定目标与计划

对于任何管理者来说，制订计划都是一项至关重要的技能，制订计划的第一步，就是对企业的目标有一个充分的理解。计划是指针对现有人员制定一套实现这些目标的策略，并打造出各种融合和协调必要活动的策略。

了解你的目标

计划涉及结果（需要实现的目标）和途径（如何达成目标）。想要制订计划，管理者必须首先确定企业的目标，即企业努力实现的结果是什么。

计划和监管

目标是所有计划活动的基础。目标指的是整个企业、企业中的团队以及个人希望得到的结果。在最完善的企业中，员工和团队会与管理者密切合作，以制定自己的目标并打造行动路线。目标为所有管理决策提供了方向，并构成了可用来衡量实际成就的标准。

小贴士

展望未来

写下你**希望团队在未来五年实现的**三个SMART目标，然后**制订实现目标的计划**。

如何制订和实施计划

提出“**我们存在的意义是什么**”以及“**我们在做什么事情**”这样的问题，来确定你的总体目标。

对你的工作环境进行透彻分析，从而确定**可以利用的机会**以及**可能遇到的威胁**。

利用结果来设定你**想要达到的具体目标**。这些具体目标将为你提供一个**衡量进度的标准**。

设定你的目标

以下是五条可以帮助你设定有效目标的基本准则。确保通过SMART标准来制定目标，即**具体的（Specific）、可衡量的（Measurable）、一致的（Aligned）、可实现的（Reachable）以及有时限的（Time-bound）。**

具体的（Specific）

目标只有在具体到可以测量和验证时才有意义。

可衡量的（Measurable）

目标需要设置一个可以客观评估的明确结果。除此之外，这些目标还需要具备可在实践过程中用来加以核查的清晰标准。

一致的（Aligned）

目标不仅要推动企业的使命、愿景和战略计划，还要与执行这些目标的员工的价值观和具体目标一致。

可实现的（Reachable）

实现目标需要付出努力，但也不应不切实际。

有时限的（Time-bound）

不设限的目标让人没有迫感，因此很容易被忽略。在条件允许的情况下，目标应该附加时限。

目标指的是整个企业、企业中的团队以及个人**希望得到的结果。**

监控进展，**确保你在正轨上。**

为实现这些目标**制订计划**，即需要做什么、由谁执行，以及何时执行。

执行计划，明确职责并提供支持。

工作设计

工作设计是指组合任务、打造完整工作的方法，包括为人员设定合适的工作，兼顾考虑组织的目标和员工的满意度。合理设计的工作能够充分调动员工积极性、带来高质量的表现、高满意度、低旷工率和低员工流失率。

定义工作

不同职业之间也存在着很大的差异，例如，救生员的日常职责就与会计师或建筑工人截然不同。尽管如此，任何工作都可以通过以下五个因素来加以描述。

- **技能多样性：**一项工作要涉及活动的多样性，以便员工施展各自不同的技能和才能。
- **任务完整性：**一项工作对于自成整体以及工作成果可辨的要求。
- **任务重要性：**一项工作对他人生活影响的大小。
- **任务自主性：**一项工作在时间安排和工作方法上为员工提供的自由度和自行裁决度。
- **任务反馈性：**员工获得有关其绩效的信息是否直接和明确。

作为一位管理者，你可以通过优化这五个方面来最大限度地调动团队的表现。在人们看来，具有这些特征的工作是重要的、有价值的，也是值得付出努力完成的。拥有自主性的工作有助于让员工对自己的工作成果负责。在工作中提供反馈，能向员工传达其付出的努力是否有效。

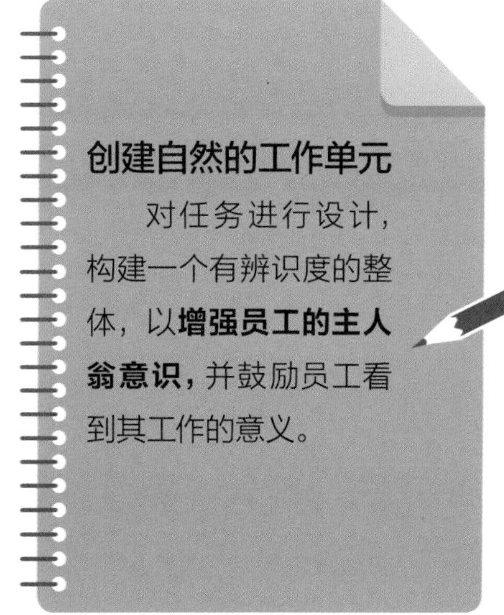

将技能的多样性、任务的可识别性和重要性结合起来，可以**设定有意义的工作。**

通过巩固五大特征设计工作

结合任务

把现有的零碎任务放在一起，组成更大的工作模块。这有助于**提高技能的多样性**和工作完整性。

垂直拓展工作

将曾经留给管理者的责任赋予员工，能够缩小执行工作与管理工作之间的鸿沟，**提高自主性**。

建立客户关系

让员工和客户之间**建立直接关系**，这有助于**提高工作多样性、自主性和反馈性。**所谓客户，即员工打造的产品或服务的用户。

改善反馈渠道

反馈信息能让团队成员**知道自己的表现如何**，并了解是在改善、恶化，还是保持不变。员工应该在工作过程中直接获取反馈信息。

小贴士

尊重决定

如果你授权某个团队成员制定决策，那就尽量不要出尔反尔，除非这个决策真会让你的企业陷入险境。反复否决团队成员的决定，会降低信任感和自主性。

驱动绩效

正如克莱斯勒汽车公司前首席执行官李·艾柯卡（Lee Iacocca）所说的：“所有的商业运作都可以简化为三个词：人员、产品和利润。人员是第一位的。如果没有一个优秀的团队，你无法对其他两个方面做太多的改善。”成功的管理者不仅能够打造成功的团队，也能与团队进行合作并加以管理。

定义高绩效团队

团队是由两个或两个以上的人员构成的组合，他们定期会面（包括线下或远程），将团队视为一个有别于他人的单位，具备互补的技能，致力于完成一个共同使命，拥有一些绩效目标，并相互问责。

高绩效团队通过共同努力进行集体协作，获得的结果能够超出个人努力的总和。研究和实践经验表明，成员超过12人的团队往往缺乏凝聚力，难以做出快速有效的决策。

了解团队绩效

我们的身份

分享长处、短处、工作偏好和价值观，可以为团队建立**一套共有理念**，创造一种团体认同感和对“**共有身份**”的认知。

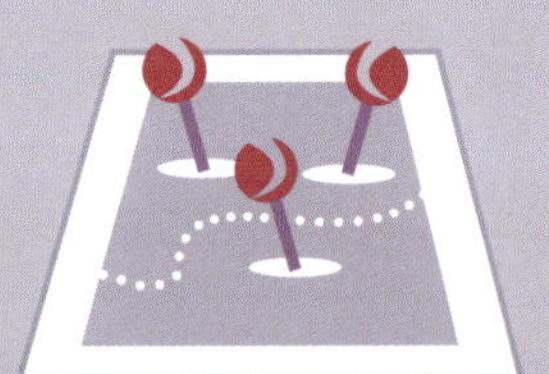

我们的现状

了解现状有助于团队**巩固自己的优势**、改善自己的劣势，并**辨识出可以利用的机会**和需要警惕的威胁。

我们的未来

团队需要对终极目标有一个**愿景**。他们还需要一个**使命**、一个宗旨，以及一些调动成员斗志的**具体团队目标**。

焦点话题

彼此信任

在高绩效的团队中，彼此信任的氛围是必不可缺的。也就是说，团队中的每个成员都需要确信他们可以彼此依赖。成功的管理者会打造一种开放透明的环境，让员工自由讨论问题而不必担心遭到报复。这些管理者平易近人，尊重他人，倾听团队成员的想法，并在对待他人时以公平、客观和公正著称。一以贯之和坦诚相待的作风非常关键，因此这些管理者会尽量避免无常和善变，对明示或暗示的承诺都能言出必行。

沟通是建立和维持团队成员相互依赖关系的关键。高绩效团队的管理者会让团队成员了解高层管理者的决策和政策，并针对其表现给予精准的反馈。与此同时，他们也能用开放坦诚的态度对待自己的问题和局限。

我们如何达到目标？

团队成员必须了解每个人的分工以及实现团队目标的时机，也必须明确自己的职位描述、在团队中的角色、责任，以及权力和职权范围。

我们能得到/需要什么样的支持？

审视每个成员的培训和晋升需求，可以为个人培训、咨询和指导奠定基础，让个人和团队双双得到提升。

我们的成效如何？

对产出的数量和质量以及团队的进展定期进行绩效审查，并对成果予以认可和奖励，这不仅能够确保团队目标的实现，还能为团队成员设置标杆。

实现有效团队协作

为了帮助你的团队发挥出最大潜力，请打造清晰的目标。所有的团队成员都需要对团队目标有全面的了解，并相信这些目标带来的结果值得他们为之付出努力。这有利于团队成员将个人利益升华为团队利益。团队成员需要致力于团队目标的实现，明确需要实现的成果，以及如何通过协作来实现这些目标。

但是，这些目标必须是可以实现的。如果目标看起来遥不可及，成员便可能失去士气。为了避免这种情况的发生，你可以在实现最终目标的过程中设立较小的过渡性目标。随着这些较小目标的实现，团队的成绩便会得到巩固。凝聚力增强，士气提高，信心也由此建立起来。

作为团队的管理者，你的职责就是为团队成员提供所需的资源和支持，帮助他们取得成功。在必要的领域提供技能培训时，你可以亲自培训，也可以雇请企业内部或外部的培训机构的专家。

引导你的团队

团队取得成功时，所有成员都应分享荣耀，而当团队失败时，大家也应分担责任。成员们需要明白，个人不能坐享别人努力的成果。

确定每个成员对团队工作的贡献，作为成员整体绩效评估的一部分。为便于绩效监控，选择团队成员作为参与者/观察员。在团队工作的过程中，参与者/观察员的职责是关注团队使用的工作方法，也就是团队成员为实现目标而采取的一系列行动。参与者/观察员应定期让团队暂停工作，并对成员的工作方法进行讨论。参与者/观察员的具体目标，就是讨论当下的工作方法和制定改善策略，从而提升团队的表现。

6–12

6—12名成员是团队取得最优绩效的**理想人数**。

问问自己……
打造团队绩效协议

	是	否
1 我是否明确了**需要完成的任务**和完成任务的时机？	☐	☐
2 我是否**明确划定了界限**（即行为的指导准则）**或达成目标的手段**？	☐	☐
3 我是否找到了可用的人力、财力、技术或公司支持，以推动**实现目标**？	☐	☐
4 我是否建立了**绩效考核标准**以及每次考核的时间间隔？	☐	☐
5 我是否详细阐述了**绩效评估**的具体流程以及不符标准所带来的后果？	☐	☐

小贴士

人员变动

如果你的团队陷入了自身惰性或内部斗争的泥沼，那就**轮换团队成员**。考虑如何将性格各异的人组合在一起，**重组团队**，以便更充分地实现技能互补。

制定标准

创建一份绩效协议，详细记录团队期望达成的目标、对每位团队成员的要求和期望，以及成员将会得到的支持。为团队的成功设定清晰的框架，这不仅有助于确保成员对理想结果达成共识和愿景，还能凸显你对每位团队成员表现的期望值。

重视多样性

在工作中，与跟自己相似的人产生共鸣已经够有挑战性了，而与自己不同的人弥合差距以及建立真正的联系则需要一套特殊的技能。工作环境日益多样化，业务日益全球化，管理者必须了解文化多样性会对企业人员的期望和行为产生怎样的影响。

理解变化

劳动力市场正在经历巨变。绝大多数国家正在经历劳动力年龄增长以及移民增加，许多国家也面临着女性工作者人数的激增。与此同时，越来越多的企业开始在海外制造和销售产品以及提供服务。因此，管理者必须能够与企业内外各种背景的人协同工作，并确保员工也具备这样的能力。那些认为自己并非被雇主勉强接受而是得到重视和尊重的员工，不仅会更加忠诚，而且会更加高效，对工作也更专注。

小贴士

告诉所有人

向大家公开承诺对于多样性的重视，这种做法能确保你**言出必行**，并可能吸引那些想为致力于向所有人提供**平等机会**的雇主工作的员工。

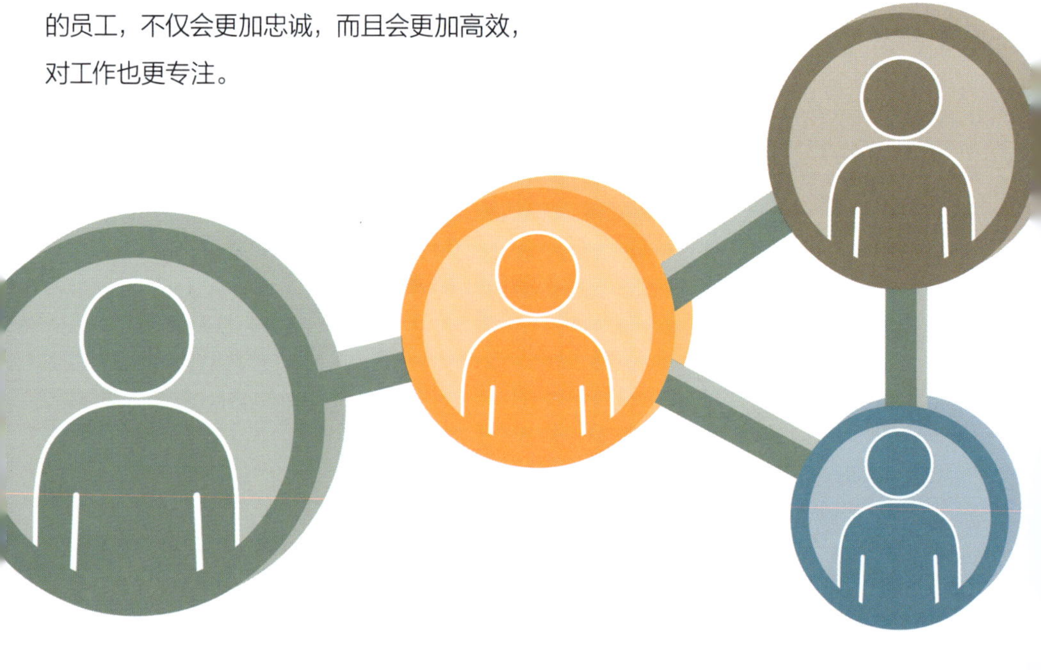

利用多样性

提高多样性和包容性（即多元共融，简称D&I）有着深远的意义。麦肯锡公司2020年的一项研究表明，从2014年到2019年，与多样性程度较低的企业相比，性别、种族和文化多样性程度较高的企业更有可能获得较高的利润。女性高管比例超过30%的企业业绩，要优于性别多元化程度较低的企业，而种族和文化多元化程度最高的公司，利润则要高出36%。多元共融有助于企业免于陷入“群体思维”，也有助于企业与更广泛的客户群建立联系。但是，多样性并不仅限于雇用多元化的人才。来自弱势群体的员工对于工作环境的感受，影响了他们能否留下继续工作并获得晋升。即使在人员多元化的公司，对于如何打造给员工归属感的平等开放的工作环境，管理者仍会面临挑战。你可以采取以下三个步骤来提高包容性。

- 创造一个机遇公平的竞技场。利用分析数据表明制定晋升和薪资决策的渠道是透明而公平的。消除绩效评估中存在的偏见。
- 营造一种鼓励员工畅所欲言的企业文化。对存在的问题进行讨论并提供支持。严格坚守反歧视政策，处理不易被人觉察的歧视行为。
- 从个人层面消除偏见。没有人能避免无意识的偏见，这种偏见会影响人们对种族、宗教、年龄、性别、残疾等因素的看法。针对无意识偏见进行培训，这可以提高员工的觉悟，使语言和行为与价值观达到更好的契合。

小贴士

实话实说

纽约大学斯特恩商学院的研究显示，与只听到“多元化值得提倡”的员工相比，听到“多元化虽然值得提倡，但实施却很困难”的员工不仅**更加支持多元共融**，还会在实践中**投入更多努力**。

有效委派工作

管理者的职责，就是通过管理员工来完成工作。你要将职责和权力委派给他人，从而完成指定目标。通过委派工作为他人赋权，是一种最有效的提高生产力的管理工具。

为他人赋权

通过委派工作，管理者会将权力和工作责任转交给员工。委派工作让员工得以决定自己的工作方式，从而让他们有条件达成目标。委派工作还可以拓展员工的知识、工作能力和决策能力，从而帮助他们获得晋升机会。

委派工作能让你**专注于核心战略活动**，也有助于你做出更有效的决策。

感受委派工作的益处

有效地委派工作，对于任何管理者都至关重要。委派工作会解放你的时间，让你能够专注于宏观战略活动。委派工作也有助于你做出更好的决策，因为这种做法能将决策下放至企业各部，意味着决策者往往更接近问题的本源。委派工作还有助于你所管理的员工培养自己的决策能力，从而为未来的晋升机会做好准备。

01

职责的分配

在管理者对工作进行委派之前，必须将需要完成的**任务**和**活动**解释清楚。

委派工作的四大组成部分

02

权力的委派

委派工作是指通过转交权力，赋权给某位下属代你执行任务。

03

职责的分配

管理者应将职责分配给能够有效完成工作的员工。

04

建立问责制

管理者应该让赋权员工承担起完成工作的责任。他们不仅要为负责完成分配的任务，还要负责让管理者对任务的完成质量满意。

学会放手

管理者往往会在委派工作时踌躇不决。有些人害怕放弃控制权，他们解释说："我喜欢自己做事，因为这样，我才能确保有效完成任务。"另一些人对员工缺乏信心，或是担心自己会因为别人犯的错误受批评。你也许真能更好更快且失误更少地完成委派给他人的任务，但不可能对每件事都亲力亲为。如果你经常觉得团队没有肩负起项目的主动权，这可能说明你只是在分配任务，而没有下放职责。在委派工作时，你应该预料并接受被委派的对象会犯一些错误的事实。犯错往往是吸取教训的宝贵经历。另外，你还应该设置有效的反馈机制，对当下的情况有所把控。

遇到不得不介入的情况，请谨慎行事。虽然在合适的时机提供必要的帮助至关重要，但微观管理会侵蚀信任感。先等问题出

如何委派工作

明确任务

阐明**委派的工作内容**，你期望得到的**结果**以及**时间节点**。

设定界限

确保被委托方**准确了解**你授予他们的**权限**范围。

鼓励参与

让被委托方参与**决策**，一起决定委派的内容、所需的权限大小以及需要达到的**标准**。

现，然后再提供帮助，一旦人们对任务本身有所了解，便会更愿意接受建议。务必说明你的作用是予以协助，而无意接管，并依情况对方法进行适当调整。面对眼下的问题，你是该一次性给予大量的协助，还是该在较长时间里进行一系列干预？

20%

20%的行动会产生**80%的效果**，尝试将更多的精力放在20%的工作上，把80%的工作委派出去。

告知他人

让所有可能受到影响的人知道**哪些人员被委派了哪些任务**以及授予权限的大小。

鼓励自主解决

从一开始就要明确，被委托方带着**问题**向你求助的同时，也要提出一个可行的**解决方案**。

实施把控

就**完成任务**的时间达成协议，定期检查**进度**，并对问题进行讨论。

激励他人

每天，人们都要决定在工作中付出多少努力。管理者有很多机会影响员工在工作中付出的努力，比如提供具有挑战性的工作、对杰出的表现进行表彰、允许员工参与影响他们的决策制定，以及关注员工的个人问题。

理解需求

作为一名管理者，你需要了解激励团队拿出最佳表现的因素是什么。美国心理学家亚伯拉罕·马斯洛（Abraham Maslow）提出，每个人都渴望满足五个层次的需求。一旦较低层次的需求得到基本满足，这一需求对于行为的影响就会减弱，这时，人们便可能有动力去寻求满足下一层次的需求。

有两个方面的因素激励人们拿出最佳表现：一是能力，二是动机。能力是先天禀赋、后天培训和可用资源的产物，而动机则是欲望和责任感的产物。想要让表现上升到新的高度，所有这些因素都是不可或缺的。

如果某人表现不佳，你应该问自己

马斯洛需求层次理论

01 生理需求

身体的存续是我们最基本的需求，如饱腹和解渴。在工作中，这个需求意味着有足够的金钱来买食物、衣服和付房租。

02 安全需求

生理需求一旦得到满足，安全需求就会被触发。在工作中，这个需求包括**工作保障、安全的工作环境**，以及获得**其他福利**。

40%

40%的英国员工表示，比起基本工资，**满足感更能激励他们**。

的第一个问题是：“造成这个人表现不佳的原因是欠缺能力还是缺乏动力？”激励的方式对于提高绩效通常非常有效，但如果问题出在能力的欠缺上，再多的压力或鼓励也无济于事。这样的人员需要的是培训、更多的资源，或是换一份工作。

如果有远程工作的团队成员，调动他们的积极性或许需要动用更多的精力。远程工作人员容易感到孤立和失去动力，因此要定期安排视频聊天，听取意见、评估积极性、提供支持，并建立信任。另外，远程办公人员的优秀表现常常会被忽视，从而消磨他们的热情，因此你还应特意对他们的贡献予以奖励。

03

社会需求

一旦有了充足的安全感，社会需求就会开始占据主要地位。在工作中，这个需求意味着与同事保持**良好的关系**以及参与公司的社交活动。

04

尊严需求

接下来激励我们的，便是我们对自尊和来自他人的尊重的需求，比如因取得成就而获得**认可**和**晋升**。

05

自我实现需求

最高层级的需求，便是感觉自己正在实现人生目标。在工作中，这个需求意味着有条件**发挥创造力**，以及提升和充分**利用技能**。

利用正向强化

奖励进步和成绩，认可取得的成果，这些都是鼓励团队的有力方法。通过对有效完成任务的人员进行奖励，你可以对这种行为产生正向强化，为对方提供重复这种做法的动机。奖励分为两种基本类型：即**外在奖励**和**内在奖励**。许多人依赖并重视外部给予的外在奖励，比如表扬、晋升或者加薪。另一些人则很看重内在奖励，这种奖励来源于他们对自我表现的感受，或是因出色完成工作而获得的满足感。

许多人依赖并重视外部给予的**外在奖励**，比如表扬、晋升或者加薪。

案例研究

为需求排列优先顺序

特蕾莎是一名成功的技术文档写作人员，也是一名单身母亲，她的薪水和福利都很优渥，足以保障家人的身体健康，即提供充足的食物、舒适的住房以及优质的衣服。没想到，公司突然宣布要进行裁员，她担心自己会丢了饭碗。这使她为安全需求担心起来，不再像以前那样关注更高层次的需求，比如在某个群体中的归属感，或是执行创意和技术准确性兼备的工作所带来的尊严。相反，她不惜采取一切必要的举措，以便保住饭碗或是找到一份新工作。一旦得知自己不会被裁，特蕾莎就会重新变成一个受更高层次需求激励的人。

问问自己……

我能从经历中汲取经验吗？ 是 否

1 你能想到一位激励你在执行任务时**提升表现**的教练、老师或管理者吗？ ☐ ☐

2 你能**准确阐述**这个人激励你的具体方法吗？ ☐ ☐

3 你还记得这种激励给你带来的**感受**吗？ ☐ ☐

4 在试图激励团队时，你能**再现当时的做法**或使用相同的策略吗？ ☐ ☐

奖励成功

尝试了解你所管理的每一个人更看重内在奖励还是外在奖励。例如，如果你总是对成就大加赞美，那么一个主要受内在满足感激励的人或许会觉得你流于表面。这位员工或许会想："我知道我在这个项目上做得很出色。我的经理为什么老是表现出一副屈尊赞美我的态度呢？"

人们也渴望得到各种各样的外部奖励。对于受从属关系和社会需求激励的人来说，赞美或许非常合适，但对于一个想要得到诸如金钱一类更实际的奖励的人来说，赞美就没有什么意义了。常见的外部奖励包括安排有利于对方的任务、到理想的目的地旅行、提供培训/教育资金、加薪、奖励、晋升和工作安置。

激励你的团队

巩固期望理论

为了让团队发挥最大作用，请凸显外在或内在的**预期奖励价值**。确保每个人都意识到**表现和奖励是彼此挂钩的**。即使所在企业不提供基于绩效的薪酬，你仍可以给予其他外在的奖励，例如分配有利于对方的工作任务。

提供绩效反馈

通过提供反馈来表明你对团队成员的表现有所认识，并**对进步或圆满完成的工作予以认可**。对于那些对自己不太自信的人，你更应该指出其进步之处。**对具体的成绩予以赞美**，对提升员工自尊心有很好的效果。

问问自己……
激励自己的团队

	是	否
1 我是否**设定了明确的目标**并**对成绩予以奖励**？	☐	☐
2 我是否对有效行为进行了**正向强化**？	☐	☐
3 我所给予的奖励对管理的每一位员工来说都是**有吸引力的**吗？	☐	☐
4 我是否考虑过**将薪酬与绩效挂钩**？	☐	☐
5 我是否对工作进行了重新设计，以便**激励人们完成工作**？	☐	☐
6 我是否为我的团队提供了**学习的机会**？	☐	☐

赋权员工实现目标

赋权给你管理的人员，提供他们所需的**权限**、**信息**和**工具**，让他们更加自主地完成工作，这可以大幅调动员工积极性。

提供显著的回报

并非所有的员工都对同样的奖励有着同等的重视，因此，试着**对奖励进行调整**，以便对每个人发挥最积极的作用。

强化正确的行为

管理者们口中想要得到并予以奖励的效果，与从团队中得到的结果往往有很大差距。如果你口头上支持创新，但却褒奖中规中矩的行为，那就是在发出杂乱的信号，强化错误的行为。**谨慎思考你给出的奖励**以及这些奖励背后的意义，确保你强化的是希望重复看见的行为。

教授技能

作为一名管理者，你的职责的一个重要部分就是帮助管理人员提升技能。如果你能鼓励员工提升自我意识、沟通技巧和时间管理等，那你就会收获一个高效的团队。

从经验中学习

积极努力的人们不仅学得更快，记住的信息也更多。“闻之不若见之，见之不若知之，知之不若行之。”荀子的这句话经常被用来说明通过亲身经历进行学习的重要性。这一理念中包含的一个重要寓意是，想要获取新的技能，唯一的途径就是尝试新行为、观察结果并从中汲取经验。

观察、思考和实践

当学习者有机会将观察、思考和实践结合起来时，就能将新技能的学习效果最大化。体验式学习模式包括四个要素：学习新概念（概念化），为如何测试这些想法做计划（计划测试），在新的体验中积极应用技能（获得实际经验），以及审视试验的结果（反思审视）。在对经验进行反思之后，利用从已发生的事情中吸取的经验教训，学习者会创建一幅详细的技能概念图，如此循环往复。

如果要使用体验式学习模式来教授技能，你需要确保学习者对技能有一个概念和方法上的理解；创造实践的机会；针对实践技能的表现给予反馈；鼓励对方经常实践，以便纳入行为习惯中。

小贴士

远程学习

通过使用（视频、文章、博客、播客、测试题、演示文稿等）在线材料，在远程线下实践体验式学习模式，这些材料可以自己制作，也可以从第三方获取。你也可以使用虚拟辅导手段进行一对一协作或给予反馈。

如何教授新技能

01 帮助学习者**从概念上理解**新技能。

02 计划**如何测试**学习者对技能的理解。

03 让学习者将新技能运用到**具体的实践**中。

04 **观察实际效果**，并讨论学习者应该如何加以改进。

鼓励对方经常**实践某项技能**，以便纳入行为习惯中。

评估绩效

作为一名管理者，你不仅要确保目标的实现，也要确保团队成员掌握了提高绩效的方法。通过正式绩效评估提供反馈信息，不仅可以提升工作效率和士气，还能降低旷工和员工流失率。

评估进展

在绩效考评中给出正式的反馈，不仅能助你设立目标、监督业绩，还能对团队起到激励作用。评估可以让你了解每个成员的进展，巩固积极行为，剔除消极行为。但是，考评本身其实是最后一步。评估应是一个持续不断的过程，其中第一步是设立和传达绩效标准。对照这些标准，针对每个人的绩效进行评价，然后在考评中进行讨论。采取具体措施尽量减少评估过程中的无意识偏见，

坚持你的评估**以目标为导向**，确保**给出具体的反馈**，并**鼓励自我评估。**

如何进行考评

应该做的事	不该做的事
只关注与对方工作相关的反馈。	分享你对对方性格的看法。
既要提供正面反馈，也要提供负面反馈。	只点评糟糕的绩效。
用第一手的观察结果作为证据。	在评估中掺杂谣言和没有根据的控诉。
不要惧怕对对方提出建设性的批评。	为了避免冒犯对方而对批评进行粉饰。

问问自己……

我做好进行评估的准备了吗？

		是	否
1	我是否**仔细思考**了对方的优缺点？	☐	☐
2	我可以用具体的事例为所有的赞扬和批评**提供实证**吗？	☐	☐
3	我是否考虑过在考评过程中**可能出现的问题**？	☐	☐
4	我是否考虑过该**如何应对**这些问题？	☐	☐

列出每个职位所重视的能力，并要求评估者提供能够佐证结论的证据，确保所有员工都能得到公平的评判。

考评

第一步，让被考评方放松下来。大多数人都不喜欢听到别人对自己的工作进行批评，因此，你要予以支持和理解，并创造一种积极正面的氛围。在远程考评中，误解的空间更大，所以要特别注意清晰表达、倾听、接纳不同意见。考评开始时，阐明考评的具体内容以及原因。坚持以目标为导向，给出具体的反馈。在可能的条件下了解被考评方对正在讨论的问题的看法，因为这些问题或许是由一些你没有意识到的因素带来的。鼓励自我评价，因为对方可能会主动承认绩效问题，从而免除由你提出这些问题带来的麻烦。除此之外，对方或许还会提供可行的解决方案。

设置行动要点

在考评结束时，让被考评方用自己的话复述你的评估内容。此举能表明你的评估是否清楚传达给了对方。最后，起草一份分步改善计划，包括需要采取的举措、时间点，以及你会如何监管对方的表现。

领导他人

领导是一个提供方向、影响和激励他人，并调动拥护者为企业共同目标付出努力的过程。管理者需要率领团队，为成员设立应该遵守的道德界限，建立一个影响成员产生积极改变的权力体系，并通过教练辅导和导师指导协助成员提高。

03

选择守德之路

我们当中很少有人会做出偷窃或欺诈的勾当，但在日常工作中遇到涉及道德问题的选择时，你能够或应该做到多么恪守原则？作为一名领导者，你需要清楚了解自己的道德准则，并为团队树立一个言行一致的榜样。

理解道德

道德是指定义善恶的准则。在工作场所，守德并非空谈，而是每天都会发生的事情。思考一下这个困境：一名工作一直不达标的员工找到了另一份工作。你松了口气，谁知他却要求你给他写一封推荐信。你会拒绝他、承担他继续待下去的风险，还是你明知会对雇用他的人造成影响，但还会动笔写这封信？

拿出责任心

道德对企业中的每个人都很重要，尤其是一些不符合道德的行为同时也是违法行为。许多企业都希望员工的行为符合道德，因为这样的声誉对企业有利，从而也意味着更大的利润。许多员工也希望企业的行为符合道德，因为在选择工作地时，人们已经开始将企业的可持续发展和社会责任感摆在越发重要的位置。符合道德的行为对于管理者来说至关重要。管理者所做的决策为被管理的人员树立了标准，并有助于为企业定下基调。如果员工认为人人都需以高标准为圭臬，他们对自己、同事和企业的看法也会更加正面。

问问自己……

我要做的事是否合乎道德？ **是** **否**

1 **我清楚**自己要做这件事的原因吗？ ☐ ☐

2 我是否能认识采取这一行动的**真正意图**？ ☐ ☐

3 我的行为背后是否**别有动机**，比如向同事或上级证明自己？ ☐ ☐

4 我的行为是否会在身体或感情上**伤害到别人**？ ☐ ☐

5 我是否愿意向老板或家人**透露**我的计划？ ☐ ☐

企业希望员工的**行为符合道德**，因为这样的声誉利于企业，也意味着更大的利润。

打造道德标准

与其他员工相比，管理者的行为要受到更多的审查，不当行为有被迅速广泛曝光的风险，从而破坏企业的声誉。对于管理者来说，设立自己的道德界限非常重要，这是他们和员工不应跨越的分界线。为此，你需要做到以下几点。

- 了解并熟记你所在企业的道德规范。
- 预见不道德行为的出现。对可能助长不道德行为的情况保持警惕（在特殊环境下，平日里守德的人也可能被引诱做出与自己作风不符的事情）。
- 考虑所有的后果。问问自己："如果本地电视新闻节目或社交媒体对我的行为进行详细报道，会是怎样的情形？如果我的不道德行为被人发现该怎么办？我做好承担后果的准备了吗？"
- 听取他人的意见。别人可能遇到过类似的情况，或至少可以倾听你的心声，为你提供建议。
- 做你认为正确的事。你有良知，也能对自己的行为负责。你要忠于自己内心的道德标准。问自己一个简单的问题："我能接受自己已做的决定吗？"

确保文化契合

一家企业的文化或个性，指的是企业所重视且有别于其他企业的重要特征。管理者需要了解企业的文化，因为他们既要响应企业文化的准则，也要加深对企业文化的理解。

分析企业文化

一般来说，没有人会将企业文化准则写下来，甚至不会进行讨论。但是，所有成功的管理者都必须学习所在企业的行为准则。事实上，管理者的个人风格与企业文化之间越是契合，就越可能获得成功。创始人会通过三种方法打造企业文化。首先，他们会雇用并保留那些拥有相同想法和感受的员工。其次，创始人会向这些员工灌输和传播他们的思维方式。另外，创始人会以身作则，而他们的个性也会成为企业文化的核心。

77%

77%的人在**申请工作**之前都会**考虑该企业的文化。**

认识文化

许多企业很少思考自己的文化，也不乐意对外展示。想要更好地了解你的企业文化，你可以进行以下观察和思考。

- 观察周围环境。仔细观察各种标语、图画、着装规范、办公空间是否宽敞明亮以及家具的配置和布局如何。另外，还要考虑企业在内联网中的形象。
- 仔细聆听用语。例如，管理者会用到“格杀勿论”这样的军事术语，还是会谈到“直觉”“关怀”以及“把顾客当成家人”这些概念。
- 向不同的人提出同样的问题，然后比较答案。这家企业如何定义成功？会对员工的哪些特质给予最多的奖励？谁在企业里平步青云，又是如何做到的？你对工作与生活的平衡是否满意？

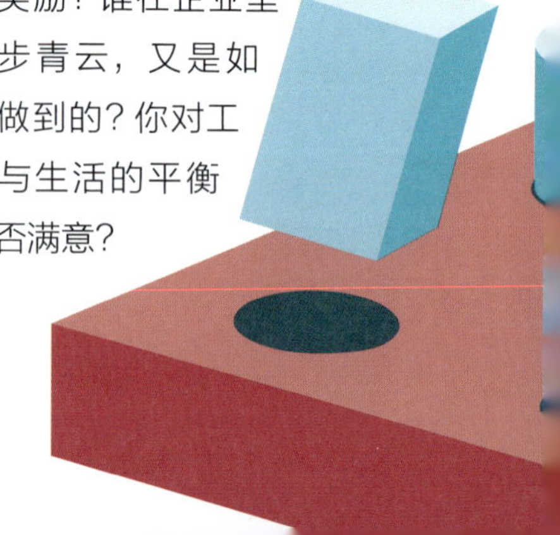

案例研究

保持文化一致性

在星巴克，所有员工在入职头几周都要接受一系列正式培训。他们要学习企业的历史、咖啡制作技术，还要接受咖啡品尝培训。他们甚至还要进行情商培训，以便提供更优质的客户服务。经过这家企业的社会化培训，员工不仅对企业文化如数家珍，更能将星巴克对“提升咖啡体验”的痴迷传达给顾客。

维持企业文化

管理者有责任帮助新员工进行学习和调整，从而维持企业文化。（虽然招聘人才是人力资源部门的专业任务，但管理者也可以协助。）举例来说，必须让新员工认识到企业重视什么样的行为，这样一来，员工就能对企业的体系有所把控，并采取与自己的职位相符的举措。

管理者的**个人风格**与**企业文化**之间越是契合，就越可能获得成功。

解决问题

管理的成功取决于在正确的时间做出正确的决定。但是，如果不能确定问题并找出根源，你就不可能在问题的解决上做出正确决策。成功的管理者明白如何收集和评估能够说明问题的信息、开发替代方案，并在实施计划之前衡量可能造成的影响。他们能够对数据进行分析，并调动团队开发创造性的解决方案。

发现问题

当具体情况与必要或理想状况不符时，问题就出现了。对于所有的管理者来说，主要的职责就是对现有或潜在问题进行持续关注，并在其升级为严重问题之前尽早发现，其中也包括人力资源部门必须处理的不满情绪。通过保持沟通渠道的畅通、监控员工当下的表现、审视偏离当前计划的情况，管理者便可以履行这一职责。以下四种情况可以提醒管理者警惕潜在问题。

- 与过去经验有偏差时。
- 偏离既定计划时。
- 有人向你传达问题时。
- 竞争对手超越你的团队或企业时。

解决问题的过程

01 找出问题

意识到你周围的情况，以便及早发现问题。

02 定义问题

对要解决的问题进行仔细分析，以便尽可能清晰地进行界定。

即使**问题的解决方案**看似显而易见，定义问题仍然很重要。

寻找解决方案

问题的解决涉及缩小实际发生的事情和理想结果之间的差距。一旦找出了需要解决的问题，第一步就是对问题进行分析，并尽可能清晰地把问题定义出来。这一步至关重要，因为你的定义会对过程中剩下的所有步骤产生重大影响。如果定义有误，那么余下的步骤就会出现偏差，因为这些步骤是基于不充分或者错误的信息而作出的。即使问题的解决方案看似显而易见，定义问题仍然很重要，如果不经过充分的评估，你就有可能与一个更有利的备选方案擦肩而过。

针对情况尽可能多地收集相关信息。试着理解当事各方想要达到的目标，厘清你对问题所有不清楚的地方。

制订行动计划

一旦自信对问题有了充分的了解，你就可以安排解决问题的一系列行动。解决问题的方法通常不止一种，因此，考虑到所有可能的解决方案并得出几个备选方案，这一点至关重要。

实践和监控

你的决策会给你提供一个行动计划。然而，不进行有效实践的行动计划是没有价值的。确定如何、何时、由谁实践行动计划，并将这些信息传达给相关人员，这是将决策与实际联系起来的关键。

你的作用不应止于实践。建立衡量成功的标准，然后跟踪进展，并在必要时进行纠正。努力培养和维持每位参与者的积极态度。

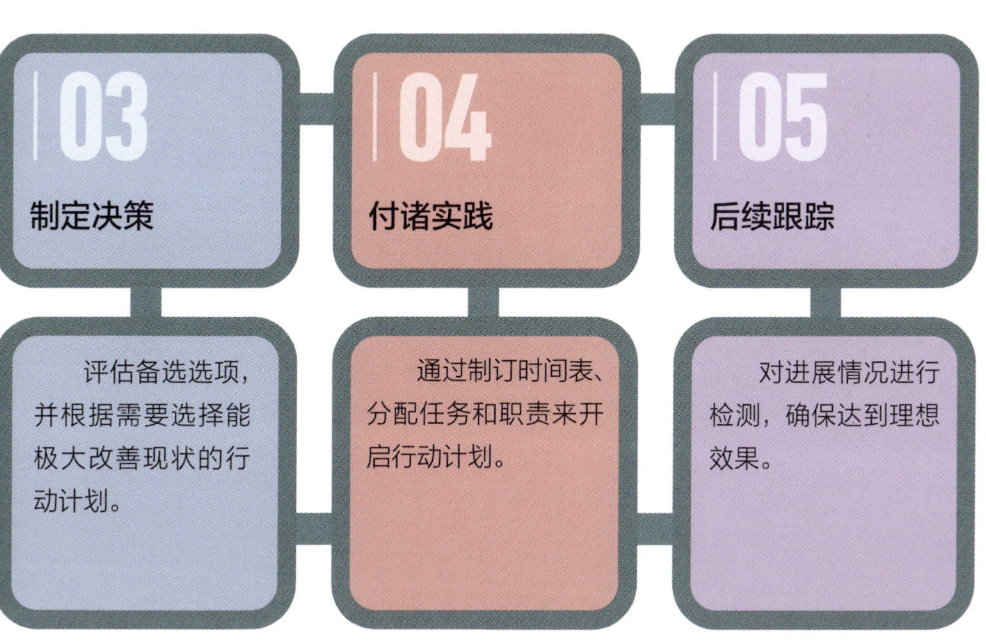

架构权力

研究表明，由关心他人利益和需求的人行使的权力最为有效。学会在行使权力时运用社交智商，这不仅有助于你对他人发挥影响，对你事业的发展也有积极作用。

打好权力基础

管理者的职位附带发布指令和分配奖惩的权力，例如分配有利或不利于对方的工作任务，进行绩效评估，进行薪酬调整。然而，《权力的悖论》的作者达契尔·克特纳（Dacher Keltner）等管理专家却认为，真正的权力需要同理心和谦卑心，而不是强迫或操纵他人按照你的意愿行事。

社交智商：研究表明，那些关心团队成员、分享权力并打造团结一致氛围的善于社交的管理者，能够获得并保持声望。

谦卑之心：加州大学伯克利分校教授达契尔·克特纳和卡梅伦·安德森（Cameron Anderson）的研究发现，谦虚的人更有可能获得和保持声望并赢得尊重，而那些自我膨胀的人往往会失去人心。

85%

85%的中型企业表示，与新冠肺炎疫情之前相比，当前，管理者**表现出同理心**显得更为重要。

人性化： 许多由管理者完成的企业任务都由人工智能接管，因此，情商、灵活性和其他更加人性化的技能越来越受到重视，也有助于提升你的地位。

同理心： 从整体来说，我们会把权力交给那些为集体利益服务的人。用心倾听，用同理心从别人的视角看问题，以便摸索出最有效的合作方式。

双赢效果： 研究一再表明，掌权者不是善于操纵他人的马基雅维利式管理者，而是那些最能理解他人并为他人谋利的人。权力掌握在那些能够解决群体冲突和调解紧张局势的人手中。

印象管理： 运用社交智商对权力进行巧妙运用，能够带来显著的回报，包括提高员工的幸福感和绩效。反过来，这一举措积极影响别人对你的看法、描述和评价。

权力的类型

在企业中，你的权力有各种各样的来源。在适当的条件下使用不同类型的权力，将管理者的影响力发挥到最大。

- **正当性权力：** 这源于你在企业层级中的地位，并会因清晰的指挥链和公司结构得到巩固。扁平化的企业重视集体领导，员工和董事会之间的管理层很少，在这种企业里，正当性权力是很有限的。
- **强制性权力：** 实施制裁虽然赋予了管理者力量，但却应该谨慎行事，只在企业处于困境或危机之中动用。
- **象征性权力：** 这种权力来自管理人员对你的尊敬，有助于鼓励人员模仿你的作风。让员工对自己的行为负责，有助于扩大你的权力。这种权力在一对一关系的小型工作中最为有效。
- **奖励性权力：** 这种权力来自为他人提供激励和奖励的能力，比如对被管理的员工进行表扬或提供晋升机会。

运用管理权力获得预期效果的途径

正当性权力源于你在企业层级中的地位，并会因清晰的**指挥链**和**公司结构**得到巩固。

向上级求助

获得上级的支持，以达成你的要求。这种做法只在高度尊重权威的等级官僚企业中有效。

讨价还价

交换利益或相互帮忙，以达到协商双方都能接受的结果。这种做法在具有鼓励互谅互让文化的企业中最有效。

果断自信

直白有力地表达想从别人那里得到的效果。当力量的天平明显倒向你时，这种做法最有效。

赏罚分明

利用企业架构中的奖励和惩罚来达到想要的结果。这种方法只适宜施加在你所管理的人员身上，且可能被视为一种支配和操控。

友好相待

在提出要求之前，给予赞美，营造友善的气氛，拿出谦卑的作风，表示理解和支持。在受人喜欢的管理者身上，这个方法最有效。

结成联盟

在企业中积累支持，以实现想要达成的目标。当最终决策依赖于支持的数量而非质量时，这种方法是最有效的。

据理力争

利用事实和数据，用符合逻辑或理性的方式陈述理念。面对值得信赖、态度开放且讲道理的人，这种方法是最有效的。

通过管理应对变化

不能及时适应变化的个人、经理、团队和企业，是不太可能在我们日益动荡的世界上生存下去的。能够预见变化、学会适应并灵活应对的管理者，将会获得最大的成功。

克服阻力

所谓改变，是指应对内外部因素从当前状态向更理想的状态转变的过程。想要有效地实现转变，你必须具备说服他人相信转变必要性的技能，认识到当前情况与期望值之间的差距，打造出有理想效果的愿景。

有经验的管理者明白，为了促进改变付出的努力经常会面临阻力。这或许是多重因素造成的，包括恐惧、既得利益、误解、缺乏信任、对情况的不同看法以及资源有限。你要有能力通过教育、参与和协商来克服这种对于改变的阻力。

促进改变

重大变化并不会轻易发生。卓有成效的管理者能够营造一种改变势在必行的紧迫感。如果企业的生存受到了威胁，这往往能引起人们的注意。利润和股价大幅下跌就是一个例子，2020 年的新冠肺炎疫情暴发迫使各企业在一夜之间对工作方法、供应链和交付机制进行重新思考。但随着全世界逐渐适应疫情后捉摸不定、瞬

小贴士

侧重积极一面

将任何阻力作为引出对话的出发点，或对替代方案进行更加深入和缜密的分析，从而将阻力为己所用。

息万变的世界，在明显危机尚未出现的情况下实施变革的能力对于管理者来说变得至关重要。他们需要有能力通过观察外部环境来识别潜在的问题，并以博人眼球的方式广泛传播信息，以便让他人理解改变的必要性。这些领导者还必须制定和阐明有说服力的愿景和战略，调动人们的干劲，并对变革工作起到指导作用。关于最终成效的愿景，应该凸显将拥护者团结在一起的核心原则和价值观。最后，将改变企业文化定位中的制度，进行再次冻结。新的价值观被灌输到企业文化之中，被员工视为正常现象以及运营中不可或缺的一环。

焦点话题

变化的不同阶段

有计划的改变会经历三个阶段。

解冻阶段： 这包括帮助人们认识到，由于现状存在问题，变革势在必行。在这一阶段，现有的心态和做法必须得到扭转，以减少阻力，这可以通过阐释改变将怎样提升生产力等方法达成。在这个阶段，你的目标是帮助参与者看到改变的必要性，并鼓动他们成功实现改变的意愿。

改变阶段： 这一阶段包括做出实际的改变。这需要你帮助参与者放弃旧的工作方法并找到新方法。

重新冻结阶段： 最后一个阶段包括对已实现的改变进行巩固，对新的工作方法进行强化。如果人们认为改变对他们有利，那么积极的结果将会巩固他们的理念，如果人们认为改变对他们不利，那么你可能需要通过给予赞美或是物质上的奖励来改变他们，但这种做法的结果可能是积极的，也可能是消极的。

帮助他人进步

帮助员工增强能力，这是任何一位管理者职责的重要组成部分。此举能为企业、管理者以及员工本人制造三赢的效果。帮助他人解决个人问题和提高技术能力有助于绩效的提升，也让你能够激励团队为自己和企业争取更好的成绩。

诊断问题

从根本而言，减少所管理的人员的不合格表现，你便能更有效地对职责进行分配，因此等于是在为你自己的工作降低难度。表现不合格往往是多重原因造成的。其中一些原因在遇到困难的人员的控制范围之中，另一些原因则在掌控之外。

67%

从全球来看，**67%**的员工并不会**积极投身**工作之中，而18%的员工则选择**主动脱离**。

帮助他人提高的方式

接受错误，将错误作为**学习机会**。

协助打造有利于进步的**行动计划**。

积极倾听员工心声，表达**发自内心的兴趣**。

即便是小的进步，也应**予以认可和奖励**。

问问自己……
找出带来不合格表现的原因

		是	否
1	对方是否没有意识到自己的表现不合格？（如果是，请提供反馈。）	☐	☐
2	对方表现不合格，是否因为对预期效果缺乏认知？（如果是，请明确表达预期效果）	☐	☐
3	对方的表现是否受到超出个人控制范围的因素阻碍？（如果是，请确定如何排除障碍因素。）	☐	☐
4	对方是否搞不清楚完成关键任务的方法？（如果是，请提供指导或培训。）	☐	☐
5	好的表现会带来糟糕的结果吗？（如果是，请确定如何消除负面影响。）	☐	☐
6	糟糕的表现会带来积极的回报吗？（如果是，请确定如何消除这种正向强化。）	☐	☐

言传身教，而不是插手协助。

在学习过程中提供**有意义的反馈**。

鼓励持续不断地**进步**。

以身作则，将你期望的**行为**表现出来。

暂时停止批评和评估，给予**无条件的正面关注**。

通过提问**确认**问题的源头。

给予正面关注

你与协助对象之间的关系，对于培训、指导或咨询的成功至关重要。想让一段帮助型关系获得成功，重点就在于给予被帮助的人“无条件的正面关注”。这意味着无条件地接受并给予接受帮助的人温暖的关怀，将对方视为拥有无条件自我价值的个体，即无论出现任何情况、问题或感受，对方都是有价值的。通过给予正面的关注，你便能营造出一种温暖安全的氛围，让对方感觉自己是被喜爱和珍视的，而这也是在帮助性关系中培养不可或缺的信任的必要条件。

接受帮助的人应该得到**“无条件的正面关注”**。

如何组织一场协助会谈

在讨论如何帮助对方改善表现之前，确保你已经掌握了关于情况的**所有事实**。

花时间想想你需要提供**什么类型的协助**；考虑对方可能会作何反应，以及对你们将要讨论的内容会作何感想。

先阐明**协助会谈**的目的。

尽力为对方营造**舒适**和**安心感**。

打造一种**开诚布公**、**充满信任**、**不带戒备**的氛围。

在讨论你找出的问题之前，先提出并讨论对方表现的**积极因素**。

共同定义问题（表现或态度）。

协助对方**建立**一套包括**具体目标**和日期的**行动计划**。

共同确定原因。不要对行为进行解读或心理分析，而是通过**提问**找答案，比如“你刚才说的提不起干劲的问题，是什么造成的”。

确保双方对**预期结果**有**清晰的理解**。

对达成共识的内容进行**总结**。

根据对方的**优点**或过去的经历，**强调你相信**对方具备做出必要改变的能力。

在会面后，确保进行**跟进**，跟踪对方的**进展情况**，并在必要时修改行动计划。

提供咨询

提供咨询指的是对情绪问题加以探讨，以求解决问题或帮助当事人更好地应对。可能需要进行咨询的问题包括离婚、重病、经济问题、人际冲突、吸毒酗酒，以及事业进展无路的挫败感。尽管大多数管理者都不具备心理学家的资格，但在将对方引荐给专业治疗师之前，管理者仍可以以咨询师的身份提供一些帮助。

想要敞开心扉、分享私人问题的根源，对方必须觉得你值得信任，且认为吐露心声不会损害自尊或降低在别人心目中的声誉。请务必强调你会对讨论的一切私人问题保密。

焦点话题

一流的反馈

想要了解有效与无效的做法、为提高绩效做出改变，人们就需要得到关于其行为后果的反馈。经过缜密思考得出的反馈，有助于工作表现和积极的个人发展。想要在提供帮助的过程中给予反馈，你可以：

- 描述观察到的行为以及这些行为的成效和后果。
- 对照企业的愿景和目标评估观察到的行为产生的影响。
- 预测在不做出任何改变的前提下，当事人的做法对个人带来怎样的后果。
- 建议对方可以为改善行为做出哪些改变。

无论给予对方的帮助属于培训、指导还是咨询，这套做法都适用。

92%

92%的员工认为，“以适当方式提出的负面反馈，可以**非常有效地提高绩效**”。

在**为别人提供咨询**时，**保密至关重要**：对方必须觉得你值得信任。

小贴士

提供支持

向接受咨询的人保证，他们的问题是可以解决的，他们也具备改善现状的能力。

应对个人问题

让一个人认识到自己问题的存在，这通常是推动问题解决的第一步。在此之后，你就可以帮助对方加深对自己情绪和行为的了解，并探索可用的选项。

有时，人们只是需要一个提供意见的对象来缓解压力，这可以作为确定问题、找出可能的解决方案及采取纠正措施前的第一步。在咨询会谈中对问题进行充分讨论，这可以帮助人们梳理自己的情绪，形成更合乎逻辑且条理清晰的想法。

给予支持，打消对方的焦虑，这才是重中之重。人们必须明白，自己的问题是有解决办法的。如果问题超出了当事人的能力范围，那就告诉对方该如何寻求专业治疗，比如利用员工帮助计划或身心健康计划。

教练辅导和导师指导

教练辅导是指帮助他人改善表现。教练会分析绩效，就如何改进提供见解，并提供实现改善所需的领导力、动力和支持氛围。在指导关系中，经验丰富的导师会与经验不足的人正式结成团队，协助找出工作的窍门，并提供情感支持和鼓励。

帮助他人进步

作为一名教练，管理者的工作就是帮助团队成员发展技能和实现提高。这包括提供指导、方向、建议和鼓励。卓有成效的教练会先建立一种促成进步的支持氛围。尤其需要注意的是，你要在整个过程中规避批判的态度，选择包容理解，尝试共同解决问题，并教导对方学会如何在未来自行解决问题。随着对接受培训的人的了解加深，尝试找出问题的根源，并提供有意义的反馈。

教练辅导的方法

想要有效进行培训，你需要遵循以下步骤。

- 对辅导过程进行阐释和演示。
- 观察实践方法的人。
- 提供即时而具体的反馈。
- 表达对此人能力的信心。
- 就后续行动达成共识。

导师的角色

导师的目标是帮助经验较为不足的人实现其职业目标。导师既是教练又是咨询者，指导经验不足的员工提高绩效。导师指导可以帮助新的企业成员更好地理解企业的目标、文化和进度标准，也可以帮助新成员更加熟悉人事情况，避免潜在的职业陷阱。作为一名导师，你也可以尝试帮助他人减少因不确定如何做事而引发的压力，并协助应对棘手的任务。遇到刚入职场、经验不足的人需要释放压力或讨论事业上遇到的困境时，请给予对方慰藉。

55%

55%的**跨国公司**都开设了内部培训课程。

成功培训的三个关键技能

01 寻找提高绩效的途径

- 通过观察行为、提问、倾听和制定独特的改善措施来帮助对方进步。

02 影响他人改变行为

- 观察对方的进步，即使是微小的进步，也要予以认可和奖励。
- 让对方参与决策过程，这有助于鼓励对方以积极的态度面对变化。
- 将大而复杂的项目分解成一系列简单的任务，这可以在当事人完成较简单的任务时增强信心。
- 对于你期望别人具备的品质以身作则，比如开放坦诚和努力工作。

03 打造一种支持氛围

- 积极倾听，给予对方将合理想法付诸实践的权力，随时做好准备给予帮助、指导和建议。

管理职业生涯

在当今瞬息万变的商业环境中，管理者需要积极地经营自己的职业生涯，并为管理的人员提供职业指导。想要确定你能在哪里通过何种途径做出最有效的贡献，你需要了解自己，不断提升自我，并有能力确定何时以及如何在工作中实现改变。

规划自己的职业道路

自我评价是职业生涯管理中长期存在的组成部分。了解了自己的优势、工作方法和价值观，便做好了迎接机会的准备，而成功的职业生涯就会由此铺开。自我导向的职业生涯管理指的是当事人自己指导、管理和影响其职业生涯的进程。这不仅需要你对自我进行探索和认识，也需要对周围环境进行探索和认识。在寻找工作机会时，那些积极收集个人需求、价值观、兴趣、才能和生活方式偏好相关信息的人更有可能获得满意有效的成果、制订成功的职业规划，并在工作和职业生涯中收获成果。

确保你所管理的员工拥有**合理的工作量**。

向前驱动

自我导向职业生涯管理的第一步是规划。考虑你的优势、局限性和价值，着手寻找匹配的机会。利用收集到的信息建立契合现实的职业目标，然后为这些目标制定策略。在实践职业规划的过程中，定期进行绩效评估，确保没有偏离正轨以及目标没有改变。

为他人提供指导

想要为他人的职业发展带来积极影响，你能做的最重要的事，就是给对方灌输为自己的职业负责的需求。在此之后，你可以提供相关的支持，协助提升技巧、能力和知识，以保持在企业中的就业能力，避免由于技术进步而被淘汰。想要帮助管理的员工发展职业生涯，你可以：

- 让你的团队随时了解公司的目标和未来战略，以便让他们了解企业的发展方向，从而更好地制订个人职业发展计划、参与企业的未来发展。
- 为你的团队创造成长机会，为他们打造全新、有趣、具有专业挑战性的工作经历。
- 提供经济援助，比如报销大学课程或技能培训费用。
- 为员工提供带薪离职培训，并确保你管理的人员拥有合理的工作量，以免没有时间学习新的技巧、能力和知识。

焦点话题

职业阶段

对于刚刚展开职业生涯的人来说，那些有潜力满足他们的职业目标并与其价值观相符的企业往往更有吸引力。在适应了一份工作后，他们便会转而关注如何取得阶段性成果、赢取信誉、学会与老板相处，以及管理自己的形象。处于职业生涯中期的管理者则更关心重新评估职业、丰富既有技能、朝通才靠近。在职业生涯的后期，管理者则更多关注为他人提供教授和指导，以及如何在退休前做出贡献。

远程办公

与共享空间办公相比，远程办公的操作方法有所不同。你需要学习规划每日日程、保持积极进取，并在职业和家庭生活之间实现健康的平衡。作为一名管理者，你树立的榜样将激励远在异地的同事实现卓越的成绩。

04
82 重新定义办公空间
84 设立目标
86 与他人合作
88 保持灵活
90 平衡工作与生活
92 系统规划你的时间
94 了解不同性格

重新定义办公空间

全球各地的管理人员都在用更加灵活的方式对待员工的工作方式和工作地点。科技的进步使得有效的远程协作成为可能，许多领导者都亲眼见证了更加专注且快乐的员工带来的好处。在一间共享办公室工作的模式，真的还有必要吗？

提高生产力

虽然一些企业仍需要员工进行面对面的协作，但现在，绝大多数企业都不太可能强制所有人时时刻刻在同一物理空间工作。早在新冠肺炎疫情暴发之前，许多企业就认识到了在可能的条件下让员工远程办公的好处。在家办公可以节省工作空间，减少干扰，让员工有时间集中精力完成任务。在家办公也节省了通勤时间，有助于实现更健康的工作和生活平衡。对于员工长期在家办公持怀疑态度的雇主都应该认识到，2019年85%的企业报告称，在引入弹性工作制后，生产效率都得到了提升。因此，我们可以说传统的共享工作空间在某些领域已经不再必要。然而，无论是在家、共享空间、企业还是多场所办公，想要完成工作，员工都需要一个配有适当技术条件的空间。

50%

50%的员工**每周至少有两天半的时间**在主要办公空间以外的场所工作。

人际关系

发达远程的会议科技能让你与同事保持面对面的联系。远程会议并不意味着人情味的缺失。

案例研究

“在家工作”视频在网上引起疯传

在2017年罗伯特·凯利（Robert Kelly）教授的一次电视直播采访中，他的两个孩子突然出现在屏幕上，让这一家人成为网络红人。这位政治分析家身穿夹克、打着领带、坐在位于韩国釜山的居家办公空间，面露羞愧的神色。但后来，他和家人一起接受了一次愉快的采访，探讨居家办公的实际情况。时间快进到2020年新冠肺炎疫情防控期间，针对上班人士在居家阶段遇到的平衡职业和家庭生活方面的困难，罗伯特·凯利一家接受了几次类似的采访。这些实例让我们看到，当今环境对员工造成的压力，颠覆了居家办公和坚持传统朝九晚五工作模式的节奏。

跨国人才

远程办公让你有机会从世界各地招募人才，而不只局限于方便坐车走路上下班的人才，从而得以搭建国际化团队。

数字工具

云端存储和协作软件意味着，无论你和员工身在何处，都能够获取所需的信息并达成有效的团队合作。

有效沟通

作为管理者，你可以通过多种途径与团队进行远程交流，并调动全员进行团队合作。这些途径包括信息软件、电子邮件、视频会议以及企业内网。

设立目标

在设立目标时，先从自己的目标开始。远程工作是否让你对目标的态度有所变化？自己有了清晰的计划后，你就可以和团队的每一位成员一起制定具有挑战性和激励性的目标。

以身作则

或许你正在管理远程工作的员工，抑或自己正在远离团队的地点工作，无论怎样，你都可以通过清晰规划一天的工作来设立有效的工作标准。创建一个每周优先任务列表，植入每日规划之中，从而推动个人目标的实现。鼓励团队成员们加以效仿，但要切记，他们一天的行程不必跟你的完全一样。在灵活的工作时间和条件下，他们仍有能力实现自己的目标。

在设立目标上，**清晰明确是重中之重**。确保每个人都能清晰把握对自己的要求。

为远程工作设立SMART目标

为了实现高效，你设定的每个目标都应该符合SMART标准，即具体的、可衡量的、可实现的、相关的和有时限的。在远程工作时，你可能需要调整每个SMART目标的范围，并更勤于检查进度。

监测进展

经常向你的主管汇报进展，一旦出现问题，就立即提出。与直接向你汇报的人进行一对一的交流，审视目标进展，并在必要时做好调整的准备。

制定带有具体指标的目标，包括谁、什么、何地、何时以及为何。用在线工具（如Workday）**记录所有内容**，以便团队成员随时随地访问相关信息。

把你的目标与销售额这样的数字联系起来。在管理远程团队时，考虑**将目标细分**，以最大限度地降低偏离计划的风险。

目标应该具有挑战性，但绝不能遥不可及。当事人是否拥有远程实现目标所需的所有资源？为每个目标**添加额外的应急时间**，以防突发情况。

远程工作时，人们可能无法感知自己的工作在整体业务中所处的位置。将**每个目标**与企业的战略目标**一一对应**，向每个员工展示其工作与企业整体的相关性。

最后期限不仅能提供激励，一旦完成，还会带来回报。**设定一个硬性截止日期**，并设立定期检查节点。避免开放的时间节点，尤其是对那些刚开始远程工作和需要应对大量变化的员工。

保持积极心态

远程工作可能会让你觉得自己的努力被人忽视，你的员工也会有同感。与团队维持积极的联系，花时间庆祝个人和团队的成功。你可以通过简短的总结视频电话对已达成的目标给予积极反馈，也可以通过奖励机制来庆祝（如赠送购物券或葡萄酒）。对他人努力的认可会建立良好关系，让人们对你的管理技能刮目相看，并缓解那些与同事分开工作的员工的孤独感。

焦点话题

保持专注

无论在哪里工作，你都有可能出现分心的情况，而这无一例外会导致生产力的下降。在远程管理员工时，你要在给予员工安心执行任务的空间和确保工作按要求完成之间拿捏平衡。

- 有效利用会议，做好规划，直奔主题，确保每个人都有时间完成相关任务。
- 鼓励员工定期查看电子邮件，但不要过分沉迷，将通知功能关闭一个小时，这有助于提高注意力。
- 确保书面沟通简明扼要，这有助于团队专注于手头的任务。

与他人合作

想要成为一名高效的远程管理者，你需要对员工和同事有所了解。充分了解大家，建立一种尊重他人个人实际情况、性格和工作方式的文化。

远距离协作

离开了共享工作空间，你便无法捕捉到人们在交流时用到的诸多视觉线索，自己也无法发出这些信号。这意味着你要调动起自己的人际交往能力。花些时间，通过一对一的交流了解你的员工，仔细倾听，清晰交流，并拿出同理心来。即使你们从未谋面，这种做法也有助于你们实现成功的合作。

有效沟通

与团队保持定期联系，但要记住，视频通话可能会让一些人感到不适并引发焦虑。像Slack这类即时通信工具适合用来收取简短回答，但如果你需要详细说明问题或判断对方的情绪，打电话可能更有人情味。如果你不确定哪种方法最合适，那就问问对方更喜欢怎样交谈。

电话又**超时**了，我还得去接孩子呢。

她知道我有**听力障碍**，但还老是**打电话**问我最新情况。

我把**午餐时间**在日程表上专门空了出来，但经理偏要选在那时**开会**。

他忘了我只是**兼职员工**，还给我布置了一个**不可能达成的截止日期**。

尊重个人实际情况

每个人都会遇到需要管理者多给一点支持和理解的时候。如果员工透露自己的健康出了问题，那就看看对方在不损害身体健康的前提下完成工作需要什么条件。考虑那些独自生活和工作的同事的情况，他们需要你给予更多的支持吗？请认识到有些员工有照顾他人的责任，因此时间会更加紧张（请注意，母亲们的工作时间通常是最有限的，但工作量并不会因此缩减）。通过了解个人的实际情况，你可以想出灵活的解决方案，协助大家正常进行工作。

通过**一对一**的交流了解你的员工，**仔细倾听**，清晰交流，并**拿出同理心**来。

问问自己……

我是不是一个包容的管理者？

		是	否
1	我是否使用了人人都能理解的简单**直白的语言**？	☐	☐
2	我有没有考虑到我在用对方的**第二语言**交流？	☐	☐
3	我有没有花时间去了解对方的文化以及相关的习惯？	☐	☐
4	我是否应该主动**切换到视频通话**，方便对方**读唇语**？	☐	☐
5	提前安排会议时，我是否考虑到大家的**时间安排**和个人情况有所不同？	☐	☐
6	我是否鼓励大家倾听**所有人的心声**？	☐	☐
7	在安排与国际团队成员的会议时，我是否考虑到了**电话会议的时间和时区**？	☐	☐

保持灵活

最优秀的管理者既能灵活容纳差异，又能适应变化。在远程工作中，你要就每个人的不同情况给出实用的解决方案，并找到一个每个人都能接受的平衡点。

理解不同

想要拿出好的表现，你的员工不必遵循千篇一律的工作方法。提供灵活的工作条件可以让你接触到更广泛的人才，对业务产生积极影响，并提高你作为管理者的声誉。一旦了解了团队成员的个人情况和需求，你就可以在不影响工作量的条件下确定适合他们的工作时间和方法。

专设时间沟通

团队每天花几个小时协同工作的确能带来积极的效果。但如果一个成员在世界的另一端，或工作时间与其他人完全不同，那你就必须想出其他方式来进行沟通。你可以每两周开一次简短的在线会议，也可以每天发送工作交接邮件。偶尔要求对方在约定时间以外参加会议虽然无伤大雅，但不要让这成为一种习惯。

调整旧习

预约之前要三思

你真的需要开会吗？如果需要的话，团队中的每个人都必须到场吗？养成仔细挑选与会者、缩短会议时间的习惯，将对自己和他人的干扰降至最低。

接受新技术

审视自己现有的通信技术和软件。在网上搜索，寻找可用、简单且价格实惠的替代方案。

给予及时反馈

不给予反馈的管理者或许会阻碍工作的推进。及时回复，便于大家完善项目，继续进行下一步的工作。对出色完成工作的人提出表扬，这对于那些感觉孤立无援的人来说尤其重要。在给出负面反馈时，要礼貌、诚实，并做好提供支持的准备。

学会放手

如果没有怎么接触过远程办公，你或许会注意到自己有微观管理的倾向。这表明你缺乏信任，可能会导致压力的产生。将工作委派给无法亲自管理的人员时，请保持定期联系，了解最新情况，提供支持，但避免监督过密。记住，委派工作不仅能帮你平衡自己的工作量，还能增加员工的专业经验，让他们为职业发展做好准备。

小贴士

分享你的计划

工作日历是远程办公的强大工具。选用一款让人们知道**你是否有空档**的工作日历。确保团队的每个人也这样做。

平衡工作与生活

远程办公为工作与生活的平衡带来了诸多益处，但也会侵蚀工作与个人时间之间的界限，迫使人们投入更多的工作时间，做到24小时待命。为了捍卫工作与生活的平衡，对自己和他人都要态度坚定。

设置边界

在繁忙时期提高工作强度无可厚非，但不要被工作压力钳制。在远程办公尤其是在家工作时，你常会觉得有义务完成更多的任务。划清边界，并告知你的同事。以下是一些例子。

- 下班后不要查看工作信息。
- 尊重自己和他人的灵活工作安排。在需要时请假，并鼓励其他人也这样做。结束一天的工作时，把工作相关的物品收起来。
- 打因私电话时，请离开办公区域。

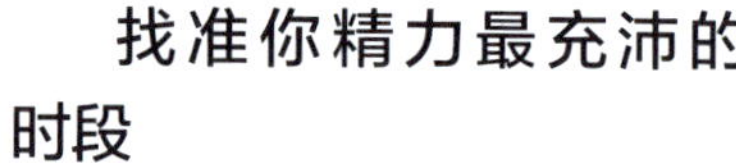

小贴士

找准你精力最充沛的时段

找出你在工作日**状态最好的时段**，把棘手的任务安排在这段时间完成。这样一来，你就能更高效地**完成任务清单**，更有可能在一日工作终了时完成任务。

案例研究

优先确保工作生活平衡

2020年，英国房屋贷款协会推出了一系列新措施，帮助远程办公的人员找到健康的工作和生活平衡点。该协会鼓励员工利用日程安排，重建从办公室转向在家办公后失去的一些结构。该协会还建议留出虚拟通勤时间、组织每日团队电话进行沟通交流，并设置午餐时间不得开会的规定。该协会还在全公司范围内免费提供Unmind服务，鼓励员工更加积极地照顾自己。Unmind是一个包含许多实用信息的心理健康平台，旨在帮助用户监测和改善自己的身心健康状况。

问问自己……

掌控生活中的平衡

		是	否
1	在工作之余，我是否经常**有时间从事自己的爱好**？	☐	☐
2	我是否有**规律的健身习惯**？	☐	☐
3	我是否经常能够**一夜好眠**？	☐	☐
4	我是否**有足够的精力**度过每一天？	☐	☐
5	我是否能够**表达自己的感受**？	☐	☐
6	我在个人生活和工作中是否都拥有**清晰的使命感**？	☐	☐
7	我在工作中是否能做出**实质性的贡献**？	☐	☐
8	我知道**自己是谁**吗？我**对自己的身份满意**吗？	☐	☐
9	下班后，我有机会**好好放松**吗？	☐	☐

系统规划你的时间

远程办公会带来新的干扰和麻烦，因此，为每天设立一个合理的框架非常重要。有了计划，事情就会进展得更加顺利。定好什么时候开始，做到言出必行，给予任务应有的关注，记得定时休息，并且按时完成。

计划你的一天

作为一位管理者，你必须服务于团队，但也必须为自己保存时间和精力。每天都把需要完成的任务清单列出来，包括与工作和个人生活相关的事项（如集体会议、回顾某项目、打电话叫管道工），并时常参阅。另外，也要在日程中插入休息时间和减压活动。时间管理教练伊丽莎白·格雷斯·桑德斯（Elizabeth Grace Sanders）建议使用她所说的“时间预算”。首先计算出每周必须花费多少小时，这样一来，你就能对自己可以处理的合理事务量有所把握。估算清单上每个事项的用时，然后记录下来，以便审视计划的可行性。如果事项太多，只需加以调整就行。

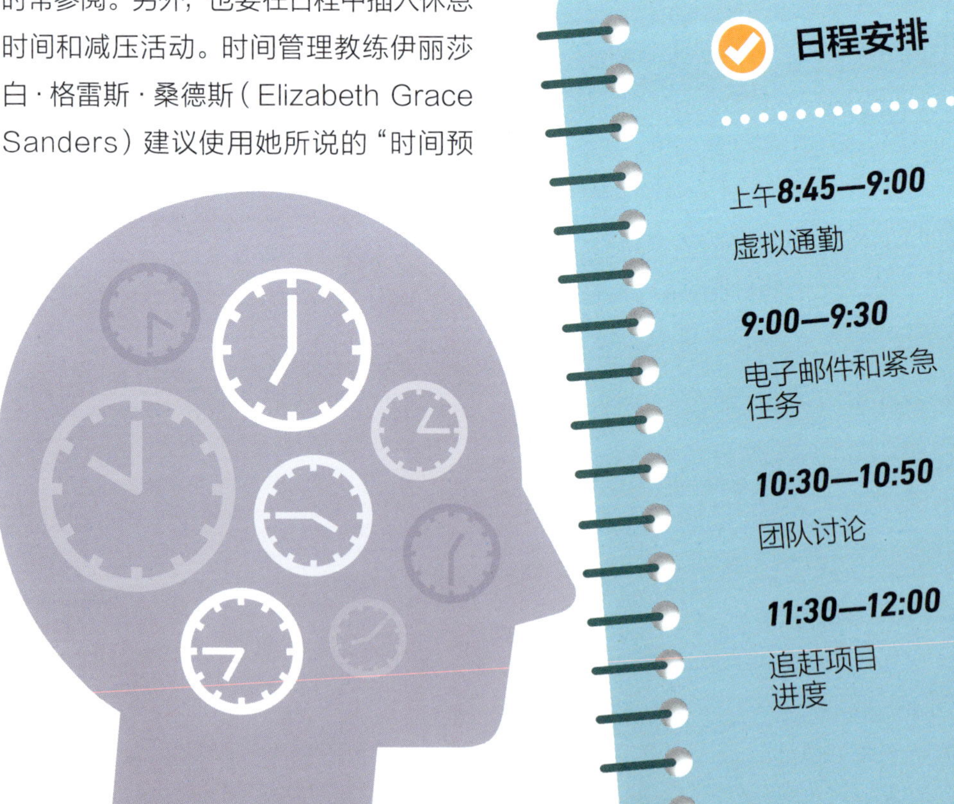

利用日历

你的日常任务清单是为自己设置的，但在线日历却是为所有同事设置的。利用在线日历清楚表明你可以在哪些时间段与团队合作。把需要不受干扰工作的时间专门安排出来，利用原本花在上班路上的时间为个人生活和工作时间划清界限。你可以选择各种方法来享受这些“数字通勤”时间：比如听10分钟你最喜欢的音乐，散步，用5分钟冥想，任何让你做好迎接一天工作的准备和有助于重新放松下来的活动，都可以安排。

12:00—13:00
午餐

14:00—14:30
与瑞秋一对一交流

15:00—15:30
接孩子放学

15:30—16:30
为教练课程做准备

17:30—17:45
虚拟通勤

焦点话题

缓解压力

在远程办公时，你可以通过很多活动来缓解压力。作为第一步，你可以在需要集中精力的时候先关闭邮件通知。设置提醒，让自己不要长时间盯着屏幕，按时吃午饭，适当运动，即使只是离开椅子拉伸一下也行。利用休息时间散步，使用正念冥想小程序，或者简单做几次深呼吸。偶尔提出一次工作社交活动的邀约，比如虚拟团队聚餐。把这些活动放在一天终了时进行，这样一来，你就可以在晚餐期间轻松交流。没有了赶火车或规避晚高峰的需要，你很容易因拖延工作错过下班时间。严格要求自己按照计划完成工作，关闭所有设备，关上工作的“大门”（如果办公空间真的有门，那就把门关上）。

学会在必要的时候**说“不”**。这样做能够将**不合理的请求**拒之门外，**避免过劳**。

了解不同性格

想要让你的团队在一起畅通无阻地合作，关键不仅在于技能的搭配，也要依照不同的性格进行管理。在远程办公时，了解成员性格的方法虽然有所不同，但意义同样重大。同时，也要注意不要忽视了自己的个性。

评估性格

在描述自己的性格时，人们通常会把自己归为内向者或外向者。在无法进行面对面交流的远程办公环境下，这些特征会越发凸显：外向的人在表达观点时可能会越发强硬，而内向的人则可能变得更加沉默寡言。

你的职责并不是给个性贴标签，而是加以理解并学会利用。团队成员在一起时，其性格会彼此影响。比较安静的人会惧怕喋喋不休的同事，而那些喜欢把想法一股脑儿说出来的人则认为重视私人空间的同事太过无趣。你的目标，就是让每个人都能一起协作。

小贴士

放下“小我”

每个观点都有其意义，但是，非要争个**谁是谁非**，这只会挫伤团队的士气。专业精神意味着能与他人一起实现共同目标，因此，请启发你的员工放下“小我”，而其中也**包括你自己的“小我”**。

焦点话题

你有“冒充者综合征”吗?

你并不是唯一有过心有余而力不足的感觉的人,“冒充者综合征”最初是在20世纪70年代一项颇具影响力的研究中被提出的,这项研究估计,多达70%的人会在某个时候对自己的专业能力感到怀疑。2018年,美国前第一夫人米歇尔·奥巴马在伦敦告诉观众,她仍会受“冒充者综合征”之苦。人们尚不确定这种综合征的病因。相关理论涉及完美主义、焦虑等性格特征,以及觉得自己“不够好”的成长经历。更重要的问题在于,你要明白这是一种正常的反应,可以影响到任何阶层和任何行业的所有人。如果你觉得自己可能患上了“冒充者综合征”,那就和同事和朋友谈一谈,把你的担忧公开讲述出来。同事可以帮助你重新审视自己的想法,专注于自己的积极品质。你甚至可能会发现,同事也有过相似的经历。

管理沟通

员工在异地工作时,你需要花更多的时间确保每个人都在同一轨道上。这意味着要花更多的时间召开会议,而人们的性格在会议上很快就会彰显出来。你可能需要控制那些言辞激烈的同事,或者鼓励不爱说话的同事加入讨论。你可以在一对一的谈话中讨论每个人喜欢的工作方式。你应该鼓励那些不好意思抒发己见的人员,但要注意,并不是每个人都喜欢被迫离开自己的“舒适圈”。要让大家知道,他们可以私下把问题提出来,在会后与团队一起探讨。

领导力

理解
领导力

担任起领导者的角色时，人们会期望肩负多重职责的你同时处理多项任务，比如完成目标和开发新的业务机会。在当今日新月异的世界中，这意味着你不仅要确保团队遵循统一的企业愿景和价值观，还要管控风险、打造企业复原力。

05
100 定义挑战
102 从内部领导
108 用愿景领导
110 与职位一起成长

定义挑战

如果你善于创造性思维、激励和引导他人、尝试不同的工作方法以及凭直觉做出决定，那么你就踏上了成为领导者的道路。但是，真正卓有成效的领导者还需具备良好的解决问题能力以及清晰的愿景和强大的同理心。

领导力漫谈

领导者并非天生的，而是后天培养的。对于领导发自内心的渴望是先决条件，但是，领导的关键技能是可以通过学习获取的。领导力包括很多方面：这是一种激励他人赢得挑战、接受持续变化和达成目标的能力，是建立强大而高效的团队、运用影响力说服和引导他人的能力，也涉及设立愿景和价值观以及照顾周围人员的福祉。由某个人发号施令的旧观念正在逐渐消失。当今的领导力，意味着为所有人的进步创造条件，并建立一定的体系和文化，在必要时将领导权赋予任何团队成员。在当今瞬息万变的世界中，我们每个人都是潜在的领导者。

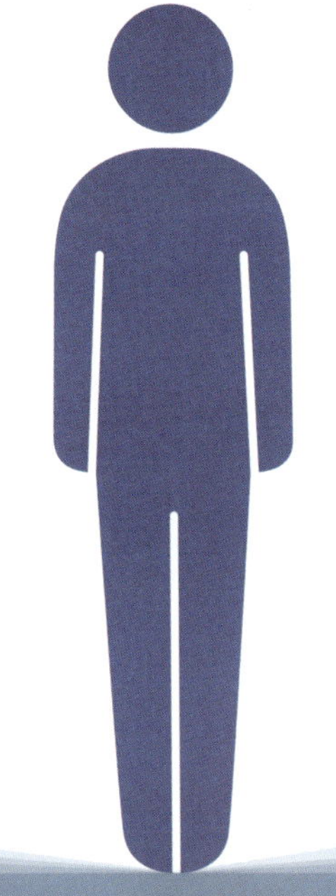

管理能力

小贴士

灵活操作

要成为一名**优秀的领导者**，就要与你的团队保持紧密联系，利用**判断力**在领导和管理角色之间按需切换。

如何进行考评

应该做的事	不该做的事
快速认识到团队成员的激励因素。	认为曾经的成果放在未来仍然有效。
询问团队成员对某件事的意见。	无法感知自己的情绪。
在思考时放眼长远。	注意不到周围发生的事情。
明白如何培训和开发你的团队。	不征求人们对你的领导方式和想法的反馈。
设立标准，建立一个值得信赖的团队。	不保持身体健康和思想积极。

领导能力

领导者会创造一个大胆的愿景，并**激励其他人相信愿景**，而**管理者**则通过**引导员工的行动**将愿景付诸实践。

领导和管理

领导与管理有着本质上的区别。领导者会创造一个大胆的愿景，并激励其他人相信愿景，而管理者则通过引导员工的行动将愿景付诸实践。或许你渴望被称为领导者而不是管理者，但尽管存在差异，这两个角色在本质上仍是紧密相连的。卓越的管理需要运用一部分领导技能，而优秀的领导者也明白如何成为一名优秀的管理者。

进入领导岗位时，你不会也不能完全放弃管理。想要成为一名值得信赖的领导者，你不仅要理解过去和当下，同时也要聚焦未来。

从内部领导

领导者的职责是赋予他人使命感和自我价值。如果不了解自己的长处和短处，或者不确定自己的职业和个人生活方向，你就不能令人信服地做到这一点。想要成长为一名更加卓越的领导者，重点之一就是提高自我意识，并仔细体察自己对他人的影响。

成为领跑者

人们尊重那些拥有深刻价值观并为自己的选择负责的领导者。为了展示这种内在的力量，你就得树立起以身作则的形象。让团队看到，你有信心承担风险，能够坚持度过困难时期，并做好了不断学习、与时俱进、创造新商机以及倾听团队需求的准备。

界定思维模式

模式	特点	问题
谋略型	○ 接受指导。 ○ 专注于如何实现**目标**。 ○ 有**逻辑**地进行**计划**和思考 。	○ 我们怎样才能在最短的时间内取得最好的结果？ ○ 我们该如何将**行动**组织成明确的计划？ ○ 最重要的行动或协调工作是什么？
实践型	○ 发掘行动和改善的机会。 ○ 在复杂的情况下，注重**实际行动**和具体执行。	○ 我们能采取什么行动？ ○ 需要我们采取什么行动？ ○ 什么时候可以开始行动？
策略型	○ 从**第一性原理**出发思考任何问题。 ○ 重新定义问题，用**自信**的态度向上级质疑。	○ 如果……会怎么样？ ○ 我们为什么要排除其他的行动计划？ ○ 为什么不这样尝试？ ○ 还需要谁的参与？

了解自己

人们的思维模式不尽相同。了解自己和周围人的思维模式，会为你提供一些有价值的领导工具。“思维模式”这个词指的不是你的智商，而是处理信息的方式。从广义上讲，我们可以把思维模式划分为三种类型：谋略型、实践型和策略型。

大多数人倾向于只使用其中一种思维模式。但是，一旦认识到自己的思维模式，你就会开始提出不同的问题，并尝试激动人心的全新思考方式。这样一来，你就可以更有效地与团队进行合作，因为你不但能够理解他们的思考和交流方式，还能够用他们自己的“语言”进行沟通。

小贴士

罗列你的技能

把你作为一个领导者已经具备的基本特征罗列出来，比如“我很专注”“我追求卓越”“我尊重他人”“我努力工作”，将你所渴望具备的特征也列出来，比如“我关心别人”“我值得信任”。定期重复这个练习，来监测你内心的想法和想法的变化。

我们可以把**思维模式**划分为三种类型：谋略型、实践型和策略型。

领导风格

心理学家丹尼尔·戈尔曼普及了情商的概念。他提出了情绪在管理中至关重要的观点，并划分出六种领导风格（见下文）。许多人会在不同的时机运用不同的风格。戈尔曼发现，愿景型领导方式能产生最积极的影响，但辅导型领导方式也变得越发重要起来。

当你敞开心扉**接受自己所遵循的价值观**并将其应用于领导者的角色中，人们会尊重你的**真诚**，也能体会到你成**就他人**的心愿。

领导风格

指令型

- 要求他人服从。
- 具备追求成果的动力和自控力。
- 关键词："照我说的做"。
- 负面影响。

愿景型

- 利用清晰愿景进行领导。
- 具备自信心和同理心。
- 关键词："跟我一起来"。
- 最积极的影响。

亲和型

- 创造和谐，建立纽带。
- 具备同理心、良好的人际关系和沟通能力。
- 关键词："以人为本"。
- 积极影响

发展自我意识

想要成就卓越，你需要由内而外进行领导，也就是将真正的想法和价值观体现在行为之中。想要具备领导者思维，你不仅要关注你的自我意识，也要关注对外部世界的觉知。

由内而外的领导要求你坚守自己的原则，同时也会带来相应的成效。当你敞开心扉地接受自己所遵循的价值观并将其应用于领导者的角色中，人们会尊重你的真诚，认识到工作和团队与你的利益息息相关，也能体会到你成就他人的心愿。提高自我意识意味着分析自己的想法和情绪，尽可能多地寻求他人的反馈，并培养敏锐倾听的技巧。

民主型

- 通过参与达成共识。
- 具备协作精神、团队精神和沟通能力。
- 关键词：“你怎么看”。
- 积极影响。

领跑型

- 制定高绩效标准。
- 具备追求成果的动力和责任心。
- 关键词：“跟我做”。
- 负面影响。

辅导型

- 培养员工的技能。
- 具备提高员工的能力、同理心和自我意识。
- 关键词：“试试看”。
- 积极影响。
- 在当前变得越发重要。

小贴士

致力改变

寻找一位经验丰富的教练，教授你提高情商的方法。这种转变意味着你不仅要改变自己的态度和习惯并学习新的技能，还需要你和企业在时间和资源上进行实质性的投入。

运用自我认知

与其他更实用的认知技能相比，自我认知在工作场所的益处可能不会立即凸显出来，但几十年来，其价值已被心理学家所承认。情商（EI）这个术语的创造初衷，就是为了描述一种识别和区分自己及他人的感受，从而指导自己的思想和行动的能力。对于情商的重要性，如何强调都不为过，多项研究表明，与智商等衡量智力的标准相比，情商对于领导力潜能的衡量效果要准确得多。领导者体验到的情绪会波及企业文化、生产力、员工满意度和忠诚度，从而对结果产生实质性的影响。

利用情商

认识情绪

调节情绪

利用情绪

产生共鸣

培养关系

领导者体验到的**情绪**会波及企业**文化。**

评估益处

了解和控制内在情绪，能带来一些让你和企业受益的实际用途。

- 有能力控制自己的情绪，让自己脱离无聊的情绪，或是将沮丧转化为正能量，这些都是非常有益的能力。
- 明白悲伤或消极的情绪会让你沉浸于细节，而欢快的情绪会引导你寻找新的想法和方案，这有助于提高效率和改善时间管理。
- 直面和分析你的恐惧或许能够揭示出眼前的问题，因此，这么做可能会引出解决方案，为你节省时间。

掌握情商的关键能力打开了一扇大门，让你有能力通过更高超的方法建立和维持富有成效的人际关系。更重要的是，这些能力是可以通过培训和实践习得的。这样一来，你就能够对自己的行为进行深刻而持续的改变。

- 对自己和他人的感受进行准确识别和分类。
- 时时刻刻意识到自己的感受。

- 认识到你的感受会对你的思想产生怎样的影响。
- 明白哪种情绪最适宜不同的情况。
- 不要让别人控制你的情绪。

- 制定缜密的策略，让包括负面情绪在内的感受为你所用。
- 控制情绪，这样一来，即使面对困难，你也能够采取积极的行动。

- 认识到情绪能够提供有关他人的信息。
- 能够站在别人的角度看待问题。

- 发自内心地关心他人。
- 对别人的贡献表示真心的感谢。
- 在设立目标时考虑到他人的利益。

用愿景领导

作为一名商业领导者，人们会期望你为企业设立一套价值观，并为企业利益相关者提供一个具有感召力且可实现的未来愿景。你需要与企业各级人士进行清晰而深刻的沟通，丰富这一愿景，并将愿景融入中期战略和日常行动之中。

设定愿景

领导者专注于制定愿景和总体目标，并在团队成员努力实现共同目标时通过与企业价值观相符的方式予以激励和协助。

业务愿景是对团队或企业未来的描述，勾勒出目标实现时的情形。作为领导，你的职责或许是从企业顶端制定愿景和战略目标，也可能是根据企业整体战略来设计团队计划。

小贴士

阐述原因

原因必须通过两种方式来加以阐释：一是因为A……（指某个过去/现在的原因）；二是“为了实现B……”（解释未来可能出现的结果）。

焦点话题

相应的回报

利用横向思维来考虑奖励团队成员的方式。金钱上的奖励往往没有表达认可和感恩有激励价值。对于受到团队尊重的领导者而言，最好的赠礼就是时间。定期花时间给予每位团队成员充分的关注。在团队的未来福利上，永远不要出现夸下海口但却没有落实的情况。

开发愿景

让团队从一开始就参与愿景制定，如果一早加入，他们便更有可能接受愿景。第一步是将愿景写下来。在向前推进的过程中，你需要通过开放透明的问答会、一对一的工作总结以及集体会议与团队进行沟通，对愿景进行重申和更新。很快，每个人都将认识到如何从我做起以及为团队目标做出有意义的贡献。

对于实现愿景所要付出的努力、何时实现、具体收效以及背后原因的清晰理解，能够对员工起到激励作用。这些都是员工的职业发展和实现团队愿景途中的重要路标。你的职责，就是帮助团队中的每个人规划路线，并对进展进行回顾。

每个人都将学会**如何为团队目标做出贡献。**

与团队合作

作为领导者，你的重要任务是激发人们对愿景产生情感上的依恋，并让成功清晰可见。这能帮助团队成员看到个人工作的价值，并认识到努力工作的确能给所有人带来更加美好的生活。

1

- 让每个人在实现团队愿景的过程中发挥作用，让成员们向你反馈哪些地方做得非常出彩，哪些地方有待提升。

2

- 让每个人向团队的其他成员展现自己在工作中的亮点，这样一来，每个人都可以在工作方法上得到新的启发。与团队一起回顾这些工作方法时，要与整体愿景联系起来。

3

- 不要忘记在私下和整个团队面前对成员表示感谢，激励他们保持拼搏的势头和动力。

4

- 庆祝团队的成功，激励团队一起前进。即使是在正确方向上迈出的一小步，也要予以认可。

5

- 与团队成员一起探索他们独特的价值观、生活经验、知识、技能和潜力。了解激励每个人投身工作、甘愿付出额外努力的具体原因。

与职位一起成长

成长深深根植于绝大多数企业的愿景之中，随着一家企业的成长，领导者必须做好与时俱进的准备。在每次企业的转型中，你的领导者职位可能会变得更加重要且更有战略意义，因此，预测变革的到来是卓越领导者思维的基石。

初创阶段

企业在初创阶段具有创业精神，专注于向新客户提供新的服务。在这个阶段，沟通往往是非正式的，人们也愿意在沟通中投入大量的时间。客户反馈非常迅速，初创企业的小型团队回应速度快，且态度积极、充满活力。

这个阶段领导力的关键是与客户和员工保持密切联系，并鼓励新的想法。作为领导者，你或许会参与到第一线的活动以及决策中。

3x

在15年的时间里，由创始人运营的大型美国公司创造的收入要比其他企业**高出3倍。**

快速增长阶段

随着企业的发展，你或许开始注意到交付质量方面存在的问题。与团队的沟通可能会变得更加正式，初创时的活力和主动性可能会丧失。你会将更多的时间花费在体系、结构和标准的设计和实践上。

在这一阶段，你需要努力让那些寻求建议的人员仍然能够找到你，不要退回纯粹的管理角色中。

持续增长阶段

当你意识到每天的时间不够用、已经无法掌控一切时，下一阶段的转型就发生了。你可能会注意到，团队成员会抱怨制定决策的用时太长，他们或许会要求得到更大的自由，以便自行做出决策。在这个节点，你应该认识到委派工作的必要性，这是保留和开发员工的必经之路。你应该将越来越多的时间和精力用于领导和沟通，而不是花在你原本的专业技能领域上，比如会计、销售、营销、工程或运营。

你应该将越来越多的时间和精力**用于领导和沟通。**

权力下放阶段

随着企业的不断发展，你或许会成为高层核心领导团队的一员，进行战略指导和协调工作，而业务部门的管理者则通过权力下放对团队进行领导。

你需要成为一个强有力的沟通者，因为你的角色的一个重要部分，就是解决权力下放单位和权力中心之间的矛盾。你需要管理人际关系，以确保企业的所有组成部分团结协作，完全投身企业的整体战略。切记，寻找下一任领导者对于企业的长期生存至关重要，这也是你的另一项新职责。

发挥你的
领导作用

被赋予领导职位时，你需要做好准备，迎接高强度的学习并不断与时俱进。无论你是新晋上任还是内部晋升，都将面临包括站稳脚跟和开发能力在内的诸多挑战。

06

做好领导团队的准备

成为一名领导者时，你需要快速了解人们对你和团队的期望。雇主会给你提供指导，但不要指望你能把控全局。很多基础工作还需要你亲力亲为。

让自己先人一步

明智的做法是，在入职之前就为领导角色做好准备。做一些简单的基础工作和调研：让雇主指出你在企业结构中的位置，询问雇主希望你何时为团队制定具体目标，何时以及如何对你和团队的表现进行评估。如果可能的话，要求与即将离职的领导见面，探讨这个职位的要求和团队的人际关系。对你的团队进行调研：把业绩数据和人事档案要来，问问即将离职的领导和同事哪些信息最能说明问题。

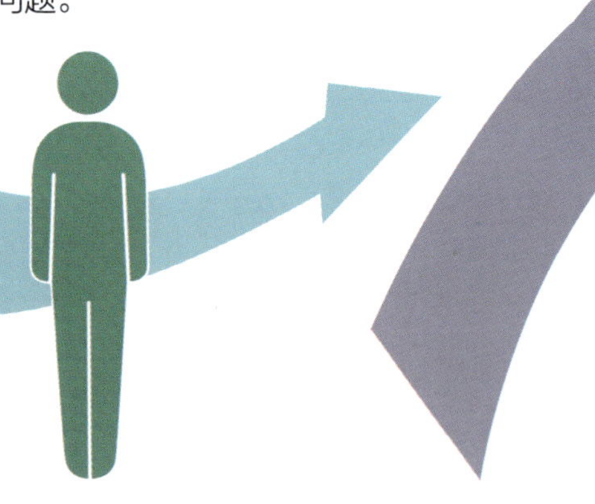

让雇主指出你在**企业结构**中的位置。

数据管理

在刚开始工作的几周，你会被大量的信息搞得措手不及。然而，你不一定能分辨出这些数据中哪些具有战略重要性，而哪些只是次要的小细节。通过建立体系来规避初期的错误，把信息归档，将收到的信息列一份清单。每周回顾清单，试着将每条信息的重要性放在更广的背景下进行审视。

23%

最佳管理实践可使绩效**提高23%**。

人员管理

另外，你还会在企业中结识许多新朋友。每次会面后，记下你所见的人的姓名、职位、特点以及对方对你说过的难忘的话。下次见面的时候，你不仅能记得他们的身份和在企业中的位置，更重要的是，你还可以接着上次的话题继续聊下去。

问问自己……

信息交流

		是	否
1	你是否参加过或要求召开**入职介绍会**？	☐	☐
2	在**新职位**上，你是否找到了自己在**哪些方面**还需要培训？	☐	☐
3	你是否研究过公司的**组织结构图**？	☐	☐
4	如果得到了**提拔**，你是否会把新的职位告知企业里的**熟人**？	☐	☐
5	你知道自己需要参加哪些**会议**吗？	☐	☐

小贴士

寻求支持

如果你得到了内部晋升的机会，人们会认为你对企业的情况了如指掌。即便如此，你在转入新职位的过程中仍然需要支持，因此，不要惧怕寻求帮助。

着眼现实

作为团队的新领导，人们会认为你的到来一定会带来积极的改变。然而，你可能会发现有些期望并不现实。例如，团队的前任领导可能在执行工作的方法上提供了详细的指导；而如果你的领导风格更侧重于团队，让他们自己做决定，那么刚开始的时候，大家或许会觉得没有得到充分的支持，甚至对新增加的责任心怀不满。在任职之初，你需要询问团队对你和你的职位有什么预期。

- 概述你眼中的成功是什么样子的。大家的观点和你的是否一致？
- 根据他们的预期，多久情况会出现改观？
- 有没有人让他们对你抱有不切实际的预期？

提出这些问题之后，你就可以着手应对大家的预期和你的现状之间的差异。

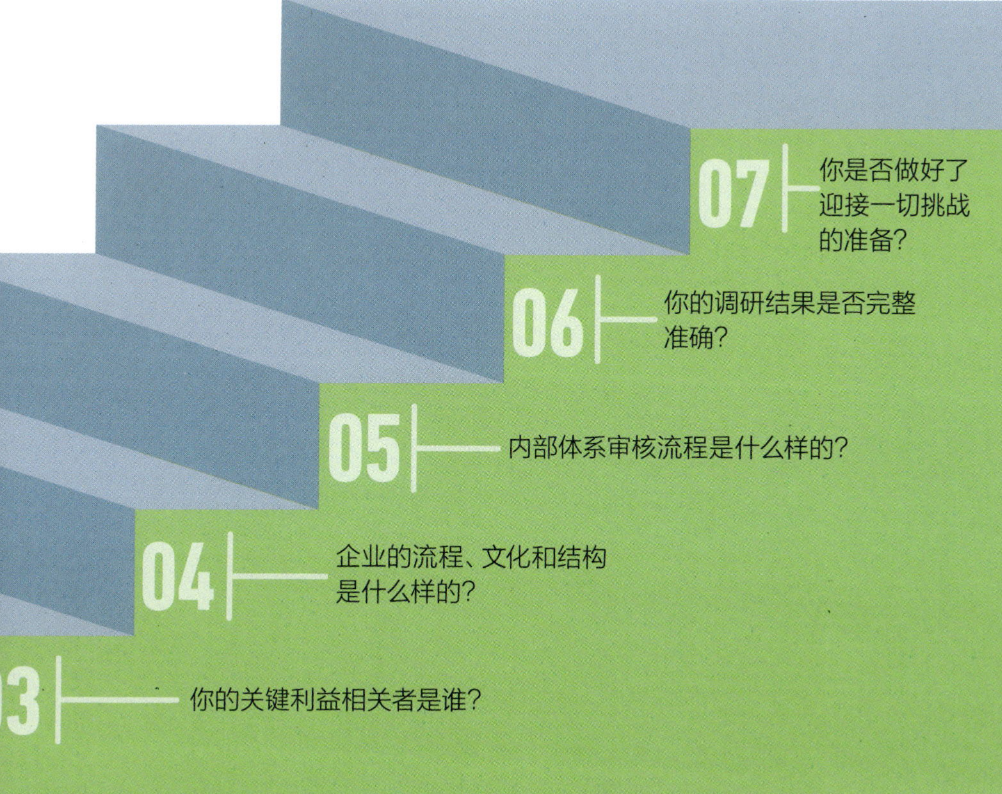

集中你的精力

作为领导者，你可能会因沟通、请求、新的任务和计划而分身乏术。认识到并专注于真正重要的事务，这对于你和团队而言非常关键。一定要确保利用时间的方式与自己的优先事项相符。

如何为任务排出优先级

高紧迫度、低重要性

典型案例

- 信息一来，立马处理。
- 处理有违你的愿景的别人的优先事项。

在这些事上花时间，会出现以下情况。

- 目标不清晰。
- 危机管理。
- 产生失控感。
- 行为与理念不一致。

应对措施：委派工作。

低紧迫度、低重要性

典型案例

- 低级别会议。
- 浪费时间。
- 心不在焉地网上冲浪。

在这些事上花时间，会出现以下情况。

- 无法承担责任。
- 无法完成工作。
- 对他人越发依赖。
- 没有安全感。

应对措施：放弃这些活动。

高

紧迫度

低

低

重要性

管理你的时间

我们很容易因为不太重要的紧急事件分心，而忽略了关键任务。为行动设定优先级，是你每天都应该安排在日程表上的任务，应该严格遵守。一个简单的应对办法就是在一天终了时列一份待办清单。仔细审视清单，对照你的愿景、价值观和关键目标对每一项进行评估；然后按优先级给每一项编号。你也可以尝试更系统化的方式，将任务划分为以下四个类别。

高紧迫度、高重要性

典型案例	在这些事上花时间，会出现以下情况。
○ 处理危机。 ○ 积极投身设有严格时限的项目。 ○ 参加重要会议。	○ 高频危机管理。 ○ 疲劳与压力。 ○ 长期处于过劳状态。

应对措施：立即动手，但也要审视你的时间规划。

低紧迫度、高重要性

典型案例	在这些事上花时间，会出现以下情况。
○ 提前计划 。 ○ 提前预设问题。 ○ 对团队进行指导和培训。 ○ 委派工作。 ○ 建立关系。	○ 整体把控。 ○ 打造愿景。 ○ 实现平衡。

应对措施：提前规划这些事项。

重要性 **高**

巧妙安排工作

应该做的事	不该做的事
o **提高标准。**	o 对可以委派的工作亲力亲为。
o **建立人际关系。**	o 从不离开工作空间。
o **记录和分析自己的时间使用情况。**	o 等到出现状况才做出反应。
o **对用时的估计符合实际情况。**	o 没有明确的日程计划就开始工作。

重回正轨

错过或推迟最后期限，不知为何总是抽不出时间解决反复出现的问题，这些都是不完善的时间管理带来的后果。如果根本原因得不到解决，你的工作可能很快就会陷入失控状态，不仅消耗精力，还会扼杀创造力。停下来，花些时间休整，把精力重新放在重要的事情上。安排一些时间来处理战略性事项，想想你可以采取什么措施，以便更有效地在团队内部委派工作。

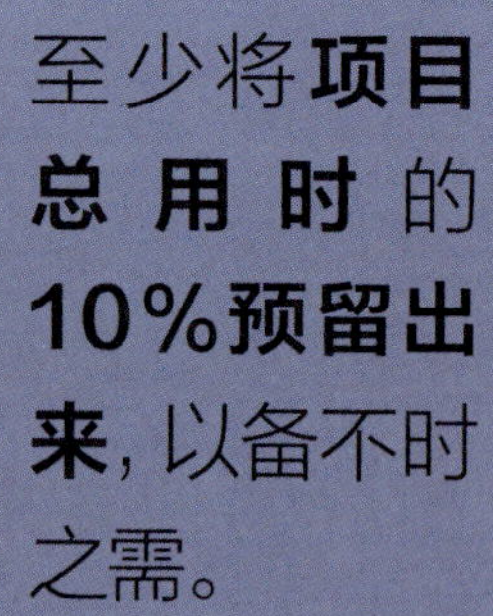

至少将**项目总用时的10%预留出来**，以备不时之需。

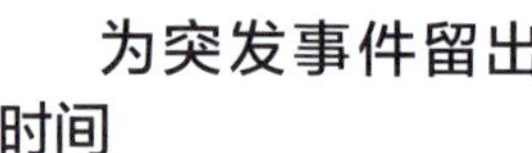

小贴士

为突发事件留出时间

你应该留出时间，和你的团队一起进行**头脑风暴**，寻找可能妨碍准时交付的因素。至少将项目总用时的**10%预留出来**，以备**不时之需**。

有效委派工作

委派工作是一项重要的领导技能，如果执行到位，会给你和你的团队带来巨大的收益。委派工作为你的日程表腾出时间，让团队成员感觉受到重视，并拓展了企业中各级人员的能力。有效的委派需要的不仅是将任务移交下属。在行动之前，还有许多问题需要仔细考虑。

如何委派工作

- 仔细选择委任任务的对象。评估出现问题的可能性。
- 只委派可以明确界定的任务。如果不能详细阐释你想要的结果和时间节点，那么期望别人成功就是不合理的。
- 将耗时、重复的任务委派出去。
- 设立里程碑、工作流程、资源和最后期限，并达成共识。
- 确认委派的对象对眼前的任务跟你有共同的认识。
- 监控进展情况，提供支援，但要避免微观管理。虽然不能拱手放弃责任，但如果委派得当，你大可信任别人能把工作做好。
- 委派工作意味着允许人们找到自己的解决方案：你必须认识到，这些方案不一定和你的一致。
- 如果没有成功，不要怪罪他人。记住，为最终的成败承担责任的是你。

选择人员

为了确定你的团队中最适合承担某项任务的成员，你可以尝试使用类似右图所示的“委派工作计划”，以便在决策时具备一定的客观性。你可以这样使用“委派工作计划”。

- 列出团队的所有成员。
- 设置选择的标准，可以从参考样表上的标准开始。
- 按照从1到10的标准，给团队中的每一位成员打分。
- 将分数相加。
- 对每个人所需的培训、提升或支持添加评语。成员们需要的是短期投入、集中支持，还是长期指导？

通过这一练习，你会发现最适合的候选人并不总是最明显的。你可能已经养成了习惯，总把工作交给某个经验丰富和技术熟悉练的成员。然而，团队中的其他人或许将更多的时间投入任务中，也会因这份经验和责任而受益。

1/3 擅长**委派工作**的美国首席执行官，创造的**收入**要多出**1/3**。

小贴士

汇报总结

任务**完成**后，为汇报总结**留出时间**，讨论哪些工作做得好，哪些做得不好。你下次会**对流程进行怎样的改变**？大家**学到了什么经验**？这个任务**适合委派给某个人完成**吗？

委派工作计划
标准
当前才干和经验
技能/能力
发展潜力
可用时间、精力
动力/责任心
任务与此人发展目标契合度
总分
其他评语，如所需培训或支持
里程碑/审核

贾马尔	吉姆	简
8	7	4
7	8	5
9	7	9
3	9	9
8	4	9
5	3	7
40	38	43
无	需要时常给予激励	在模板的使用方面有待培训
任务末期审核	经常审核	只在首座里程碑和项目收尾进行审核

经营人际关系

从担任领导者的初期开始，你就需要与团队和整个企业的一系列利益相关者建立关系。理解他人以及与他人产生共鸣的能力是一项关键技能，从“故事”的角度思考人际关系，可以让你了解他人的驱动因素，并加深有效人际关系。

讲故事

我们每个人的头脑里都有自己的故事，这些故事是我们长年构建起来的，目的是为积累的经验、情感、习惯和想法提供解释。这些故事会让我们用带着偏见的观点审视一切新的情况，或许会鼓励我们拥抱挑战，也有可能阻碍我们的行动。

人际关系是通过与遇到的人交换这些故事而建立起来的。讲述自己的故事时，我们就是在透露更多关于自己背景、角色和信仰的信息，同时也是在打造刚发生的新故事。每个人都有属于自己的故事，同样，企业也有自己的故事，这些故事包含了企业的历史和价值观，阐释了企业的工作方针。

85%

85%的首席执行官**认为**，公司的财务业绩与**同理心**有关。

这些故事是否传达了**深刻的道德准则**、主见或信仰？

聆听故事

带着同理心倾听他人的故事，你或许就能理解对方为何想要跟你一起共事，以及哪些因素能够起到激励作用。听故事的时候，重点在于通过对方而不是你自己的参照框架来把握其感受。故事还能让你得出与个人或企业谈判的方法，甚至成为判断合资企业是否能成功的指标。不考虑到个人或企业过去的思想、文化、行为、抱负以及当前可见的现状，领导者就可能面临意想不到的文化冲突。同理心和敏感觉知的缺乏，会对团队的表现、创新、学习和业务成功造成阻碍。

小贴士

倾听潜台词

倾听他人的故事中反复出现的规律。这些规律**提供了哪些**让你一窥对方与他人的**相处方式**、思维模式、思想偏见和遇到的阻碍的信息？

讲述这些故事时，对方在语言上是否**有所保留**？

这些故事是否要求讲故事的人具有特殊的**技能**？

这些故事是富有探索和**冒险精神**，还是较为保守、**侧重于**四平八稳？

这些故事是否将个人置于某个**特定的角色**之中，比如英雄、参与者或受害者？

这些故事大多设定在**过去**、现在还是**未来**？

这些故事是建立了还是断开了事物的**联系**？

案例研究

提高利润

2012年，里卡·马提拉（Riikka Mattila）加盟斯堪迪克酒店集团，担任芬兰地区的人力资源总监。当时，芬兰地区的员工敬业度在集团业务覆盖的六国中是最低的。里卡带着同理心处理这个问题，注重加强领导能力、建立信任，并为员工赋权。按照要求，每位员工都得在小组在线学习平台上分享自己是如何完成工作的。刚开始的时候，员工对这个平台的使用度很低，因此公司便向员工征求意见，看看哪些改变能推动员工使用平台。坚持不懈的努力终于带来了回报，在2018年的最佳工作场所奖上，斯堪迪克酒店集团连续两年摘得芬兰地区桂冠，并获得欧洲最佳工作场所第三名。这项投入所带来的回报，就是员工流失率降低、财务绩效提高，以及客户满意度增加。

从故事中学习

用同理心倾听别人讲述的故事，你便能够对其驱动因素以及与他人建立关系的方式有所了解。这不仅有助于建立更坚实的工作关系，还能给你带来竞争优势。同理心能让客户满意度提升、员工更快乐、收入上升，还能让品牌变得更强。请意识到，与不能面对面交流的人建立关系需要付出额外的努力。如果无法从别人谈话时使用的视觉线索中捕捉信息，我们就必须更加用心地倾听、更加清晰地沟通，并进一步敞开心扉和灵活应对。

心理学家丹尼尔·戈尔曼和保罗·埃克曼（Paul Ekman）将同理心划分为三个方面。

- 认知同理心有助于理解他人的感受和想法。
- 情感同理心有助于认同他人的感受和加深关系。
- 同理关怀能够提供帮助他人的动力。

同理心是一种可以培养的技能，如果每天都实践，效果更佳。放下你的“小我”，专注于你的工作如何造福他人；在会面过程中，确定该通过什么方式达到同事的目标，而不只专注于你想要的。这样一来，你才可以打造出鼓励员工积极投入其中的双赢解决方案。

> 放下你的“**小我**”，专注于你的工作如何**造福他人**。

通过别人的视角看待问题非常关键。同理心并不意味着进入对方的思想之中施以操纵，而是明白如何以最有效的方式进行合作。如果你觉得某人“难以相处”，那就认真思考他们的故事，重新审视自己的观点。人们通常不会故意刁难别人，只是背后有你不理解的驱动因素。有了同理心，你就能发掘出背后的驱动因素了。

支持协作

用哈佛商学院教授艾米·埃德蒙森（Amy Edmondson）的话来说，有同理心的领导创造的工作场所具有“心理安全性”。她的研究表明，无论是创新还是收入，心理安全性较高的企业在几乎所有指标上都表现得更好。这个术语涵盖了四大方面。

- **助人为乐：**鼓励人们合作，探索更好的解决方案，打造新的故事，让人人都成为赢家。
- **开放透明：**打造安全的环境，让人们畅所欲言或勇敢提问，而不会遭遇忽视或羞辱。
- **风险/失败：**将错误视为学习的机会，这样，人们才会不断表达心声、拓展舒适区以及迎接挑战。
- **包容性：**让人们做真实的自己，并因此予以重视。

心理安全并非创造一个“随心所欲”的环境，而是在于缓解焦虑，利用同理心和尊重提供激励，而不是通过恐惧施加威胁。

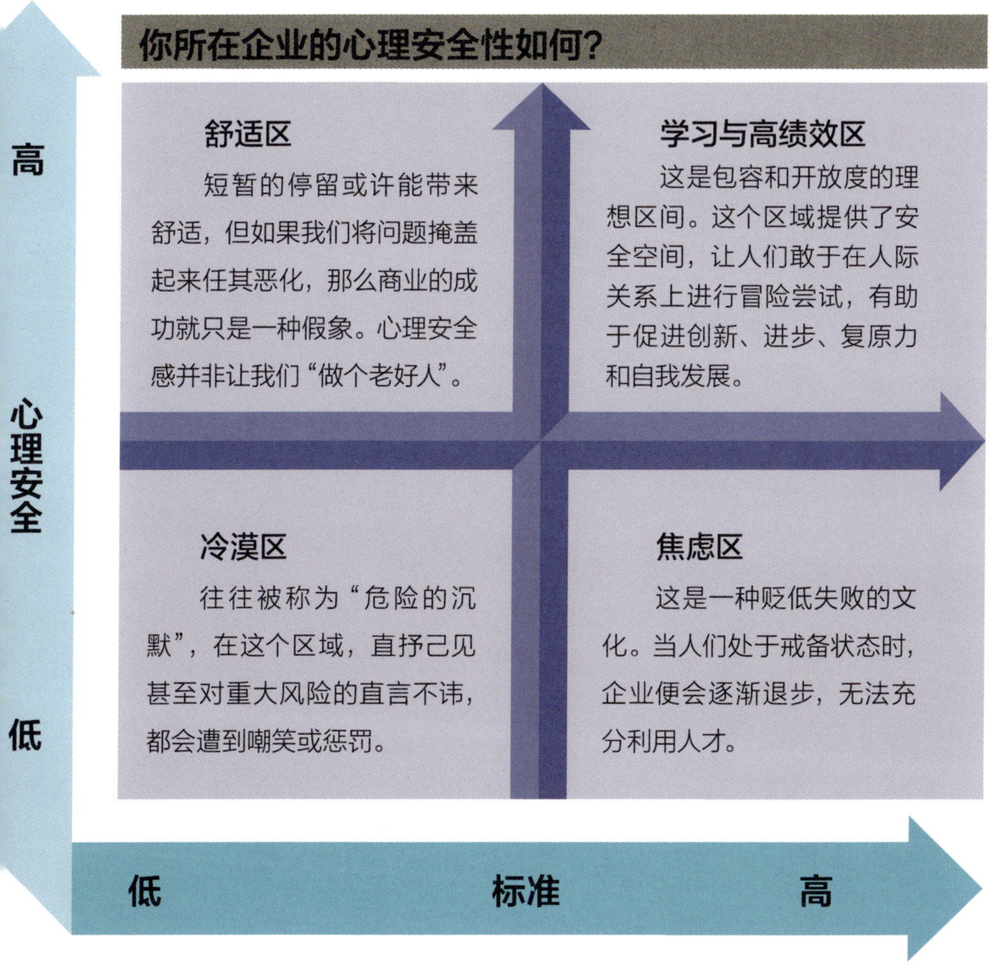

你所在企业的心理安全性如何？

纵轴：心理安全（高—低）；横轴：标准（低—高）

舒适区

短暂的停留或许能带来舒适，但如果我们将问题掩盖起来任其恶化，那么商业的成功就只是一种假象。心理安全感并非让我们“做个老好人”。

学习与高绩效区

这是包容和开放度的理想区间。这个区域提供了安全空间，让人们敢于在人际关系上进行冒险尝试，有助于促进创新、进步、复原力和自我发展。

冷漠区

往往被称为“危险的沉默”，在这个区域，直抒己见甚至对重大风险的直言不讳，都会遭到嘲笑或惩罚。

焦虑区

这是一种贬低失败的文化。当人们处于戒备状态时，企业便会逐渐退步，无法充分利用人才。

利用领导能力

如何界定成为一位卓越领导者所需的特质？你或许可以在历史上伟大的商业、政治和军事领袖的人生中找到一些灵感。但是，想要确定具体要打造的特质，更可靠的方法则是利用能力进行界定，也就是你所在企业的关键领导力产出绩效。

模仿伟人

书店里满是著名领导人的传记，供我们一睹他们在逆境中采取的行为和态度。我们可以从他们的人生故事中学到一个道理，那就是要以真实的自我去领导别人。想要实现卓越的领导，你必须舒服地做自己，遵循自己的原则生活。尽管我们崇拜甘地或切·格瓦拉，但却不能一味复制，因为这么做会导致行为与理念脱轨，被人理解为优柔寡断或言行不一。

领导能力界定了何为领导者**卓有成效的表现**，还能**帮助领导者确定**自己的发展需求。

制定具体目标

想要确定你作为领导的目标，一个更契合现实的方式是利用领导能力进行评估，这些简短的描述，展示了我们想要在作为领导者的自己身上看到的表现。通过自我评价和反馈，领导能力界定了何为领导者卓有成效的表现，还能帮助领导者确定自己的发展需求。想要回顾自己目前的表现和设立目标，你可以参考和使用一套标准领导能力列表，也可以通过调研和咨询他人来设计你自己的能力列表。

焦点话题

无偏见领导能力列表

在为企业创建领导能力表时，确保罗列的行为不会偏向于任何特定群体。为商界女性提供支持的非营利组织“催化剂”进行的一项研究表明，高层领导人倾向于促进他们已适应的刻板“阳刚”领导特质，比如受结果驱动、以行动为导向和关注于解决问题；相比之下，如彼此合作、征求意见和善解人意的严格意义上的“女性”特质就不太好受到重视。如果不对这种无意识的偏见发起挑战，就会产生恶性循环，使得某些群体处于不利地位，而所有领导人都拥有清一色的才能。你要明白，领导特质的多样化具有重要意义，而多元化的人员构成则可以展现出多元的特质。你可以考虑聘请一位专家对你的领导能力表进行评估，看看其中是否存在有偏见的语言，以及多样性是否足够丰富。

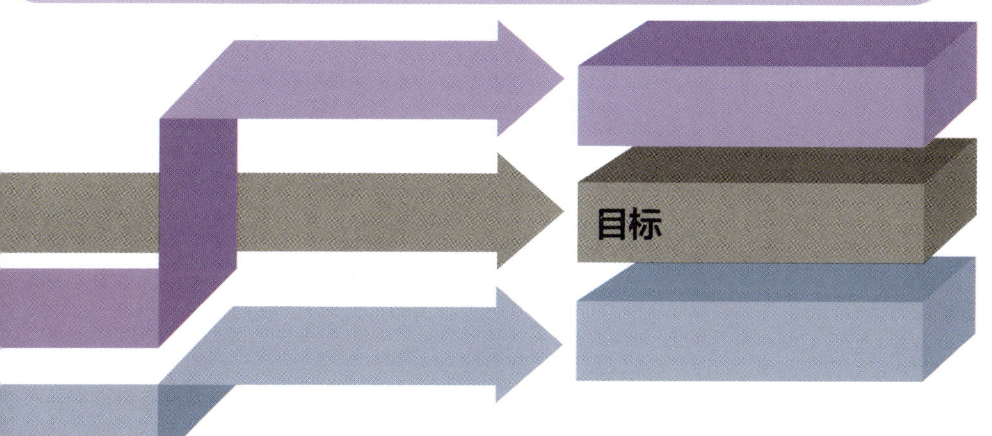

你要明白，**领导特质的多样化**具有重要意义，而多元化的人员构成则可以**展现出**多元的特质。

创建属于自己的领导能力列表

使用一套标准能力来判断哪些领导角色非常适合你。你可以参照下面两页罗列的能力，抑或，也可以通过学习他人的经验来界定并罗列自己的能力，这也是加入职业经理人或领导者团队的诸多好处之一。但最好的选择，还是开发属于你自己的能力列表，罗列出那些与公司目标和价值观完美契合的能力。

让他人参与进来

编写领导能力列表时，在企业中选择一些有代表性的人员，让他们参与进来。“一个卓有成效的领导者应该是什么样的？”你可以通过这个问题引出与大家的讨论。然后邀请每个人从自己的感受出发，对能力列表中的描述进行增补。

标准领导能力

能力	能力描述
取得优秀业绩	对于涉及**核心业务**并有益于企业长期目标的个人、团队目标和企业整体目标，投入**精力**，坚决达成。 以**专业和符合道德准则**的方式行事。
构建人际关系	建立信任，倾听需求，以**开放的心态**看待不同理念，并细心体会他人的感受。 提出有建设性的问题，寻找备选方案，并通过与**战略人才**交流互动来制订解决方案。 能够自主工作或与团队合作，适应各种情况和多样性。 即使面对压力或针对个人的批评，仍能够意识到他人的需求，并**专注于目标和人际关系的构建**。 善于**选择优势**互补的**合适人员**建立起团队。
辅导和沟通	传达关于企业未来的**清晰愿景**。 激发人们的**热情和活力**，方便大家寻求帮助，并对达成目标的每一步承担责任。 了解自己和团队成员的长处和短处，**鼓励**大家**积极**实现目标并肩负起责任。 致力于**辅导他人**，提供建设性的反馈，并明白何时给予支持、何时设置挑战。 在**整个企业中贯彻优秀领导力**，让每个人的心声都能得到倾听，且有条件贡献一己之力；对企业未来所需的领导者给予**支持和鼓励**。

遵循最佳实践

搜集同事的意见，并结合关于领导力最佳实践的最新研究以及你对企业领导者未来需求的认识。起草能力列表时，要始终关注这些能力与企业的愿景、价值观、主要战略目标和宗旨是否契合。

能力	能力描述
持续创新	尝试**新的方法**。 从最佳实践中汲取经验，**灵活应对变化**，鼓励大家探究并回顾完成任务的方法以及如何不断改善这些方法。
关注客户	与客户建立**互惠**互利的关系。 在所有的沟通中对**预期效果有所把控**。 预测他人需求，用同理心做出回应。
终身学习和知识共享	与时俱进，**与他人分享知识**和信息；将这种学习方法应用到自己的工作中。 鼓励他人**学习并进行知识共享**。
解决问题和制定决策	**将问题视为机遇**，系统而彻底地探究问题的原因。 动脑想办法，**权衡各种选择的优缺点**。

衡量与开发

列出领导角色应具备的能力后，你便可以利用这些能力来培养企业的领导者了。这主要通过正式考核和自我评估来完成。

- 确保领导者明白并充分理解自己的能力。
- 任命一名“能力倡导者”，即鼓励领导者利用这些能力进行自我提升的人。
- 针对考核的能力达成共识。
- 培训企业各级评估人员掌握这些能力的含义和用途。
- 鼓励领导者以这些能力为基准进行自我评估。

在进行考核或自我评估时，最好应认识到各领域的能力发展分为四个阶段。例如，如果你要评估“解决问题和决策”能力的发展情况，结果可能如下所示。

评估能力：解决问题

发展阶段	表现出的行动
尚未有所表现	刚刚担任现在的角色。
有待提高	难以从日常工作中抽身，无法与他人一起灵活解决问题。
能够胜任	鼓励其他人提出新的想法。系统地探究正在发生的事情及其原因。想出解决问题的方法，针对行动做决策。
榜样或教练	积极鼓励他人将问题和紧张关系视为利用创意改进服务和开发产品的机会。

应认识到各领域的**能力**发展分为**四个阶段**。

提供反馈

给予和接受反馈的能力是一项必不可缺的领导技能。给予反馈能够鼓励团队提高并激发创新思维，而明白如何接受反馈，则让你有机会更加深刻地了解自己的领导者角色，以及自己的行为对他人的影响。

开展对话

给予反馈并不仅仅涉及向对方传递自己的想法。这是一个双向交流的过程，涉及聆听、提问，调动大家对变革的积极性，对已经讨论的事宜进行总结，确保大家的理解正确。你可以通过非正式的渠道给予反馈，比如工作回顾和简短的一对一会谈。

许多组织还提供提前计划的评估，也就是定期且正式的反馈信息交流会，可针对工作的业绩、发展情况或二者同时进行评估。评估至少每年进行一次，通常在财务、生产、销售等职能部门的经理和其团队成员之间进行，当然也可以让其他人参与进来。老板、团队成员和客户给出的全部反馈被称为“360度评估反馈”。如果缺少部分板块（如来自客户和同行的反馈等），这种反馈便是“180度反馈”。花些时间为反馈会议做好准备。订一个私密的房间，将干扰排除在外；永远以积极的态度开始，讨论接受反馈者的成就，鼓励他们探讨进展顺利的事务。不要过于侧重他们所犯的错误，而要关注他们的优势；确保积极反馈与你提出的有待提升之处的比例至少达到2:1。

85%

85%的美国专业人士认为，**反馈**对他们的**发展**有重要意义。

小贴士

仔细规划反馈信息

把反馈会议当成一次**学习的机会**。即使是在批评，也要将**你的观点**解释清楚，并提出改善的建议。欠考虑的负面反馈会让接受者失去动力，除了怨恨之外，他们没法收获任何可以作为进步基础的东西。

避免无意识偏见

在进行评估时，意识到无意识偏见可能带来的负面影响非常重要。由于评估人员潜意识中对于种族、性别、年龄、阶层、性向或某种残疾的偏见，有才能的员工不得不一再证明自己的能力、在态度或职业目标上遭受质疑，或是被不公平的条条框框束缚，所以一次次受阻。研究表明，运用循证绩效评估系统以及训练员工对该系统进行有效贯彻，都是有助于创造公平环境的做法。找出每个职位所侧重的能力，要求评估人员提供支撑打分的证据，从而为全员提供更有建设性的反馈。

明确、具体

反馈必须明确、具体。每次只讨论一个问题，而不是试图一股脑儿处理一批事务。你的评语务必做到清晰直接，比如“你提供的信息和制出的图表对客户帮助很大”。而“你做得很棒”这样的泛泛评价，无法给对方提供任何学习的价值。

反馈也必须符合现实，务必只讨论对方能够改变的举止。你或许必须从小处开始，例如，“说话时多笑一些，或许能让你的沟通更有效”。在小目标上达成一致，并在对方达成了你们设定的标准时给予赞美。有的放矢的反馈能让对方了解自己的行为并选择如何以及是否加以改变，而强加的变化则会引发抵触心理。最后，让接受反馈方总结得到反馈信息后计划采取的行动，这有助于你再次确认他们对问题的理解和对改变的决心。

小贴士

远距离聆听

从远距离给予反馈意见时，相互理解的空间要更大，因此请多加留心，进行**清晰**而**直接**的沟通，**认真聆听**，敞开心扉，**接受**新的观点和建议。

问问自己……

为反馈会议做准备

	是	否
1 你想要说的话是否被清晰表达了？	☐	☐
2 你有没有为反馈会议准备一个**积极的开头**和结尾？	☐	☐
3 在给出发展性反馈时，你能否做到**明确、具体**？	☐	☐
4 现在是不是给出反馈的**最佳时机**？	☐	☐

进行正式的评估

在进行正式评估时，不要表现出厌烦或中途打断。如果你发现自己说的话要比接受评估的人还要多，那就需要对你的策略进行重新思考。使用开放式的问题，也就是那些不只需要回答“是”或“不是”的问题，由此了解对方的想法或感受。最有效的问题通常涉及“什么”，因为这种问题对于答案做出的预设最少，因此，不妨试试下面这些提问：

- 有什么事情进展得比较顺利？
- 我们学到了什么经验？

发掘哪些活动和培训能帮助团队成员在当前职位上有所进步，并对未来有所准备。对在开发和培训上进行的所有投资给出充分的理由，比如：这笔投资是否有助于实现业务、团队和个人的目标？

最有效的问题通常涉及“什么”，因为这种问题对于答案做出的预设**最少**。

SMART原则——设定符合实际的目标

S	M	A
具体的 （Specific） 表达清晰并在被评估者的控制范围内。	**可衡量的** （Measurable） 如数量、百分比、营业额或一些商定的定性衡量标准。	**达成一致的** （Agreed） 双方同意，而不是一方强加给另一方。

制定SMART目标

花些时间仔细回顾对方自上次评估以来取得的成绩，并针对下一次评估制定符合SMART原则的目标（见下文）。就衡量进步的方式和时间节点与对方达成共识。可用的测量手段有许多，其中包括：观察，在评估期间进行讨论，非正式一对一总结回顾，集体会议，审查业务结果，其他关键绩效指标；问卷调查，根据企业的能力进行评估。

评估的最后环节

在评估的最后，作为领导者的你可以向大家搜集任何有助于工作关系的反馈。确保将你承诺提供的任何支持和培训进行到底，并根据商定的里程碑回顾进展。在这一年中，审视你在评估时设定的标准和期限是否可行。

R

符合实际的（Realistic）

虽然具有挑战性，但也可以实现。

T

及时的（Timely）

明确时间安排。

92%

92%的**企业**都会使用正式的**绩效考核**。

从反馈中学习

通过寻求和接受反馈，你的领导能力便会得到拓展。透露自己的信息，接受对你个人表现的评价，这个双向过程有助于建立信任，能够缩小你在公共和私人场合的形象之间的差距，让你更显诚信可靠。

获取真实信息

一旦学会了巧妙且有建设性地给予和接受反馈，你就做好了带领团队提升自我意识和绩效的准备。

你可以（通过正式或非正式途径）向你日常接触的所有人征求反馈意见，这些人包括你的团队成员、上级、客户或供应商。

下列问题是一些可以用来与你的评估者展开讨论的好用的引子，尤其适合要求对方用实例支撑论点时提出。

- 你认为我的优点是什么？
- 你认为我忽视了什么？
- 你认为我应该专注于哪些发展领域？
- 我应该少做/多做些什么？
- 你觉得我有什么潜力？

如果你利用领导能力列表设置目标和监控进度，那就试试下列措辞。

- 我平日里经常表现出的能力有哪些？（附上一份你的领导能力列表复印件）
- 你认为我在哪些方面可以再进一步发展？
- 你认为我在未来的12个月里会有哪些变化？我应该把发展的重点放在哪些方面？

焦点话题

组织360度评估反馈

理想情况下，360度评估反馈应该由企业外一位持有客观观点的教练组织，以确保反馈的质量、观点的公正，并保护勇于针对老板给出反馈的人员的隐私。但是，如果你的企业拥有开放包容的文化，并且所有人都同意遵循不施加责备的态度，那么反馈便可以在内部进行。

成为一位全面的领导者

360度评估反馈是一种较为正式的方法，可从多源头获取关于自己或团队任何成员的信息。在企业中选择4到8名不同级别的人员，让他们对你过去一年中表现出的领导行为进行评论。如果可行，请他们在评论时以你的能力列表作为参考。一份类似客户满意度调查的问卷，可以为你提供答案的统一格式。

收到别人的反馈时，与你对自己的评价进行比较。在领导能力中，你的强项有哪些？哪些有待提高？你认为去年最具挑战性的关键能力是什么？哪些能力会受到更严苛的要求？留心有待发展的领域，思考如何拓宽或加深你的知识、技能或实践，例如对某个主题进行深入阅读，或参加一门课程。

360度评估反馈是一个非常宝贵的工具，除了让你得以洞悉别人对你的领导能力的看法，还能帮你做好迎接主管考评会的准备。

360度评估反馈是一个非常宝贵的工具，有助于你做好迎接主管**考评会**的准备。

自我提升

在这个以行动为导向的世界里，我们中的许多人都没有为自身发展投入足够的时间和精力。但是，无论是培养你的性格和个人领导品牌，还是为他人塑造领导力典范的态度、技能和行为，花时间致力于自我提升都是至关重要的。

反思和回顾

想要加速自我提升的速度并加深对自我和他人的认识，定期回顾和反思都是最好的方法。每周抽出一个小时的时间，进行自我分析和思考。

首先回顾你当前的发展需求。问问自己，在前一周进行的活动中，有多少有助于你实现既定的愿景和目标。接下来，对未来的发展需求加以审视，并根据领导能力列表评估自己的进步。最后，考虑职业生涯的下一步规划，现在的你，是否具有未来职业发展所需的技能？

小贴士

与自己对话

在回顾自己的进步时扪心自问：你有没有拓展自己的长处、改正自己的缺点？你是否在**训练**团队和委派工作上**卓有成效**？你有没有为**发展关键的人际**关系专门安排时间？

焦点话题

你的长期发展

随着在领导职位上的逐渐成熟，你需要每周对自己的发展和成就进行回顾。除此之外，你也应该花时间仔细考虑自己的长期目标，以及在目标的实现上取得的进展。你在遵守自己的生活原则上做得如何？你是怎样面对失败和逆境的？你有没有质疑过自己的专业能力（即所谓的“冒充者综合征”）？你是否花精力改善自己的表现？你是否履行了对自己和他人的承诺？你对自己的事业满意吗？你下一步的计划是什么？

学得越多，你便会越发意识到自己还有学习的空间。这时，你可以考虑向职业顾问寻求建议。

写日记

伟大的领导者不仅具有自我意识，还拥有突出的个性，这些特征既是通过反思和自我分析获得的，也是通过经常处理实际问题打磨出来的。在一本私人日记中写下你在日常生活中对自己的了解，或许会让你受益匪浅。例如，你可以记录自己是如何帮助别人提高和学习的，以及你的领导者优势如何从中得到了提升。

利用日记进行自我审视，看看自己如何应对不同的环境：比如你在疲惫或压力大的情况下会怎么做？日记可以记录或顺利或坎坷的人际关系，帮你找出解决的方法，助你反思无法在工作场合展露的情绪起伏。

刚开始的时候，写日记似乎是件苦差事，你的日记中或许找不出任何关联或人生经验。但几周之后，你会发现写日记已经成为一种习惯，为你的回顾和反思构建框架。回顾日记，你会认识到自己领导力的发展进程，意识到自己如何在困境中相信自己，并发现反复出现的问题。

根据你的**领导能力列表**评估自己的**进步情况**。

小贴士

脚踏实地

永远不要居功自傲，忽略了与客户共同合作或完成一单生意时的感觉。要认识到，你现在的角色，是帮助别人也享受到这种感觉。

问问自己……

关于你的发展需求

		是	否
1	你最耗时的任务是不是工作流程造成的？你是否需要**开发时间管理和项目管理技能**或规划能力？	☐	☐
2	你最耗时的任务是不是**内容**造成的？你需要处理在营销、财务、销售或信息技术等领域知识匮乏的问题吗？	☐	☐
3	你最耗时的任务是不是人员造成的？你是否需要在招聘人员、激励员工、团队建设、教练辅导或委派工作方面接受**培训**？	☐	☐

平衡工作与生活

绝大多数人都会说，他们希望健康快乐，通过工作为一家成功的企业作出有价值的贡献。创造和维持这种身心健康的感觉，是领导者工作的重要因素。这包括谨慎对待工作和生活之间的平衡，并对团队抱有符合现实的期望。

满足不同需求

优秀的领导者了解他们的团队、成员的能力以及激励成员的因素。然而，真正的技巧在于能够利用这些知识来平衡任务、团队及个体成员的需求。保持这种平衡并非总是易事，因为侧重点会不可避免地从一个领域转移到另一个领域。例如，为了赶在紧迫的期限前完成任务，你或许需要在短期内投入爆发式的努力，偶尔为之虽然无伤大雅，但若成为常态，就会让人精疲力竭。类似地，远程工作虽然带来了工作与生活的平衡，但也会要求你做好随时随地待命的准备，使压力增加。

小贴士

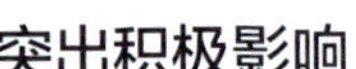

突出积极影响

提倡一种平衡工作与生活的健康生活。这样一来，你不仅可以让团队避免压力和倦怠的陷阱，还可以为企业带来**切实的收益**。**快乐的**员工能带来更好的业绩，并以同理心对待客户。如此一来，保留老员工和招聘新员工就变得容易了。

避免过劳

如果不加以管理，长期的工作压力便会导致过劳，过劳无法通过权宜之计暂时解决，因此最好避免这种情况的出现。过劳的特征是疲惫、对工作抱怀疑悲观的态度以及缺乏效率，体验过劳的员工往往会迫于无奈而更换岗位，消耗你的可用人才储备。

问问自己……
在生活中达到平衡

	是	否
1 我经常会购入新书，也有**时间阅读**。	☐	☐
2 人们说我对**新想法**的态度很**开放**。	☐	☐
3 我有**按时锻炼身体**的习惯。	☐	☐
4 我**通常能够一夜好眠**。	☐	☐
5 我有**足够的精力**完成一整天的工作与生活。	☐	☐
6 我能**表达**自己的感情。	☐	☐
7 我知道自己是谁，也能**接受**自己。	☐	☐
8 我拥有**明确**的人生目标，并能在工作中做出实际贡献。	☐	☐

或许你需要花时间组织**集体会议，缓和紧张情绪，维持平衡状态。**

管理压力

你的目标应该是保持团队成员不断努力和尽最大努力工作，而不是处于压力之中。确保每个人都有规律且定期的休息时间。在顺境中组建的强大团队，能够承受短期的压力，但你或许需要花时间组织集体会议，缓和紧张情绪，维持平衡状态。压力是逐渐积累起来的：如果团队成员生活中的其他方面都很顺遂，那么他们或许能在工作中暂时承受压力。而如果工作压力只是他们要处理的众多问题之一，那么，你就应该重视可能会出现的问题。

如果你领导的是一个远程团队，那就限制工作时间，保持工作和个人生活之间的，并告知团队。例如不要在下班后查看工作消息，以及尊重灵活的工作安排。

激励与鼓舞

优秀的领导者可以通过各种措施激励和鼓舞周围的人，无论是制定和表达自己的总体愿景，还是在作为任何团队关系黏合剂的日常交流中投入精力。

树立好榜样

领导力的一条基本原则在于，为了激励他人，你必须立志树立卓越的典范。当然，通往卓越的旅程永远没有尽头，但却会给你带来两种重要的东西，其中之一是学习的欲望，而学习则会带给你认识到自己欠缺之处的谦卑之心。

作为领导，你的职责是提供灵感。首先，你要对未来有一个清晰的愿景，每天通过言语和行动向团队传达以下信息。

- 让团队明白，他们具备改变的能力和力量，而他们独一无二的特质有助于愿景的实现。
- 让团队对未来充满希望，帮助团队度过变革期和逆境。如果有谁感到不知所措而放缓了脚步，那就用简单的信息向他们阐明接下来要采取的小步骤，让他们回归愿景之中。
- 在前进的道路上指出取得的进展和成功的标志，重燃人们前进的信心和愿望。
- 对新的想法和在新的尝试中表现出的勇气进行褒奖。
- 鼓励团队成员全力以赴，比自认为的能力极限多踏出一步。
- 保持积极心态：向大家解释，绝大多数没有成功的实验并非失败，只是反馈信息；把挫折转化为变革的积极动力。

如何通过愿景激励大家

用**非常积极**的术语来陈述你的愿景。

作为领导，你的职责是提供灵感。首先，你要对**未来**有一个清晰的愿景。

保持积极心态

应该做的事	不该做的事
告诉别人你喜欢跟他们共事。	向别人抱怨你感到疲惫或者不适。
真诚地对人微笑。	不敢享受生活或尝试新鲜事物。
感谢他人提供真诚的反馈。	为自己的标准下降找借口。
控制你的情绪。	只是因为自己缺乏动力，就泄别人的气。

把握机会

想想你在一天之中有多少机会与团队、同事、老板和其他利益相关者进行交流互动。对于当今忙碌的领导和经理来说，每天通过电话、电邮和面对面等方式进行100多次的交流，这种现象并不罕见。无论多么短暂，每一次这样的交流都是一次机会，不仅能提供鼓励和激励，还能让人感受到你的领导力。

通过重视每一次会议，你便为自己、团队、愿景和企业创造了成千上万的潜在支持者。这些瞬间积少成多，能够带来实质性的商业收益。

小贴士

要打气，不要泄气

在每次会议上，都要给人们打气，也就是让人们的**正能量迅速爆棚**，避免泄气，即切忌让人感到气馁。

鼓励别人**用自己的语言**描述成功的样子，以此来丰富愿景的内容。

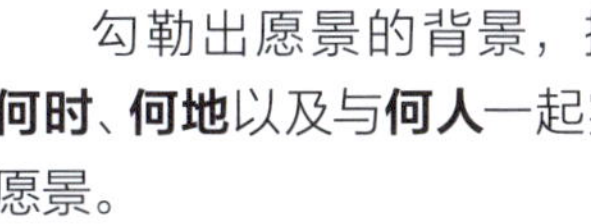

勾勒出愿景的背景，描述**何时**、**何地**以及与**何人**一起实现愿景。

关注当下

鼓舞人心不在于发表充满激情的演讲和拥有咄咄逼人的个性，而更多在于专注和坚持。像对待尊贵的客人一样对待每一个与你打交道的人。在任何互动的过程中，都要把对方放在你的宇宙中心。

挑战中的**领导力**

在商界，变化是恒定的常量。企业必须时刻适应新的现实，为业绩增长创造机会，在当今瞬息万变的“新常态”中，这一点比以往任何时候都更加切实。作为领导者，你的职责是为变革引导方向，鼓励他人接受新的挑战，即使在动荡中也要表现出诚信和正直。

07

聚焦未来

作为一名领导者，你需要做出艰难的决定、制订行动计划，并带领团队与你一起行动。想要实现这一目标，最佳的方法是让团队从一开始便参与进来；说明你的评判标准，阐释你的计划如何与企业的其他活动相关联。

制定决策

领导者要在三个关键领域设定议程，即决定企业的发展方向，打造企业的运作方式，以及设定变革的节奏。在这三个关键领域中，你所做的任何一个决定都应基于客观的标准。研究表明，比起单纯依靠个人经验、常识或道听途说，以证据和批判性思维为基础进行决策的循证方法要更有效。从优势、劣势、机会和威胁（SWOT）四大方面评估你的决策。

寻找变革领域

想要确定该对哪些计划进行探索、利用和否定，你需要对企业的宗旨和使命有一个非常清楚的理解。尤其要指出的是，你必须知道是什么让你的企业在竞争中占据优势，并利用这些知识为未来的工作重点指引方向。竞争的优势，由客户关注的重点和企业相对于竞争者的优势决定，也涉及助长或阻碍发展势头的外部趋势。在SWOT分析中，内部因素指的是优势和劣势，而外部因素指的是机会和威胁。

问问自己……

我们的竞争优势是什么？ **是** **否**

1 我们知道自己**不涉足哪些业务**吗？ ☐ ☐

2 我们了解自己的**核心价值观**吗？ ☐ ☐

3 我们知道自己**涉足哪些业务**吗？ ☐ ☐

4 我们的差异化，是不是通过为客户提供**独特的利益**而实现的？ ☐ ☐

5 我们的差异化，是不是通过为客户提供**更优惠的价格**而实现的？ ☐ ☐

使用SWOT分析对你的决策的质疑

S

优势(Strengths)

- 你有什么**优势**或**独特的想法和建议**?
- 你在哪些方面做得与众不同或**比任何人都好**?
- 你对哪些**稀有材料或低成本资源**拥有独家使用权?
- 你该如何培养**企业复原力**?

W

劣势(Weakness)

- 你应该规避哪些挑战或领域?
- 新产品或工艺是否需要**进一步开发或投资**?
- 市场调查结果是否乐观,抑或**存在需求不足的情况**?

O

机会(Opportunities)

- 你发现有什么新近出现的机会或**趋势**?
- 在科技和正在开发的产品中,你发现了哪些有趣的**变化**?
- 有没有哪些**新的消费模式**或对新服务有什么需求?
- 投资**分析服务**,能如何帮助你挖掘机遇?

T

威胁(Threats)

- 是否存在严苛的**质量要求**?
- 你的**经济状况**能为你提供迅速适应变化的条件吗?
- 沟通或技术上的问题,会不会对**你的市场地位构成挑战**?
- 你该如何尽早**识别风险**?
- 你该如何为**无法预见的风险**做好准备?

客观评判

加权评估能够阐明你在制定决策时可用的标准，并让决策公开透明。在右手边这个简单的例子中，我们必须在A、B两个项目中选择其一；二者看起来都很有吸引力，成本也相差不多。要进行评估，先要与团队合作列出项目应该满足的标准。并非所有的标准都同等重要，因此，根据团队成员心目中的价值为每个标准分配一个从1到10的分数。检查这些标准是否全面，比如要避免所有标准都侧重于金融的情况。以10分为满分，为每个选项（A和B）打分，并将每个分数与相应的权重相乘。将分数相加，看看哪个项目最符合标准。

> 并非所有的**标准**都同等重要，因此，根据团队成员**心目中的价值**为每个标准分配一个**从1到10的分数**。

加权评估法

标准
长期客户满意度最大化
投资回报最大化
可持续性最大化
高质量标准最大化
长期利润潜力最大化
员工满意度最大化
客户附加价值最大化
手续和行政烦琐度最小化
娱乐和工作趣味性最大化
总分

加权	A计划分数	A计划分数 x加权	B计划分数	B计划分数 x加权
10	6	60	9	90
9	5	45	4	36
8	9	72	4	32
8	6	48	10	80
8	8	64	5	40
7	2	14	10	70
7	6	42	8	56
5	10	50	7	35
4	3	12	8	32
		407		471

定好节奏

在进行企业内部组织战略变革时，你需要对时间进行仔细规划。如果变化的速度太慢，变革的势头可能会被消耗殆尽；如果变化速度太快，就有造成压力和过劳的风险。

努力打造具有可持续性的快节奏，即便是那些耗时超过一年的重大提案，也要在一年内开始产生可观的成果。引导重大组织变革的方向需要付出巨大的努力。在需要利益相关者投入最大的努力和信心时，可见业绩却往往会出现一个低潮。在这个低谷期，以投资者为首的众人可能会失去信心，因此要经常提醒对方注意，收益就在前方。

在整个变革过程中植入“速赢”活动，也就是那些只需投入很小的努力但效果显著的成就。庆祝和宣传这些成绩，并逐步揭示项目里程碑和迄今取得的成果如何让现实与愿景之间的距离一点点缩短。

致力于打造出**具有可持续性的快节奏**，使你的**重大提案**在一年内开始产生**可观的成果**。

彼此相连的组织结构

人力资源和企业发展计划

小贴士

开放渠道

倾听每一个与你有联系的人的心声，**分享创意**，保持无论现在还是未来都必不可缺的**沟通渠道畅通无阻**。

96%

96%的企业都正处于某种形式的**转型阶段**。

整合变革

企业中的一切都是彼此互联的。一个领域的流程和体系会对其他领域产生影响。作为领导者，你应该明确不同计划之间的联系，并阐释每个计划对于愿景的实现有何帮助。对大局的理解，有助于团队认识自己的角色，并投身变革。

有的时候，变革的信息非常复杂，因此在交流时要做到少而勤，并定期检查人们对计划、部门和角色之间的联系是否有充分的了解。

为改变提供条件

企业的每个层面都存在着创新的机会，领导者必须不断规划变革，以便向前发展并保证在竞争中位于领先地位。流程、系统、技能和能力总有改进的空间，抑或整个业务都可以朝一个全新的方向转变。想要领导变革，就要注重优先事项并敏锐洞察所有利益方的反馈，在二者之间取得平衡。

平衡的优先事项

在短期增长和长期创新之间保持良好的平衡，这项领导技能至关重要。如果你在利润率上不断提高，却忽视了战略创新，这将导致企业只关注眼前利益，有错过下一个大趋势的风险。相反，对于核心业务进行不断创新则可能会适得其反，最终会造成人员倦怠，对新的提案提不起兴趣。

保持稳定

在寻求短期和长期发展的同时，领导者也要努力维持平衡。这或许会造成一个挑战：绝大多数人都可以迅速适应明显改善流程的小步骤，但大胆的战略创新有时却需要许多年的时间才能带来回报，这时，领导者就必须对团队进行激励。在实施变革之前，请与多个利益相关小组探讨变革可能带来的影响。人们应该有空间进行自由提问和表达自己的忧虑。帮助大家认识到哪些稳定因素是不变的，这些因素可以为那些不喜欢改变的人提供定心之锚。

识别适应变化的不同阶段

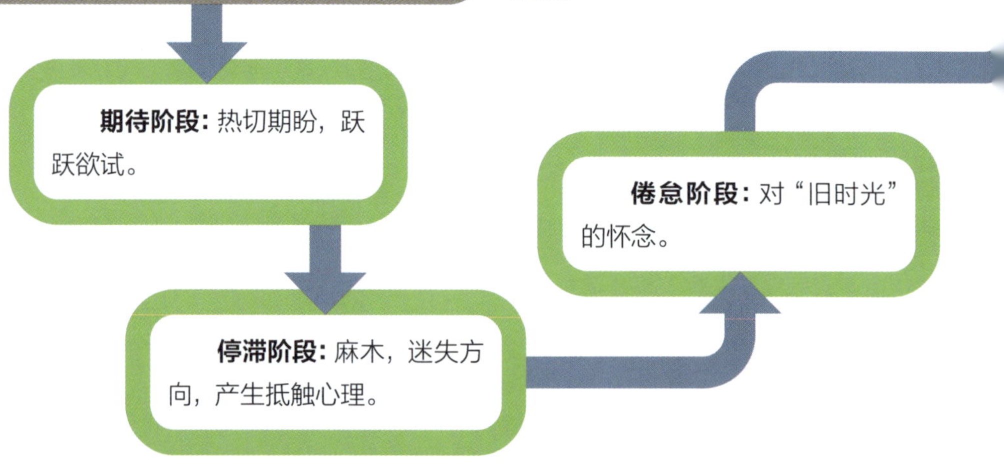

期待阶段： 热切期盼，跃跃欲试。

停滞阶段： 麻木，迷失方向，产生抵触心理。

倦怠阶段： 对“旧时光”的怀念。

对变革的反应

人们对变革的反应各有不同。处于一个极端的创新者一心热衷于步入新的未来，甚至没有意识到身后没有其他人的支持。处于另一个极端的则是落伍之人，他们要等到其他人都启程后才肯动身。传统主义者固守过去，将变化视为一种威胁。奇怪的是，他们与创新者有一个共同点，那就是对即将到来的变化有情绪上的反应。其余的是那些谨慎的大多数人，他们可能会在各种观点之间做出比较权衡。

小贴士

预计异议的出现

引入**大规模的变革**时，至少预期会有50%的员工抱以抵触的心态。

团队冲突阶段：阻力、愤怒、争端。

能力丧失阶段：沮丧、冷漠、怨恨。

产出低下阶段：迷失感，渴望脱离、与他人拉开距离。

活力增加阶段：逐渐接受新的现实。

解决问题阶段：探索新形势和新想法，进行尝试，心怀希望。

效率提升阶段：寻找新的目标，投身新形势。

高效阶段：重新参与工作，全身心投入、动机明确。

适应计划

作为一名领导者，你需要在阐述计划时并用理性和情感。在沟通时做到不厌其烦，并向所有人强调改变带来的益处。

每个人适应变化的用时有长有短，你应做好长期的准备：通常，适应的过程会分为不同的阶段，每一阶段采取的措施也不尽相同。要意识到，那些能快速适应变化的人可能会对适应最慢的人表现出不耐烦，这种态度可能会在团队内部导致冲突，并可能要求你协助解决。

为团队打气

将一群人聚集在一起，并不会自动组成一个团队，无论这群人的数量是两个还是几千。想要组建一个团队，成员就必须干劲十足、集中精力，把成功视为集体而不是个人的目标。作为领导者，你的工作就是引导做出这种转变。

选择你的团队

选择能在一起愉快合作的团队成员，对成员进行激励，处理冲突，这些都是领导团队的基本点。由于越来越多的工作都以项目为基础，即便团队的组成发生了巨变，你也要迅速培养团队的凝聚力和专注力。如果团队中有的成员远程办公，那么培养这些特质就更难了，因此，确保每个人都能获取同样的信息并贡献自己的想法是至关重要的。

在项目开始时投入时间来选择或巩固团队，遇到压力增加的情况，你的投入便会得到回报。挑选具有互补技能并能在项目的不同阶段发挥作用的团队成员。你的团队应该充分具备下文列出的各种角色的思维方式。如果团队规模较小，那么单个成员可能需要扮演多个角色。

确保每个人都能理解目标，进行激励与沟通。

富有想象力的思考者，在项目一开始就有大胆的设想，并在团队陷入困境时出谋划策。

在各阶段对计划进行审查的问题解决者。

具有良好的人际交往能力，能够敏锐觉察团队的关系变化，在团队中扮演“胶水”的角色。

关注细节，确保团队按时完成任务。

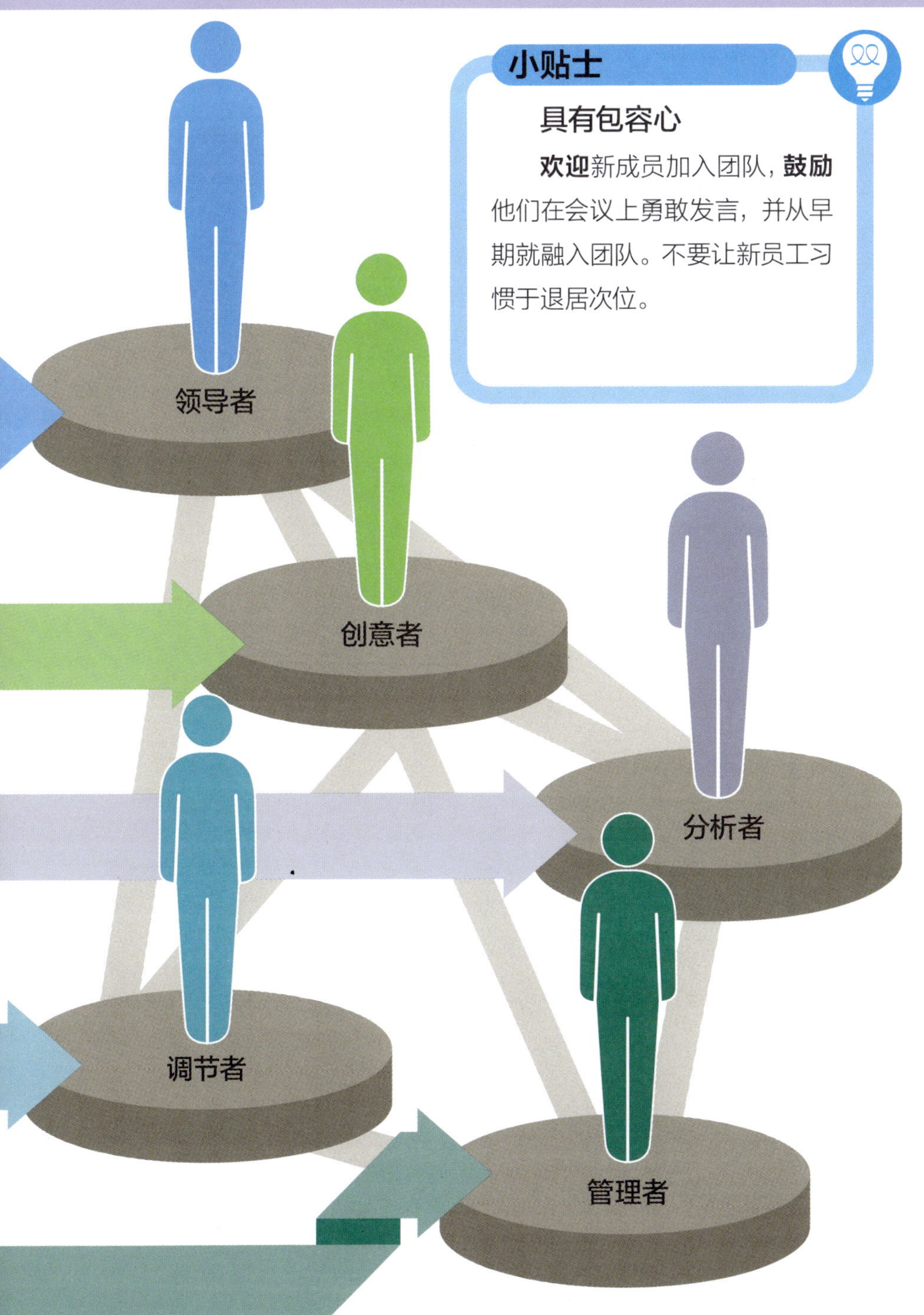

小贴士

具有包容心

欢迎新成员加入团队，**鼓励**他们在会议上勇敢发言，并从早期就融入团队。不要让新员工习惯于退居次位。

领导你的团队

明确每个人在团队中扮演的角色。尽可能将决策下放给团队，鼓励每个人都参与到决策中来，将实现目标的责任分摊给大家。设定共同价值观，制定出从初期就可以界定团队合作方式的原则，并观察团队关系如何发展。一旦出现冲突的迹象，或是某人的行为开始脱离团队约定的原则，就要立即采取行动。

如果你能对团队进行有效组建和管理，那么**成员**便能够彼此**监督**完成各自的任务，并开始重视**集体的成就。**

一个充满干劲的团队

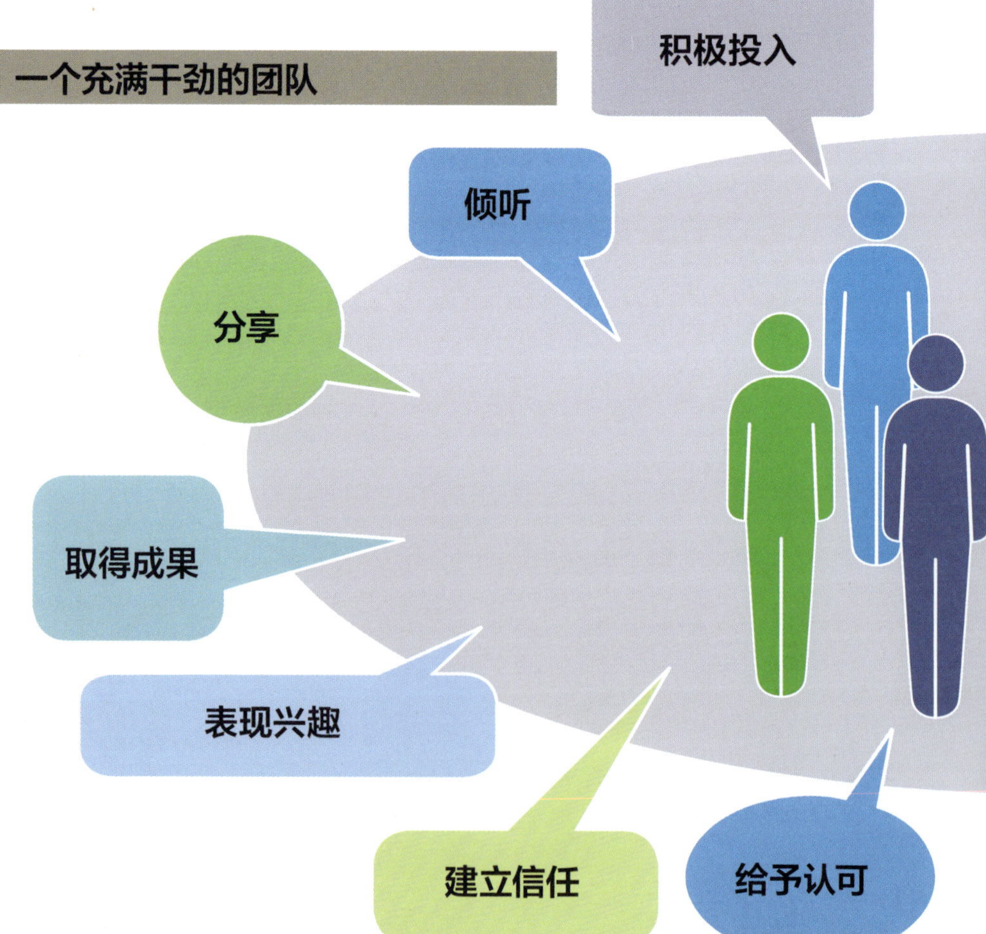

21%

积极主动的团队的盈利能力要比其他团队高出**21%**。

建立信任

对积极的合作和知识共享给予支持和褒奖，确保对团队的成就进行宣传和庆祝。

如果你能对团队进行有效组建和管理，那么成员便能够彼此监督完成各自的任务，并开始重视集体的成就。当每个成员在集体会议上做出承诺并言出必行，信任就会逐渐建立起来。

管理冲突

建立一个成功的团队，依赖于团队所有成员之间的合作。但如果有些人偏偏不配合呢？这些人与作为领导者的你或是与团队成员之间的对抗，会耗费你大量的时间，制造紧张的气氛，并有碍于目标的实现，因此，找到积极的方法来处理分歧，是一项重要的领导技能。

处理冲突

当人们停止倾听、只从自己的角度来考虑问题时，冲突就会出现。作为领导者，你必须超越表面的冲突，去理解事情本身，并发现敌意的根源。

从自己开始找原因：你的角色意味着，你或许是团队成员发生不快的因素之一。观点、行为和风格上的差异可能会导致矛盾，对矛盾加以有建设性的利用，便可以激发创造力和巩固团队，但若放任不管，便可能会导致分裂的出现。

按规行事

对冲突采取规避的态度虽然省事，但却会撼动团队根基，破坏你作为领导者的地位。你应该探索一切方针，以求改善现状。但是，很多领导者都觉得矛盾冲突难以处理，如果找不到解决的出路，便有自毁前程的可能。如果开诚布公地探讨和支持没有效果，你就需要按照企业的惩处政策和方针加以处理，并防止对团队的其他成员产生负面影响。

问问自己……

问题是否出在我身上？

	是	否
1 我是否对**新举措**进行了清晰的阐释，导致不安或焦虑的有可能是这些举措吗？	☐	☐
2 我给人的印象是否**平易近人**？	☐	☐
3 我有没有提出过哪些不合理的要求？	☐	☐
4 我的表扬或批评是否**公正**？	☐	☐
5 我是否塑造了一个领导者**应有的形象**？	☐	☐

冲突为何出现

原因	结果	解决方法
能力有限	团队成员**漏洞百出**，不能按照**要求的标准**完成工作。其他团队成员失去耐心。	在合理的时间范围内提供**支持和培训**。如果没有什么改善，这些成员在团队中的发展前景便很有限了。
不愿参与	**拒绝工作；**脱离团队。这通常是高成就人士长时间被打压所带来的结果。会对整个团队产生**不利影响**。	通过一对一的讨论探索原因。如果这位成员是你从上个团队接管过来的，那就要消除过去失信欠下的债，并**建立新的信任**。你也可以考虑进行心理咨询。
注意力涣散	**将注意力放在其他地方**，会导致效率的降低。这往往是由私事引起的，虽然同事们一开始会表示同情理解，但很快就会失去耐心。	带着同理心倾听，如果认为有助于解决问题，那就安排**休息的时间**。注意问题何时超出了你的能力范围，寻求进一步的帮助。
失去动力	委派的工作或职位的挑战过多或过少，都可能导致**士气低落和效率下降**。这样的团队成员很快就会对团队士气产生负面影响。	了解团队中**每个成员的动机**。问问自己，给这位成员委派的工作是否太多或太少。委派工作过多可能会产生对失败的极度恐惧。

平衡目标

结果就是一切，也是你作为领导者的一切思考、计划和能力的集合。为了在项目上得到理想的结果，你应该从一开始就将标准和目标阐述清楚。你的目标需要切合实际，也需要某种可以对所有参与者的绩效加以衡量的标准。

获得理想的结果

你为团队设定的目标不仅需要调动所有成员的努力，也要符合SMART标准。确保你设定的目标的全面性；除财务目标外，还应包括响应速度、产品和服务质量、客户和团队满意度以及品牌发展等方面的目标。列出客户、运营、人员和财务这四个关键领域的理想收效，避免某个目标优先于其他目标的情况。每月对各领域的成功进行回顾，向自己、团队和投资者证明取得的进展。

客户

- 客服人员态度积极
- 客户满意
- 顾客体验愉快
- 终身客户忠诚度提高

140%

享受到积极服务体验的顾客，有可能多消费**140%。**

设置服务水平协议

在服务水平协议中，明确你期望从购买者和供应商或部门之间的交互中取得怎样的结果。然后，你可以将这些责任用书面的形式阐明，包括最低或最高标准和用时规划，或是其他衡量可靠性或有效性的指标，例如：

- 我们的责任：在对方提出要求四小时内提供信息等。
- 对方的义务：在电话咨询后四小时内响应服务请求等。

关注多个目标

人员

- 认为自己拥有优秀的领导者
- 实现个人发展
- 培养相互尊重
- 工作趣味性

运营

- 库存及时运至仓库
- 全程安全操作
- 遵守承诺为客户交付
- 价格具有竞争力

财务

- 利润
- 投资
- 销售
- 现金

列出**客户**、**运营**、**人员****和财务**这四个关键领域的**理想结果**。

提高信心

自信是优秀领导力的基石。尤其在充满不确定、动荡或危机的时期，对自己的信任以及制定正确的决策会帮你树立信誉和诚信，从而提高企业的声誉，并在所有利益相关者中建立信任。

做好准备

自信有许多不同的来源。自信源于你在领导者职位上不断进步所积累的经验，源于缜密完整的计划和对挑战的提前准备，以及对基于高效工作关系的稳固业务的笃信。

小贴士

提升自信

在私下里，定期列出自己的**能力和成就**，从而对自己作为领导者的优势加以肯定。这种做法会立即提升你的自信，并将住在你脑中的批评者驱逐出去。

带着自信沟通

建立自信虽然没有捷径，但是，这些方法可以让你在团队和利益相关者面前展示信心。

- 用自信的语言描述你的愿景。聆听和学习政治领袖，他们很喜欢用乐观的语言预示未来，比如“创新”“特殊”“原创”“最新”“突破”“更新”和“前沿”。如果频繁使用，这种用词就会在整个企业中传播开来。
- 用不超过30秒的小段语言传达你的愿景，概述你想要探索的机遇可能带来的收益。
- 使用非语言沟通信号。沟通的重点不仅仅在于你的语言。放松姿态，双手靠近身体，手势的动作不宜太大，带着微笑，语气坚定地讲话，并频繁进行眼神交流，这些都有助于你展现自信和冷静。

问问自己……

在逆境中保持镇静

	是	否
1 我知道什么会**引发**自己情绪反应过激吗？	☐	☐
2 我能**发现**自己身上出现的压力迹象吗？	☐	☐
3 我能不能暂停几秒钟再给出**回复**？	☐	☐

肯定他人的想法

拿出自信的姿态并获得团队和同事的信任时，你内心的自信就会增加。将权力和决策制定委派出去的能力和意愿，是自信领导者的重要特征，因此，要抓住每一个让其他人参与进来的机遇，并赋权他们将想法付诸行动。坦率指出自己、客户、供应商或员工的问题；对成败一视同仁，会让人们将你的坦率视为自信的表现。鼓励人们自行探索和理解事态，而不是一味地向他们灌输问题和解决方案，切记，下放的权力越多，你的权力越会日益增加。

要抓住每一个**让其他人参与进来**的机遇，并赋权让他们将**想法**付诸行动，下放的权力越多，你的权力越会日益**增加**。

小贴士

直面你的恐惧

自信源于**自我认知**，了解自己的想法和行为，你就有能力加以控制。想要**变得更加自信**，方法之一就是直面你的恐惧：无论是发表公开演讲，面对难处的首席执行官，还是立即回复那位苛刻的客户。

言行一致

作为一名领导者，你的一言一行都会受到团队的严密监督，还会被赋予比你预想中更重要的意义。有意或无意的失误都可能削弱你作为一个自信领导者的形象，所以请尽力对你发出的信号进行慎重考量。对于大多数人来说，在逆境中表现出言行一致和泰然自若都是自信的特征。

向企业家学习

企业家很享受通过抓住机会和为客户解决问题来创造价值。各种规模和市场的领导者都可以从他们的大胆方法中汲取经验：重点在于用新方法看待老问题，并提出别出心裁的解决方案。

寻找机会

企业家的一个突出特点，就是乐于倾听客户的意见，看到新的机会，并干劲十足、坚定不移地贯彻自己的想法。他们对所谓的“失败”也有一种别具一格的视角，把一切都视为有用的经验，并将尝试和错误视为通往成功的合理途径。企业家抱有远见，不接受现状，并会提出以“为什么”“为什么不”以及“如果”开头的问题。

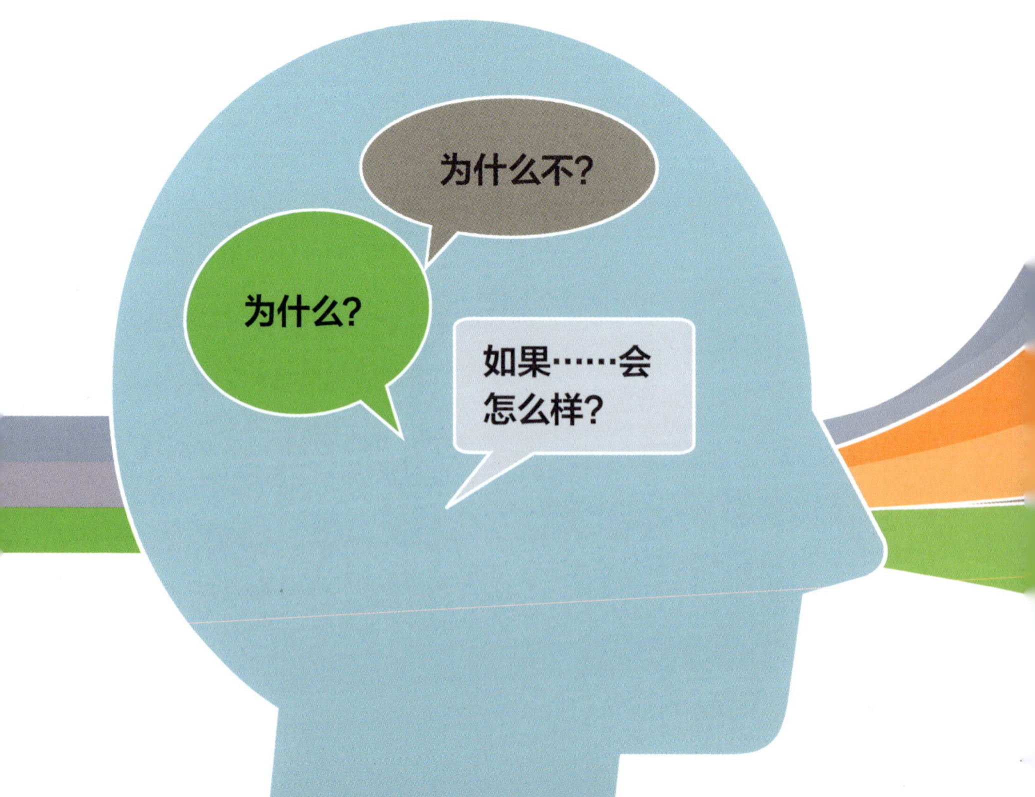

49%

连续创业者创建的公司的生产率要高出**49%**。

我们该怎么帮助您？将**成功和失败**一视同仁地看作**创业精神的表现**，对于那些为企业贡献价值、为客户灵活解决问题的人员，务必给予**奖励**。仔细审视你的业务，寻找**新的机会**。认真思考，最重要的是，要**用创意进行思考**。

大型企业正越来越多地鼓励领导者在成熟企业中表现出**创业的激情**，这被称为**内部创业精神**。

用**企业家的心态**审视你的业务，这能帮你得出企业内外无人想到的独特创意，将**增长机会最大化**。

像企业家一样拥抱不**确定性**。不要害怕尝试经过谨慎计算的冒险，把失败当作学习经验。**什么都不做**，才是注定失败的唯一途径。

向客户和同事提出更多问题，以此来培养自己的**企业家领导能力**，问问他们，经常让他们感到棘手的难题是什么？

开发创业技能

企业家为我们彰显了许多重要特质和关键技能，我们不但可以认真审视，也可以在自己身上尝试开发，从而让自己的企业受益。绝大多数企业家都是敢于冒险、目标明确、意志坚定的人，这些特质都可以通过学习获得。寻找新的创意时，先要审视自己的企业：你能对现有资产加以利用吗？你的企业能够快速适应瞬息万变的世界吗？在企业之外寻找新兴趋势和产品时，不要忘记应用SWOT标准对决策进行测试和评估。

寻找创业灵感的途径

未经充分利用的信息或资产

- 我们的信息可以对外出售吗？
- 我们能通过外包取得更好的业绩吗？
- 我们的资产可以往外租赁吗？
- 我们能否利用新兴技术重新包装资产，打造新的产品？

用不同方法改变商业模式

- 收购会提高我们的实力吗？
- 我们能否跳过中间人？
- 是否应该支持员工分析？
- 我们是否可以用更具成本效益的云解决方案来取代本地解决方案？

小贴士

利用人才

你的团队中或许已经有了一位天生的企业家。给这样的人才提供创新的空间，包容对方往往让人难以接受的天性，这样一来，你便收获了一份宝贵的资产。

35%

一年中，**35%**的美国员工只有几次机会进行**创造性**思考。

新市场，新客户

- 我们能否改变价格结构？
- 我们能将对待最重要客户的方式运用在别人身上吗？
- 我们该如何拓展市场？
- 我们能否利用客户数据提高销售额？

新产品和新服务

- 我们能否将产品或服务打包成套进行销售？
- 我们能否将内部服务(如人力资源、信息技术和财务会计等)转化为销售项目？
- 我们能否满足未被满足的需求？
- 我们能否利用报告和分析数据打造新产品和新服务？

发展
领导者

通过发现和培养崭露头角的领导人才，当今，全球各地的领导者对于企业的未来发挥着至关重要的作用。想要卓有成效地打造出领导人才，需要具备在各层级和所有员工中培养领导力的包容性方针和企业文化。如果行之有效，产生的效用能够影响到未来几代领导人。

08

投资未来

一家企业要想扩张，就要为培养能挑起大梁的新领导者进行投资。具备领导潜力的人员应被视为重要的资产，会因栽培而发展成长，也会因忽视而停滞不前。

任命人才

一家成功的企业需要准备一批随时准备上任的新领导者。如果未来的领导者全都从企业外招募，便没有什么成本效益可言，因为找到合适的候选人并让他们跟上进度，需要大量的管理时间和金钱。相比之下，从企业内部提拔的领导者已经对文化和工作方法有了很好的理解，也已经接受过你的培养和培训，具备了新职位所需的整套技能和知识。

小贴士

注意变化的迹象

作为**领导者**，训练自己识别人们在不同**领导**阶段之间**过渡**时的**迹象**，并做好准备，在领导者迈向下一个阶段时给予支持。

30%

30%的企业表示正在卓有成效地**发展领导者**，以应对不断变化的挑战。

认识别人的潜质

作为一名领导者，你的一个关键目标就是认识到他人的领导才能，并且明白如何鼓励和帮助未来的领导者，使他们能够充分发挥自己的潜力。放眼长远地开发人才，创造能够培养领导者并为其提供条件的企业结构和文化，而不是等到职位空出才填补空缺。你甚至可以考虑采取分散式领导模型，在需要的时候，授权任何团队成员担任领导职务。为了确保全面发展人才，请利用循证评估系统来对抗无意识偏见。

把领导力的成长视为自我意识、技能和责任的一系列转变，这样的视角很有益。认识到其他人身上的重大变化，并做出适当的回应，这有助于加速新领导者的成长。通往领导之路的每一阶段都会带来挑战，包括采取新的措施，也包括淘汰旧的做法。在新领导者眼中，这或许是一个充满压力的时期，他们或许会在被人期望拿出优异表现时不知所措，而由于担心被经理视作无能，他们也不太可能敞开心扉地向经理表达自己的担忧。

如何帮助潜在领导者进行过渡

确定个人目前所处的领导阶段。

潜在领导者会开始承担更多的责任，并对工作方式提出**质疑**。

帮助对方确定达到这个阶段需要放弃什么。

企业中的其他人开始**对他们的愿景表示认可**。

问问自己……

在你的企业中打造未来领导者

		是	否
1	你是否在为你自己、团队、其他团队、企业寻找**双赢机遇**？	☐	☐
2	你是否展示了能让整个企业受益的**优秀人才管理能力**？	☐	☐
3	你是否有过为了让潜在领导者抓住发展机遇而选择无私放手的**经历**？	☐	☐
4	你会主动**培养**潜在领导者吗？	☐	☐
5	你是否**鼓励**团队成员申请内部升职或调任？	☐	☐

识别领导阶段

领导潜力的第一个标志，是从以自我为中心和履行个人职责过渡到更好地了解和协助他人的高标准。在此之后，潜在领导者会开始承担更多的责任，对工作方式提出质疑，并想出新的工作方法。

随着潜在领导者的成长，企业中的其他人开始对他们的愿景表示认可，并认识到他们具有捕捉有利于团队或整个企业的重要机遇的才能。潜在的领导者乐于承担更多的责任，需要管理团队时，他们会从更高的高度出发，做出贡献，与同事融洽相处，并彰显出培养团队成员的才能。其他员工会自然而然地倾向于听取他们的意见，而这种情况则可能衍生出更为正式的导师或教练角色。最终，这一批领导者会开始培养下一代企业领导者所需的技能。

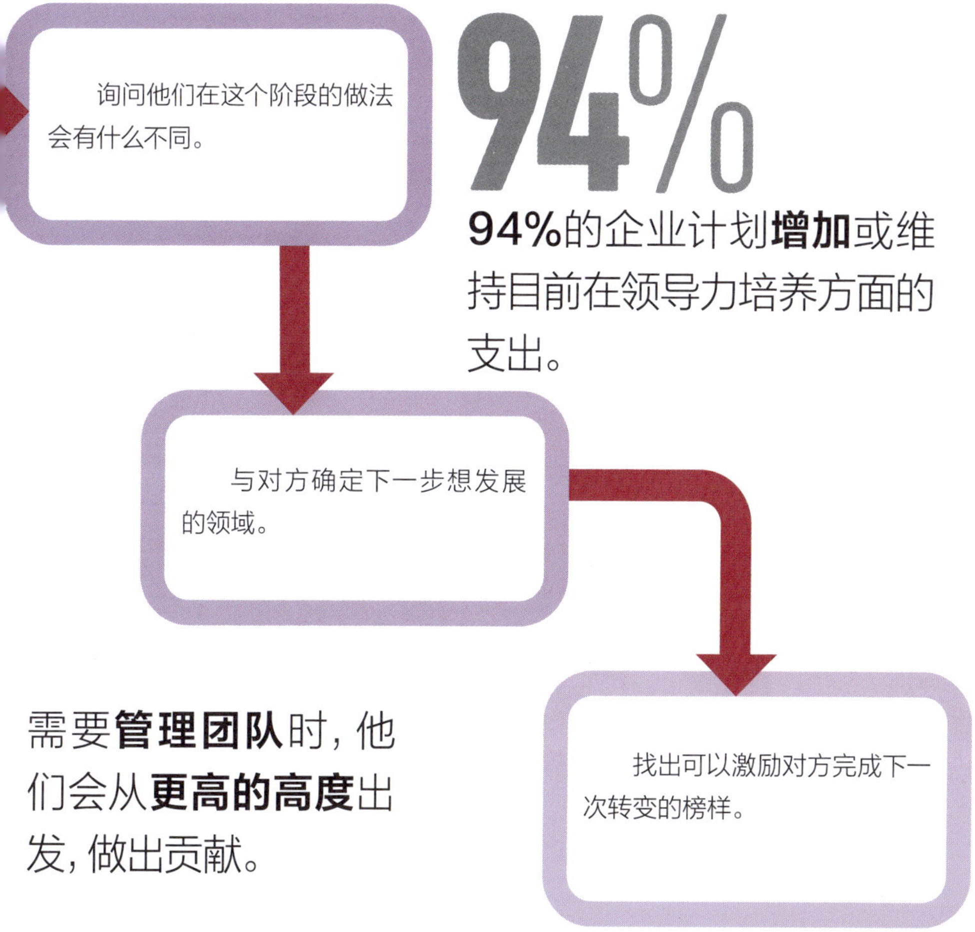

询问他们在这个阶段的做法会有什么不同。

94%

94%的企业计划**增加**或维持目前在领导力培养方面的支出。

与对方确定下一步想发展的领域。

找出可以激励对方完成下一次转变的榜样。

需要**管理团队**时，他们会从**更高的高度**出发，做出贡献。

实现领导阶段过渡

领导阶段	采取新措施	淘汰旧做法
自我意识	○ 完成超越职位描述的工作 ○ 表现卓越 ○ 更有包容心 ○ 继承企业记忆 ○ 具备团队合作精神 ○ 提出改善建议	○ 只完成职位描述中的工作 ○ 不分享自己的想法 ○ 只关注自己的表现 ○ 执行工作严格古板 ○ 多用带“我”的句子
他人意识	○ 具有更包容的同理心 ○ 协助同事 ○ 善于与人打交道 ○ 寻找双赢的解决方案 ○ 比起流程，更喜欢人员 ○ 多用带“我们”的句子	○ 一味遵循以前的流程 ○ 不加质疑，只管执行 ○ 对工作纪要全盘接受 ○ 自顾自前进 ○ 只关注自己的成绩
提高	○ 寻找增加自我价值的机会 ○ 为成长和成果承担责任 ○ 理解并宣传愿景和使命 ○ 优先考虑高价值机遇	○ 仅以技术技能作为评判人才的标准 ○ 只使用财务因素作为指标 ○ 注重人才而非结果 ○ 选择省力的做法 ○ 把业绩不好的责任推卸给别人

领导阶段	采取新措施	淘汰旧做法
发展人才	○ 为全员利益发展人才 ○ 帮助他人取得优秀业绩 ○ 成为导师 ○ 规划发展机会 ○ 选择与自己互补的团队成员 ○ 培养未来领袖	○ 重视业绩，而非人才 ○ 留住优秀人才不放 ○ 未能充分下放权力 ○ 与他人相处时间太少 ○ 一遇到压力就推迟培训 ○ 不重视会议时间
付诸实践	○ 帮助他人成长 ○ 启动同事交流网络 ○ 成为领导中的领导者 ○ 为领导者提供指导/培训	○ 只关注企业本身 ○ 牺牲社交生活 ○ 容许以领导人为中心的权术游戏在企业横行

辅导团队取得成功

一位优秀的教练可以加速未来领导者的发展，帮助他们应对在获取领导经验过程中所需经历的转变，并打造成为企业顶级领导者所需的一系列能力。

释放潜力

想要投入时间来指导潜在领导者并不是件易事，但一旦付出，你、团队和企业都能得到可观的回报。谨慎选择教练，因为企业中部分顶尖潜在领导者的未来就掌握在他们手中。

成功的**教练辅导**会让未来的领导者更加**珍惜**自己的个人**优势**、**能力**、**方法**和**行为**。

小贴士

虚拟教练

距离并不能构成有效辅导的障碍，但想要在进行**虚拟辅导课程**时有效交流和建立信任，你的确需要投入额外的精力。只进行提前约好的视频通话是**不够**的：简短的电邮和短信可以在关键时刻**提供辅助作用**，而不必面对面的电话聊天则有助于人们**吐露**难以启齿的信息。

经验对口

你可以选择亲自指导潜在领导者，也可以选择从企业内、外任命他人担任教练。无论你选择谁，对方都必须具有对口的专业和教练经验，或者接受过关于如何进行有效辅导的培训。

挑战和支持

一名经验丰富的教练的标志，是知道何时应该向辅导对象提出挑战，以及什么时候应该提供支持。成功的教练致力于建立自我意识和释放潜能，使用的方法包括打消具有局限性或束缚性的理念，或是对无益的行为加以处理。他们鼓励辅导对象进行深刻的反思和战略性的思考，释放他们天生具有的创造力，并乐于接受自己。

成功的教练辅导会让未来的领导者更加珍惜自己的个人优势、能力、方法和行为。反过来说，这些新开发的领导要素，也应与你的企业所陈述的价值观和目标相一致。

小贴士

详细制定流程

在提供**教练辅导**时，**阐述**具体流程、用时以及涉及范围。**鼓励**辅导对象将进度记录下来。

为业务争取利益

教练辅导和导师指导通常侧重于具体细节或是帮助人们实现领导转型，尤其是对于一线和中层管理者。在这种情况下，来自企业内有经验的导师可能是最合适的；而来自企业外部、在董事会层面具有更多经验的教练，则可能更适合辅导资深经理。经过成功的辅导，你或许会发现领导者在创新和提升团队整体能力方面取得了进步。教练辅导的效果可以波及整个企业，并提供可观的商业利益，包括以下列出的几点。

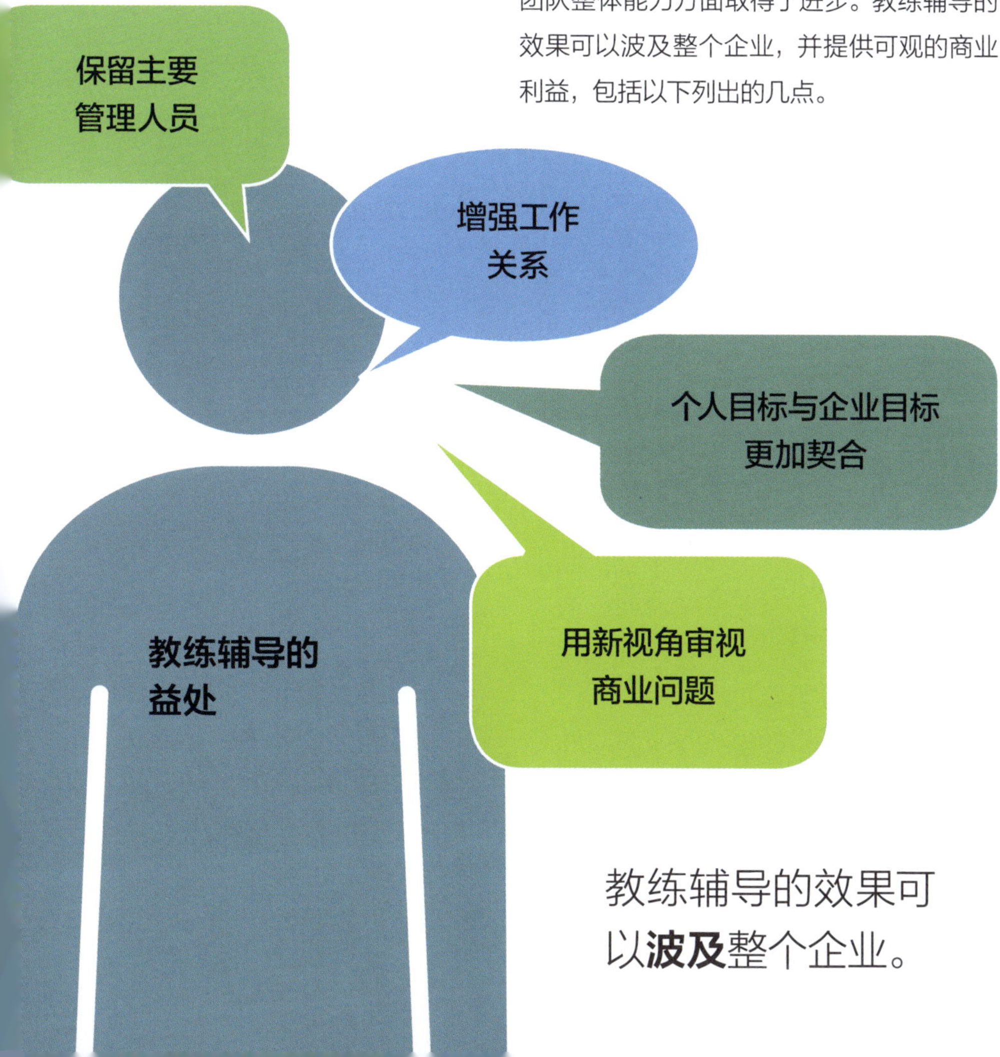

保留主要管理人员

增强工作关系

个人目标与企业目标更加契合

用新视角审视商业问题

教练辅导的益处

教练辅导的效果可以**波及**整个企业。

适应多变环境

在当今的企业界，工作终身制的旧观念几乎已经被多职能组合职业所取代。当今的领导者无时无刻不在面对转变，只有那些具备应对变革的管理技能的人员才能生存下来。以前的人们重视在企业的某个职位上做出成绩，而今，人们的关注点已经转移到在某个重要项目上做出成绩，以及在生活中遵循一套始终如一的原则。

从改变中获益

在当今的商业世界，领导者需要管理和激励的不仅是核心团队，也包括自由职业者、临时员工和外包商。让这些原本互不相干的群体参与进来，与企业的愿景和价值观保持一致，这是领导者面临的新挑战。当今的领导者可能要带领一个成员分布在全球各地的虚拟团队，这个团队围绕着某个需要解决的客户问题或创新想法形成，并非由在同一地点为同一个雇主工作的人员构成。从长期来看，具有敏捷能力，能够迅速建立虚拟网络、团队和联盟的领导者，将会成为胜出者。

领导者越发不需要雇主为他们的生活提供框架或支持系统，而是依靠自己进行开发。想要在这个瞬息万变的环境中生存下来，你必须非常善于理解客户的需求，并对自己的交付和营销能力充满信心。带着创意和远见思考你的职业和个人使命，使之成为你坚持一生的习惯以及持续不断的成功的关键。

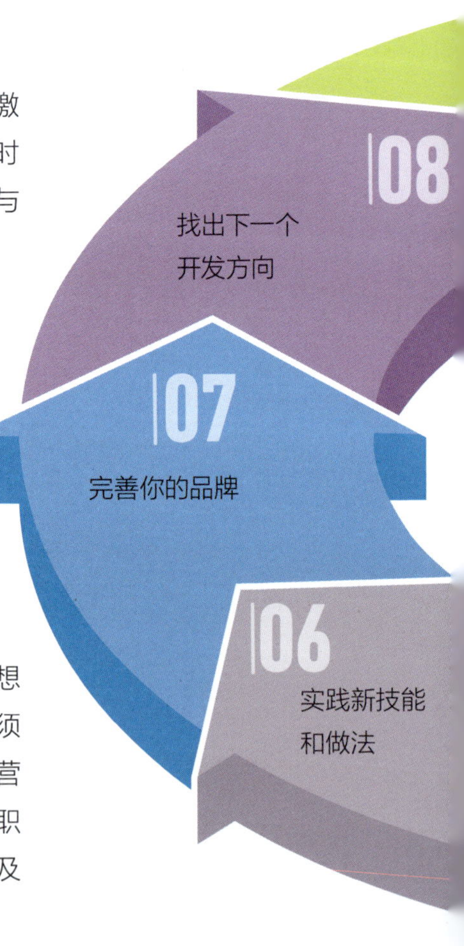

打造自我品牌

那么，你该如何将自己培养成一个能在当今瞬息万变的企业界茁壮成长的领导者呢？答案之一，就是思考作为一个品牌，你能为客户提供什么。你的品牌是你的专业、技术、功能性知识、技能以及市场地位的标志。像管理品牌一样开发你自己，为满足客户需求而打磨产品（也就是你提供的内容），拓展自己的身份，尽量朝理想客户贴合。例如，在挑选下一个客户时，你是选可以供你精心打磨企业敏锐度的小型企业，还是选可以让你获取新的流程管理知识的大型企业？仔细考虑你的下一步：这个步骤，将对你的品牌产生怎样的影响？

如何不断地提升自己

01 对你的能力进行评估并与客户需求匹配

02 接受一项对你有所挑战的任务

03 倾听客户；与他人交流互动；加入社交网络；发起社交团队

04 从最佳实践中学习

05 认识自己的发展潜力

从长期来看，具有**敏捷**能力、能够迅速建立虚拟**网络团队**和联盟的领导者，将会成为**胜出者**。

实现高绩效

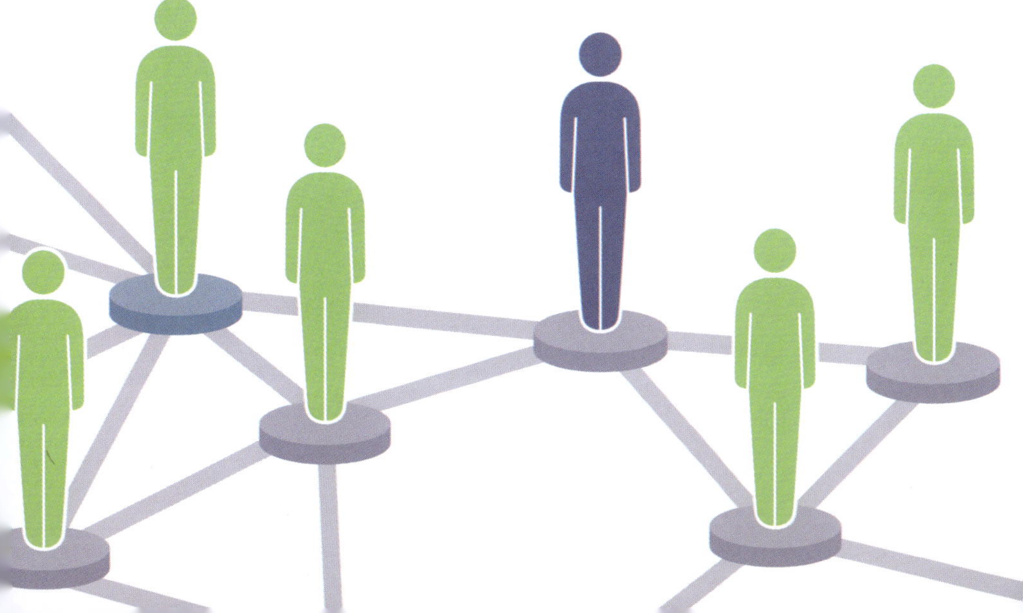

了解自己

想要在生活和事业上实现双赢，你需要对自己有所了解。你的天赋和缺点是什么？你喜欢什么？你真正想实现的目标是什么？通过反思和分析自己的特点以及别人对你的看法，你便可以着手打造一份如何自我发展和实现最终成功的规划。

09
186 局外旁观
188 设定目标
190 分析你的优势和局限
192 打造自己的品牌
194 规划未来

局外旁观

别人对你的看法可能与你对自己的看法大相径庭。了解别人对你的看法，是自我探索的一个重要因素，也能帮助你对自己的行为做出调整，获得原本可能错过的机会。

寻找新视角

你可能觉得自己缺乏自信，或者太过安静，但其他人眼中的你，却可能是个值得信任和尊敬的理智之人。反过来说，你眼中的自己或许果断自信，而其他人却认为你咄咄逼人，不愿让你参与到他们的项目中。他人的观点影响着他们对待你的方式，因此有重要的意义。这并不是让你总要以取悦他人为目标或改变自己，而是提醒你可以通过别人看待你的方式来调整自己发出的信号。

70%

70%的**雇主**表示，在招聘人员时，**性格**是最重要的考虑因素。

焦点话题

心理测试

被广泛使用的迈尔斯－布里格斯测试，以及延伸的NERIS人格测试等心理测试，从心理学的角度为我们提供了一种自我理解的方法。这些测试着眼于性格，并就哪些环境可能更有助于测试者的成长提出建议。

迈尔斯－布里格斯人格类型指标用四对因素衡量测试者：外向与内向；实感与直觉；思考与感情；判断与感知。这些性格特质没有对错之分。但举例来说，如果你在“思考”方面处于极端的水平，那么做决定时就有可能忽略人们的感受。而如果你是一个偏好“感知”而非“判断”的人，那就可能需要为自己设定更多的目标和截止日期。有几项心理测试可以在网上进行，包括mbtionline.com上的迈尔斯－布里格斯测试和16personties.com上的NERIS测试。

获取答案

想知道别人对你的看法，唯一的办法就是提问。许多企业都会使用一种叫作“360度评估反馈”的方法，这是一种向周围各级人员征求评论的正式方法，对象包括员工、老板、客户、朋友。这种反馈方法经常用于高级管理团队的开发，但你也可以在小范围内用类似的方法自行征求他人的意见。找到那些见过你扮演不同角色的人，比如你的商业伙伴、同级同事、顶头上司、部分供应商和客户加上几位朋友。想一想，用什么方式提问最合适：调查问卷能确保答案格式一致，结构清晰、面对面的问答能给受访者详细说明的机会，但也有不利于对方给出坦诚回答的风险。Spidergap和Sage HR等应用程序也可以帮你调查大家的想法。保持问卷精练简单，主要突出你想要回答的具体问题，例如：

- 在你看来，我有多自信？
- 我平易近人吗？
- 我的表达是否清楚？

小贴士

留下好印象

基于**潜意识的暗示**，在见面的**最初几秒钟**内，我们就能做出**持久的判断**。仔细考虑你给出的**视觉线索**和说话的语气，这些信息，往往比你实际说出的话语**更有意义**。

利用反馈信息

反馈过程虽然无法让你对别人眼中的自己一览无余，但肯定会提供一些有价值的见解。如果将评语看得非黑即白，你很容易就会把注意力集中在批评上，因此请务必重视和反思积极评价，并在进行未来规划时加以利用。

设定目标

工作占据了你生活的很大一部分，因此对工作的满意程度至关重要。想要对工作满意，你并不一定要调换岗位，而是只需在现在的职位有所拓宽就行。了解自己的喜好和想要取得的成就，有利于确保找到适合的岗位。如果你喜欢自己所做的工作，成功的概率也就更大。

审视你的抱负

看清自己的抱负，并不像看上去的那么容易。首先，你现在的位置可能更多是偶然因素的结果，而不是有意设计的，想要摆脱当前环境的影响也很困难。因此，如果你是在销售部门工作，那么眼中的未来，可能就是通过职级晋升到销售经理，再晋升至销售总监。其次，家庭的牵绊或其他的责任也可能限制你追逐梦想的自由。最后，你的“理想”工作可能会随着技能和经验的积累而改变。

仔细思考，并生成属于**你的理想世界**的图景。

展望未来

想要系统地看待自己在职业和生活中的目标，可选的途径有许多。有些人喜欢接受教练的辅导，也就是一个客观、有同情心、经验丰富且能帮助指明进步方向的人。另一些人喜欢用不那么正式的方式咨询同事或同行，但是，靠自己认清前路也同样重要。的确，关于未来的问题是如此重要，值得我们用多种方法加以审视，并随着环境的变化反复分析。

70%

一项研究表明，在**每周**向朋友发送**进度报告**的人里，有**70%**的人实现了自己的**目标**。

对未来进行可视化

可视化是一种可以帮你明确目标的技巧。专门留出一些时间，摒除打扰，心态放松地坐好。想象一下未来不同时期的自己，比如三年、五年、十年后的自己。仔细思考，并生成属于你的理想世界的图景，你可以向自己提出以下问题。

- 我会住在哪里？
- 我会做什么工作？
- 我会在什么样的公司工作？
- 我会拥有和经营自己的公司吗？
- 我每天要做的事情有哪些？
- 我会拥有一个为我工作的团队，还是会成为一位专家？

- 我是通勤上班，还是在家办公？
- 我会有哪些兴趣？

将感想记录下来，对照家庭义务等固定条件生成图景，并加以评估。

现在，对结果进行反思。你要怎样才能朝着想要的方向努力？这个过程不是为了让你对现状心生不满，而是为了让你敞开心扉，面对新的可能性。

小贴士

立下大志

伸手触摸天空，在面对现实之前，**有梦想**是很重要的。

如何找出自己重视的东西

拿五张便利贴。

在每张便利贴上写上你喜欢的工作内容，例如“管理团队”。

再拿五张不同颜色的便利贴。

在每张便利贴上写上你想做但现在还没做的事情，比如“旅行”。

把便利贴按优先顺序贴在墙上。得出的结果将有助于你将精力用在固定的领域。

分析你的优势和局限

要在工作中获得高绩效，你需要了解和善用自己的优势。除此之外，你还需要认识到自己不太擅长做什么，以便开发需要的技能，并获得必要的知识和经验。

描述你的能力

问自己真正擅长什么的时候，你的答案应该包含三个重要领域：基本技术能力，人际交往“软技能”，以及在整个职业生涯中积累的知识和经验。

在喜欢做的事情上，大多数人都各有自己的偏好。有些人擅长与数字打交道，而有些人则擅长语言交流。这些技能是你工作的基石，有时可以称为你的基本技能。

小贴士

评估你的技能

即使你计划长期留在某个职位上，也要**密切关注**周围发生的事情。工作环境不断变化，你也应该**不断学习和适应**，以应对你的职位带给你的**新环境**，并在其中茁壮成长。

提升技能和积累经验

软技能和技术能力一样重要，甚至有过之而无不及。你或许是位优秀的倾听者或强大的沟通者，或许很有感染力或善于谈判，你可能受人尊重、仪态端庄、干劲十足。你需要在所有这些领域具备一定的技术水平，但水平的高低，取决于你在企业中的具体职位。

衡量个人能力强弱的标准，还在于你对所在行业和职位的知识和经验。例如，在人力资源部门工作的你，是否具备足够的劳动法知识？认真思考你的技能和知识：或许对目前的职位来说够用，但在未来还是如此吗？尝试找出与你的抱负最为契合的职位，问问自己，想要胜任这个职位，你需要什么技能。企业发布的职位描述和招聘广告不啻为当前行业标准和雇主需求的风向标。你可以通过额外培训来获取这些技能，或是让雇主对你当前的职位做些调整。

一位人力资源主管的SWOT分析

S

优势（Strengths）

- **培训**经验
- **演讲**技能
- 优秀的**沟通者**
- 对就业法律有详细了解

W

弱势（Weakness）

- 对招聘体系的**理解**不足
- 缺少纪律听证会的**经验**
- 不喜欢**冲突**

O

机遇（Opportunities）

- 开创自己的**培训业务**
- **拓展**业务范围，将招聘纳入其中

T

威胁（Threats）

- 企业可能进行培训**外包**
- 企业未来可能需要全面的**人力资源技能**

进行SWOT分析

想要自我评估，SWOT分析不啻为一个简单的方法。参照上文的例子，列出你的优势和劣势以及当前职位的机会和威胁。这样的SWOT分析提供了一幅图景，展现出在当前情况下脱颖而出的所需发展的领域，以及在下一个职位中获得成功所需的技能、知识和经验。

打造自己的品牌

我们已经看到了别人对你的看法以及了解自己、自己的长处和局限性以及抱负的重要性。打造品牌的重点，在于将这些因素结合在一起，从而打造差异化，发展你的职业。

给人留下得体的印象

一家企业的品牌，是支撑其产品或服务的一套独特统一的价值观。企业总是要建立自己的品牌，同样，你也需要明白自己代表着什么，以及想给别人呈现怎样的形象。务必确保你传达的信息与你的个人品牌一致。

这并不意味着你应该抹去自己原有的样子。装样子在短时间内或许有效，但不可能一直保持下去。你的“品牌”必须是你能够完全适应的东西，应该能够反映你的价值观，并且只属于你。

> 一家企业要建立自己的**品牌**，同样地，你也需要**明白**自己**代表着**什么，以及想给别人**呈现**怎样的形象。

打造得体的形象

在任何工作场地，你的外表、声音和举止的某些因素都对品牌至关重要。无论你的风格如何，都要注重自己的外表，待人有礼，言出必行，这些都是“必须”做到的。需要将“目标观众”纳入考虑范围，比如你供职的企业以及合作的客户。举例来说，如果你在一家老牌律师事务所工作，那么最新款的短裤和闪亮的珠宝可能不会让客户对你充满信任，但如果你为一家高级时装零售商供职，那这身装扮可能就会起到积极作用。

小贴士

扩大你的交际圈

通过**线上和线下**平台，加强与企业、大学、同事等机构和人员的联系，**建立你的品牌**，开辟机遇。

展示个人魅力

外表是个人品牌的一个方面，但举止却往往更为重要。如果你看起来像模像样，但却不能按要求完成任务，或者脾气暴躁、难以相处，那么再在形象上改头换面，也不能助你成功。定义个人品牌的关键，在于关注你所塑造的形象的每一个元素，确保你的举止与形象一致，且为你的目标观众所接受。

界定你品牌的因素什么?

外形

- 你穿戴的衣服、鞋子和珠宝:注意款式和颜色。
- 你的发型:时时打理整齐。
- 手和指甲的外观:时时保持清洁;如果你涂指甲油,那么款式应该与环境相宜。
- 你走路时的姿态:务必做到坚决自信。
- 你在社交媒体上展示的形象:要有一份精心编写的最新且完整的个人资料,还要搭配一张专业照片。

举止

- 握手要**用力**,但不要握得太紧。
- 把"**感谢**"说出来。
- 在合理的时间内**回复电话**或**电子邮件**。
- 给予别人**应得**的赞誉。
- **言出必行**。
- 讲**道德**,**平等**待人,**包容**他人。
- 在必要时**捍卫自己的立场**。

谈吐

- 你的**语调**:低沉的声音显得更有分量。
- 你**说话的速度**:足够缓慢,听起来坚定果断,但不要太慢,以防让人觉得犹豫。
- 注意你**措辞**:是选择简短、积极、正面的用词,还是更详尽且更具描述性的用词?
- 你**声音的表达**:平易近人,善意友好。

规划未来

有句话是这样说的："一切计划都毫无用处，但却又缺之不可。"之所以说计划无用，是因为计划赶不上变化。但是缺少了计划这一步，你就无法为迎接未来做好准备。你确实需要计划，但不要坚守得太过严苛，以免错过机会。

明确自己的方向

既然人生不可预测，那为什么还要计划呢？首先，所有你想要在生活中实现的目标都需要付出努力和做好准备。因此，你需要具备能让你在所选择的职业中取得进步的资格和经验，想要做到这一点，计划就必不可缺了。制订计划可以为你提供一个衡量进度的框架。

设定目标

你是否完成了自己的目标？如果没有，原因是什么？你能从成功和失败中学到什么？计划提供了一份参考，可以让你对新的机遇进行评判。这个机会对你实现目标有多大帮助？如果没有，你为什么还要争取呢？这件事是在分散你的注意力，还是说你的目标和计划发生了变化？

焦点话题

你的简历上写了什么？

规划未来的一个好方法，就是创建一份未来三年、五年或十年的简历。你的简历上会出现哪些资质？你会担任怎样的职位？你会有在哪些公司的工作经历？你在每个职位上积累了什么经验？如果不知道该在简历上写些什么，为什么不在网上搜索招聘广告呢？这些广告会告诉你，当今的企业在为这些职位招聘人才时看重哪些特质。这样一来，你应该就会明白如何打造一份可以为之努力的未来简历了。然而，鉴于科技发展的速度，想要掌握未来诸多职位所需的技能以及判断这些职业在未来是否还会存在，这其实不容易。你还需要与时俱进，随时掌握趋势的发展。

制订一份有效的未来计划

应该做的事

- **划定从逻辑上来说利于实现愿景的可衡量的关键目标。**
- **制定可信且可行的目标。**
- **确保每次在现实生活中做出重大决定时都参考计划。**

不该做的事

- 靠运气而不靠自己的努力。
- 选择遥不可及的标准。
- 不定期对计划进行审视和修改。

计划提供了一份**参考**，可以供你对新的**机遇**进行**评判**。

打造一份计划

一份优秀的未来计划需要包括四个关键要素：

- 一份描述你想要达到的目标的愿景陈述。
- 一套一经实现便会引领你实现愿景的具体目标。
- 展示这些具体目标如何联系在一起的“成功地图”。
- 定义每个阶段成功的指标（见下文）。

首先思考一下你对未来的愿景：是成为一家跨国公司总裁这样的单一目标，还是平衡工作与生活利用前几页描述的一些练习审视自己的愿景。接下来，将你的愿景写在一份愿景陈述中。

把你的愿景以**愿景陈述**的方式写下来。陈述的篇幅不应超过一段话，但需要包含所有对你**有重要意义的特质。**

设立愿景

一旦对未来的整体愿景有了一个清晰的认识，你就可以将愿景分解成主要的组成部分。想要做到这一点，你可以写出一组达成愿景所需的最高级别的具体目标。

问问自己……

我是否在达成目标的正轨上？ **是** **否**

通过对自己提出以下问题，为“成功地图”上的所有具体目标创立一个成功指标。

1 我是否**理解**这个目标为何重要？ ☐ ☐
2 我是否知道这个目标与我的“**成功地图**”之间有何联系？ ☐ ☐
3 我是否能确认**进度**和时间点？ ☐ ☐
4 我能否对这个目标进行**测量**？ ☐ ☐
5 我是否知道**反思进度**的频率？ ☐ ☐
6 我是否知道如果目标没有达成，**该采取什么措施**？ ☐ ☐

55%

有**55%**的参与者在一项研究中表示，他们已将**新年决心成功地坚持**了一年之久。

22%

与没有计划的学生相比，**制订计划**的学生的**学习成绩要高22%。**

为你的未来打造一张成功地图

成功地图是一种有效的工具，可以帮助你思考实现整体目标所需采取的关键行动，并将这些行动用一张图表示出来。

- 创建成功地图，请从顶端开始，也就是你的终极目标。把终极目标写在地图的一端。
- 想想你该如何实现这个目标。例如，设想你的愿景是成为一家大型制药公司的销售总监。为了达成这个目标，你需要做三年到五年的区域销售经理，与客户群的一些主要客户打过交道，并获得相关专业的销售资格。这些具体目标，构成了你成功地图上的第二级目标。
- 接下来，问问自己该如何实现这些具体目标，并完成地图下一子集的内容。
- 在所有的阶段中，用直线将取决于早期目标实现情况的后期目标与之前的目标连在一起。
- 想要检查你的成功地图是否完整并符合逻辑，那就从一边朝另一边推导。针对每个具体目标，都请问问自己："我为什么要做这件事？"之所以要做这件事，就是为了上一级目标的实现。

成功地图可以帮助你思考实现**整体目标**所需采取的**关键行动**，并将这些行动用一张图表示出来。

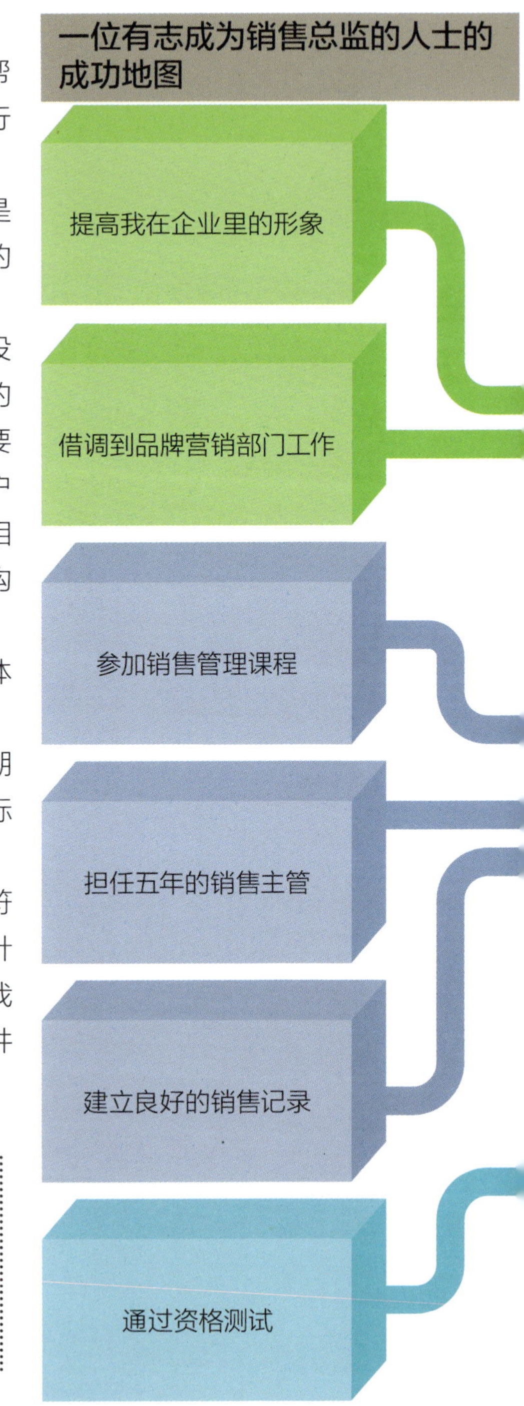

70%

70%的人都感觉不到**实现**目标的**迫切感**。

担任**三年到五年的区域销售经理**

负责我所管理的客户群中的**大笔交易**，并与**大客户**打交道

获得相关**专业的销售资格**

晋升至**全国销售**总监级别

43%

43%的人会设立**困难**的或**大胆**的**目标**。

提高
你的技能

把你的技能组合作为自己的工具箱。掌握了技能，只要加以维系，你就能长期拥有这些技能。随着工作需求的变化发展以及全新做事方法的出现，你需要不时应你的工具箱中添加新的工具。

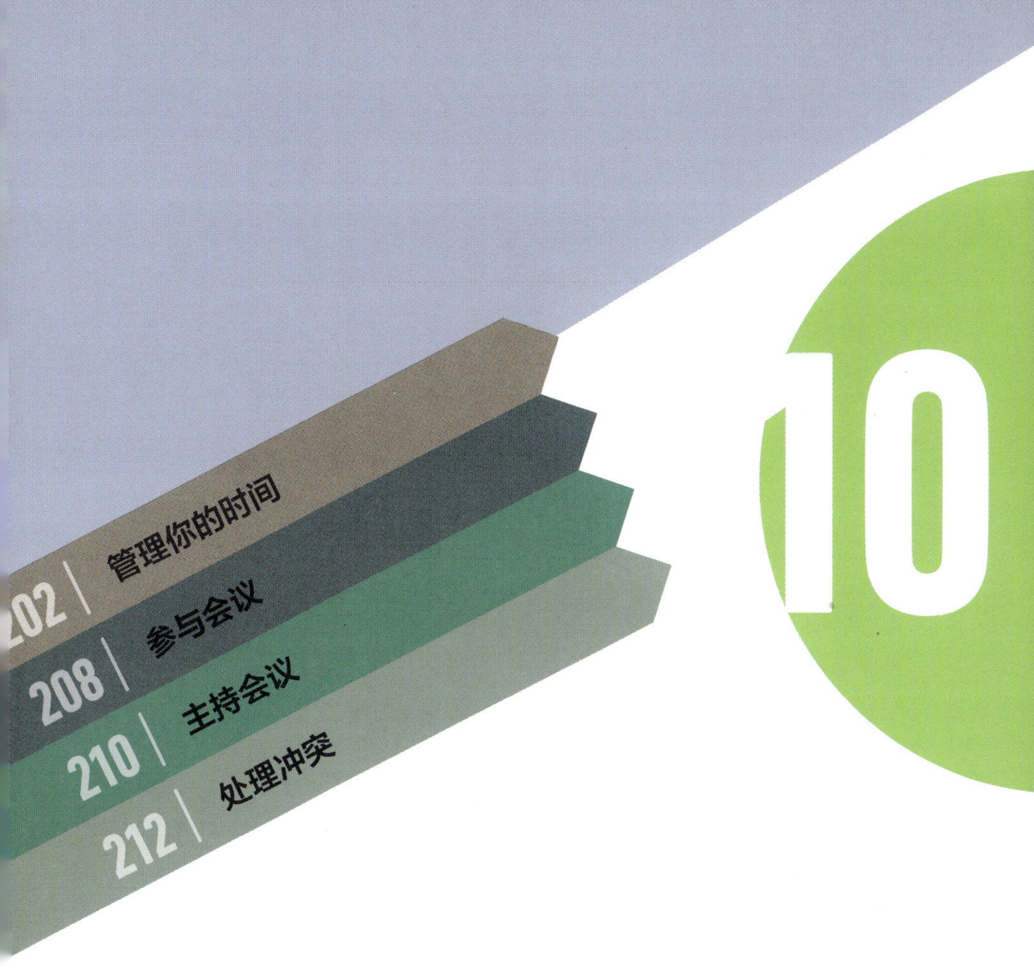
10
202 管理你的时间
208 参与会议
210 主持会议
212 处理冲突

管理你的时间

虽然你可以为企业筹集更多的资金、雇用更多的人才、购买更多的机器，但一天毕竟只有 24 小时。时间是少数购买不到的商品，尽管如此，很多技巧都可以帮助你更有效地利用时间。

如何设立时间日志

计划**促使你不仅考虑**明天，也要考虑到**更加遥远的未来。**

到了周末，对你花费时间的方式进行分析，画一幅饼状图来显示你的时间都花在了哪里。

跟踪记录你的时间

开始积极管理时间之前，你需要明白自己利用时间的方式。不要只是猜测，而是在时间日志中记录至少一个星期的时间支出。如“拯救时间”（RescueTime）和 Toggl 这样的时间记录软件非常好用，但笔和纸也可以（见右图）。完成分析后，你需要考虑花费时间的方式是否与自己的主要目标相符。例如，你可能会发现你只花了5%的时间拜访客户。这是一项能帮你实现重要业绩的活动吗？（因为拜访客户能够带来销售额）如果是的话，那就考虑是否投入更多时间会更有成效。

在工作过程中，在右边一栏记录你在过去15分钟内完成的活动。

6分钟

员工每日在**查看邮件和信息上**平均花费的时间为**6分钟**。

把你的任务分类，例如回复邮件、写报告、计划、思考、拜访客户、旅行。

用代码或字母来代表每个类别（如用E代表电子邮件“emails”，用T代表思考“thinking”）。

在桌上放一张纸，分成两栏。

把你的一天划分为15分钟的时间段，将这些时间段写入第一栏。

腾出时间

计划促使你不仅考虑明天，也要考虑到更加遥远的未来。因为沉浸在日常琐事之中，我们一不小心就会将重大而必要的战略项目向后拖延，比如为员工安排培训或创建联系人数据库。思考你在下一季度想要进行的长期项目。把这些任务分成便于管理的小块，并估算出完成每个小块所需的时间。

规划你的一天

用时间管理应用程序或纸笔制订一个行动计划，规划好眼前一天的活动。这件事可以放在头脑清醒的早晨做，也可以放在前一天工作结束时。在日常工作计划中为长期项目留出时间。没能坚持计划会挫伤人的士气，因此，安排时间要符合现实，留出一些暂停和休息的空间。

计算优先顺序

写计划的时候，客观地为你的任务排序，根据重要性和紧急程度对任务进行分类是一种明智的选择。优先处理那些既紧急又重要的事（如为第二天的销售会议提供最新数据）。重要但不紧急的任务（如完成某个大项目的一部分内容）排在第二位。不重要但紧急的任务（如提供别人索取的信息）排在第三位，应该把那些既不重要也不紧急的任务委派给别人，或者干脆不做。

根据**重要性和紧迫性对任务进行分类。优先处理**那些**既紧迫又重要**的事情。重要但不紧迫的任务则排在第二位。

小贴士

有条不紊

文件尽量**只处理一次**。每处理一次文件，都在其中添加一个标记（如彩色标签或字符）；尽量减少添加标记的次数，并将**这一原则慢慢渗透到你的所有流程当中**。

如何划分任务的优先级

21%

21%的工作时间都花在了**娱乐**、**新闻**和**社交媒体**上。

设置一天的时间结构

为了充分利用每一天的工作时间，你要清楚自己在一天中哪些时段的效率和创意处于最佳状态。如果你是一个“晨型人”，那就计划在早上处理写提案或报告等创造性事务，以及与不好相处的客户谈话等有难度的任务。将下午的时间用于处理一些日常工作。如果你是个“下午型人”，那就优先处理日常工作，但需注意不要终日都忙于处理这些事。

高紧迫度、高重要性 01

低紧迫度、高重要性 02

高紧迫度、低重要性 03

低紧迫度、低重要性 04

有效地工作

为了推动快速高效地工作，请时刻保持办公桌整洁，确保经常使用的物品就在手边。经常用到的信息也要放在好找的地方。用收藏夹保存网站；更新联系人的最新信息，把杂七杂八的信息整理成表；使用一款笔记应用程序，或是创建一个文件夹来存储经常引用的重要信息。

在日程中加入思考的时间：人们通常认为旅行是对时间的浪费，但旅行也有助于更换节奏和环境，为宝贵的创意思维提供条件。

40%

40%的知识型员工平均每天的**持续专注时间**不会**超过30分钟。**

偶尔留出**15分钟来检查电子邮件和回电话。**让别人知道你在某些时段无法回复。

集中处理任务

语音和视频通话

- 在打电话之前把**你想说的一切准备好。**
- **通过语音或视频交谈**有助于加深关系，但有时发电子邮件则可以避免分心。
- 如果适逢时间紧迫时**有人打电话给你**，那就告诉对方你会在特定的时间回电。一定要遵守诺言。

应对打扰

通过消除干扰，确保自己能够掌握工作日的时间。如果你正在写一份需要集中注意力的报告，那就启动呼叫转移或将来电转到语音信箱；偶尔留出15分钟来检查电子邮件和回电话。让别人知道你在某些时段无法回复；或是分享你的在线日历，这样同事就可以在不打扰你的情况下查看你的空档。如果有人不经事先预约突然找你谈话，那就告诉他们你的截止日期快到了，并避免进行眼神接触，对方自能会意。

电子邮件

- 只在特定的时间查看和回复新信息，从而**提高**使用电子邮件的**效率**。
- **使用颜色**凸显重要或紧急邮件。
- **有的放矢**：避免抄送不必要的人员，要求其他人也这样做。
- 定期**清理**邮箱

快速工作

- **果断做出决定**，不要总是在做好决定后左思右想。
- **在用时和质量控制之间找到平衡**：你的报告或许能写得很出彩，但如果交得太晚，就没有意义了。
- **专注**当下正在做的事情，不要让思想从一件事跳跃到另一件事上。

参与会议

现代科技使得我们能在任何地点参加会议。但无论你是亲自出席，还是在家里的厨房在线参会，用专业的态度处理事情都是很重要的。应会议是做出影响你未来的决定的场合，是建立人际关系，也能让你传播自己的观点、了解别人看法上你可以。

详尽研究

想要充分利用机会，做好准备是必不可缺的。提前阅读所有材料，并记下你需要澄清的问题和希望说明的要点。对于重要和复杂的讨论，你可以试探别人的意见，形成自己的观点，并大致了解哪些人会支持你的想法。

留下你的印记

亲自出席会议时，尽量靠近可能支持你观点的人，最好是坐在支持者之中。在任何会议上，找机会发言都是很重要的。如果你对表达自己的观点感到胆怯，那就先对别人的观点发表几句支持的言论，熟悉听到自己声音的感觉。“我同意你的观点”，这样一句明确而坚定的回答，会让你博得大家的关注。此外，也可以通过提问来厘清信息，这会让别人觉得你对他们的问题很感兴趣。尽量提前把要点列好，在发言开头引出，但是务必要放在一定语境中阐述。在脑中想好你要说的开头几个字；先停顿一下，然后把这些字清晰吐出。稍作暂停，然后继续往下说。同时也要注意不要说得太多：在别人心中留下说话有的放矢的印象，要好过留下滔滔不绝的印象。

我是否能有效参与会议?

我说话足够清楚和响亮吗?

我是否能对别人的观点给予支持?

我在表达观点时是否会与所有人进行眼神交流?

我是否能尽早在会议上贡献自己的观点?

我是否能聆听别人的发言?

我是否只在必要的时候打断别人?

记录会议

你应该对所有会议进行记录，即便只是简单记录与会人员承诺完成的任务。记录会议纪要，如果是虚拟会议，你可以录下通话内容稍后分享，但要确保先获取所有与会者的许可。对于员工或委员会会议等定期聚会，正式记录的方法或许比较适合，因为这会让会议显得更加重要。

小贴士

检查你的麦克风

在虚拟会议期间发言前，一定要确保**麦克风已经开启**。讲话完毕后，记得再次关闭，为所有与会人员**减少背景噪声**。

人会议纪要

如果你是会议记录员，那就事先向会议主持明确记录会议的形式。对于一些会议来说，知道哪些人说了什么话很重要。但对于大多数会议来说，关键是记录你决定需要采取的行动、由谁来负责执行，以及必须在何时完成。如果会议主持人没有在每个议事项目结束时对商定的内容进行总结，那就请他们进行阐明。趁着对讨论内容记忆犹新，尽可能快他进行记录。尽量保持记录的简明扼要，但仍要确保对所有已经商定的内容进行完整准确的记录。

问问自己……
为虚拟会议做准备

		是	否
1	你**准备好会议的内容**了吗？	☐	☐
2	你检查过**背景中有什么可以看见的东西**吗？	☐	☐
3	你有没有照照镜子，确保自己**形象得体**？	☐	☐
4	你是否检查过**网络连接，摄像头和麦克风**都处于正常状态？	☐	☐
5	你知道如何使用必要的软件吗？你能**屏幕共享**、打开和关闭麦克风吗？	☐	☐
6	你有没有要求旁边的人**不要打扰**你？	☐	☐
7	你是否确认过与会者同意你对**通话内容录音或**让其他人记录会议纪要？	☐	☐

主持会议

无论在线上还是线下主持会议，都是提高曝光度的绝佳方法。你不需要具备主持人的专业知识，但却需要具备一套操作技能。这些技能既牵扯到如何制定议程等技术问题，也涉及如何保持讨论顺利进行、避免有人发言太长等策略问题。

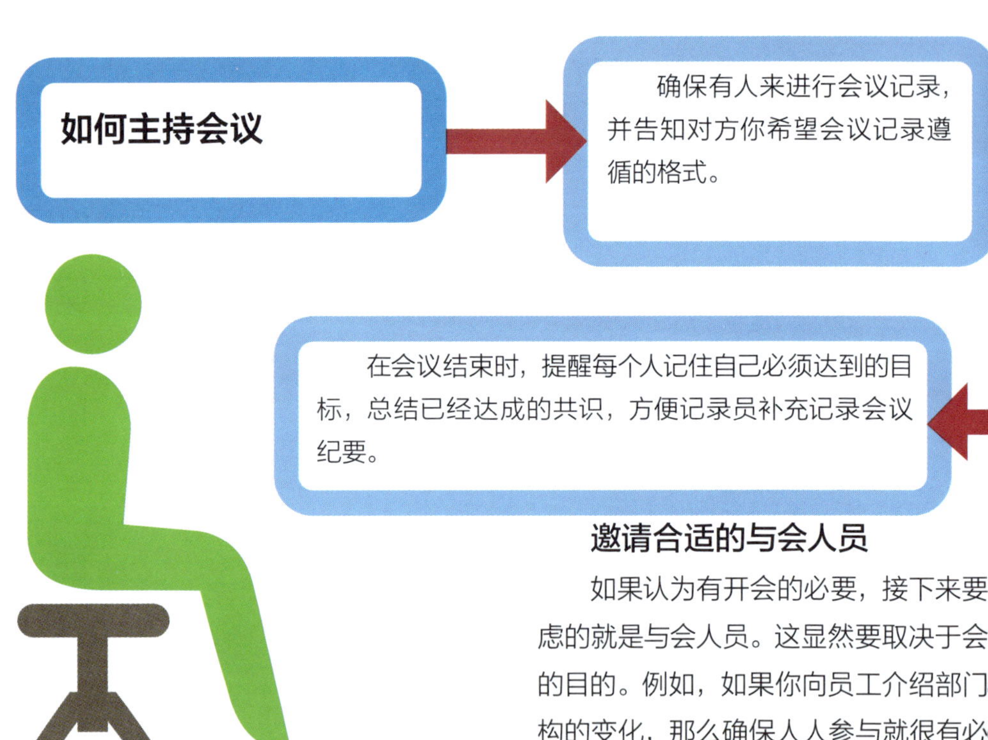

召集会议

人们经常会抱怨他们要参加的会议太多。在几乎人人都没有闲暇的时代，参加无法形成实际行动的会议只是浪费时间。因此在召集线上或线下会议之前，都要问问自己：这场会议是否必要？是不是可以通过电子邮件或电话会议等方式进行？

邀请合适的与会人员

如果认为有开会的必要，接下来要虑的就是与会人员。这显然要取决于会的目的。例如，如果你向员工介绍部门构的变化，那么确保人人参与就很有必了。然而，如果你想就企业结构的变化式征求别人的意见，那就只需要邀请几关键人物参与。一旦确定了与会人员，就尽量提前告知对方会议的日期和地点无论会议是在线上还是线下召开。说明议大概需要的用时，方便被邀请的人规自己的日程。

设置议程

会议的议程至关重要，这能够确定会议重点，让参与者提前做好准备。会议结构将对会议的成功产生重大影响。最好的计划是对议程的文字说明，让大家明确该用什么方式处理每个议题。

一位**成功的会议主持人**会让**每个人**都感到自己的**意见得到了重视**。

让每个人都有机会发言，在每个人发完言后，都要把话题转移给下一个人。

如果有人主导了讨论，礼貌地告诉对方：“谢谢。您的发言很有道理，我觉得大家已经理解了您的意思。我看乔想要做些补充。”

尽量把比较安静的人带到谈话中来。如果你觉得某人可能有什么想说的话，那就直接问对方有没有什么要补充的。

保证按时进行，但要留出时间对问题进行充分讨论。

创造议题

议程上标有“讨论”的议题，表示针对问题进行公开讨论。“注意”一词意味着，除非有人迫切地想要提出观点，否则这个议题无须展开实质性的公开讨论。每个议题分配的用时以及在议程上排出的位置，都能让与会者对其重要性有所了解。对于常规会议来说，提前询问与会者是否有什么内容想要添加到议程中，或是想在“其他议题”一栏提出任何问题，不失为一个好主意。

主持会议

会议主持人的作用，就是确保会议目的的达成。一位成功的会议主持人要让每个人都觉得自己能够发表观点、意见得到重视且有所成效。如果你主持的是视频会议，不妨让大家在不说话的时候把麦克风静音。在大规模团队召开会议时，让所有人通过软件的聊天功能或共享文本文档来提交问题，以避免干扰发言。

处理冲突

你可能会与想要阻碍你的人起冲突，也有可能与世界观稍有不同的人起冲突。无论在哪种情况下，想要应对挑衅的行为，你必须先对对方有所了解，然后再用一套策略来加以处理。

规划解决方案

你不能通过挑衅的态度来改变对方，而是先要确定想达成什么效果或建立哪种关系，然后制定出一个实现目标的策略。你所采取的具体方法取决于事件、人物以及对方的行为。与当事人单独会面，也是一种方法。

讨论问题

选择一个不会被同事打扰或注意到的地点见面。准备好你想说的话和说话的方式。用理性且不带情绪的态度告诉对方你对主要问题和难题的看法。询问对方的看法，即便不同意，也不要打断。让对方给出解决方案，最后再补充一些你认为可行的方法。

小贴士

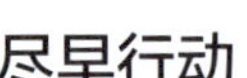

尽早行动

有问题的行为一旦**凸显**，就尽快**解决**，拖得越久，问题就越难处理，还可能会影响到团队的其他成员。

直面冲突

难以相处的人员会影响到每一个人。几乎人人都会注意到他们的行为，因此，直面冲突而不是任之恶化并影响整个团队非常重要。务必记住，你需要积极采取行动，避免让冲突对你产生严重影响。如果对方开始威胁或辱骂，那就端庄稳重地走开，告诉对方你会加以考虑，然后给出回复。

组织面谈

应该做的事	不该做的事
给对方说话的空间。	打断对方。
镇定地表达自己的观点。	太过情绪化。
坚守自己的立场。	态度激烈。
缓缓地深呼吸。	把事情往心里去。

应对冲突行为的策略

行为的种类	应对措施
消极 对所有事都会抱怨或提出反对意见	○ **保持积极的态度**：避免被拉低到对方的维度。 ○ 举几个你的**提议如何奏效**的**实例。** ○ 让把对方**“发现问题”的天赋**充分发挥在自己的项目上。
漠然 使用沉默作为进攻的武器	○ **允许沉默**，而不非要填补谈话的空白。 ○ 通过提出不只用“是”或“不是”回答的**开放式问题**，引导对方开口。 ○ 如果对方不开口，就暂停会议。**告知**对方会议没有什么效果，**提议再召开一次会议**或制订另一个行动方案。请对方考虑问题该如何解决。
强势 利用愤怒作为进攻的武器	○ 允许对方**发泄**愤怒。 ○ 用**同理心**待人。 ○ 等对方冷静下来后，**找出真正的原因**和解决方法。
独来独往 不把自己作为团队的一员	○ 告诉对方其他**团队成员**是如何看待他们的。 ○ **说明**其他团队成员提出的要求。 ○ 指出其**长处能对团队有什么帮助。**
激情满满，但收效甚微 经常出现表现不佳	○ 询问任务没有完成的原因，但避免挫伤对方**激情。** ○ 帮助对方**了解**如何把事情做好。 ○ 减轻对方的**工作负担。**

提高
效率

想要在做任何事情时提高效率，你可以借鉴一套基本的技能。就像机器里的机油一样，倾听、决策以及沟通等技能有助于顺利推进一切事物，为你的成功加速。

11
216 阅读和记忆
218 打造创造力
220 拿出自信
224 制定决策
230 学会说“不”
232 有效倾听

阅读和记忆

我们终日面对信息的狂轰滥炸。想要取得成功，关键在于有能力辨识出重要的信息并记在心里。在谈判或重要会议进行到高潮时，一条重要的信息有时便是决定成败的关键。

快速阅读

阅读教科书和消遣阅读有所不同。阅读教科书有一个特定的流程。先读导言，然后再读最后一章。到了这时，你应该能对本书的内容以及结构有所了解，并可以判断剩下的部分是否值得阅读了。如果你觉得这本书能让你受益，那就先阅读每一页的标题和图表。你会惊讶地发现，自己竟能捕捉到如此多的信息。浏览一遍之后，在通读这本书之前留一个空当，这将大幅提升你的学习效果。

浏览细节

阅读的速度越快，能学到的东西就越多。经过长期练习，你便能在浏览一份文件后记住足以展开谈话的信息了。刚开始的时候，你可以试着一口气阅读完整的句子。想要做到这一点，你的眼睛要集中在句子上，而不是每个单词上。逐渐尝试着一口气阅读整个段落。很快，你就能在扫视完一页的顶部、中部和底部后翻到下一页了。

尝试先将文件通篇浏览一遍。然后再用你的正常速度阅读。你会惊讶地发现，自己竟能捕捉到如此多的信息。

238

在英语中，**默读**的平均**速度**是**每分钟238个单词。**

从文件中汲取信息

获取信息时，试着先将文件通篇浏览一遍。然后再用你的正常速度阅读。事先浏览可以提高你的理解力和记忆力。如果你开会迟到且没有做好准备，那就试着浏览文件的一部分。你会为自己捕捉到的信息之多而感到惊讶。即使一开始没有奏效，你也会很快找到所需的绝大部分信息。

使用思维导图

制作思维导图是一种通过简单格式记录信息、方便记忆的有效方法。例如，想要通过创建思维导图来总结你读过的一本书的内容，那就先在纸的中间写上这本书的主题，然后从主题出发画出总结本书几大主题的枝干，接下来将包含子主题的较小枝干填满，最后，在思维导图外部的细枝上填补这些子主题的细节。

焦点话题

记住别人的名字

大多数人都担心记不住见过的人的名字。如果你也有此困扰，那就试试以下方法：别人自我介绍时，每次都要重复对方的名字。重复名字时，要看着对方的脸，找出一个能让你想起对方名字的特征。马龙先生是不是有着一头棕发，或者他拥有独一无二的特征，能让你对他过目不忘？如果对方没有令人记忆深刻的特征，那就试着想象对方将名字的含义表现出来，比如斯尼娅·斯托克斯为蒸汽火车加燃料的样子，或是保罗·帕森斯讲道的样子。

牢记信息

大胆使用图片和颜色，因为这会让你的思维导图更令人印象深刻，也会让你记住更多的内容。如果希望记住思维导图的内容，那就请在画好导图的第二天、一周后、一个月后、一年后分别进行回顾。

打造创造力

创造力能够给予你解决各种问题的能力或推动问题的解决，从而让你脱颖而出。有些人似乎生来具备创造力，然而，用创意解决问题其实是一种可以通过实践学习和打磨的技能。头脑风暴、重新定义问题和对标分析都是可用的技能。

找到创造性解决方案

放弃线性思维，让想象力自由飞跃，都能带来创造力。你的大脑所需的，就是实现这种飞跃的刺激因素。想要做到这一点，头脑风暴不失为一种技巧。将一群人聚在一起提出可行的解决方案，而不用评估为想象设限，这不但能激发活力，还有利于催生新的想法。另一个技巧是要求人们从不同的角度考虑问题，例如：“我们的客户会如何看待这个问题？”或者：“可不可以把问题反过来思考？”

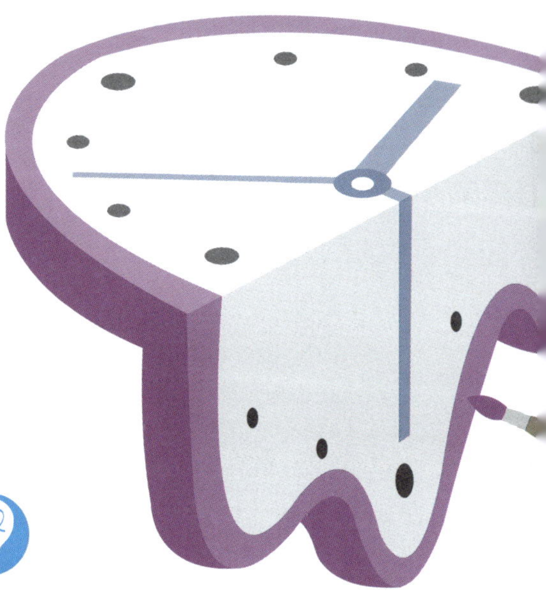

小贴士

刺激创造

如果想要激发自己的创造力，那就换换环境：散步，喝杯咖啡，放松一下，或者与他人交流互动。

在个人生活中也应发挥创意，这有利于培养你在工作中的创造力。想要刺激大脑，可以尝试用不同的方式完成工作，做填字游戏，学一门新的语言，参加假日活动，或寻找一种新的体验。

在个人生活中也要发挥**创意**，这有利于**培养**你在**工作中的创造力**。

提出该问的问题

面对问题时，限制我们思考的，往往是种种界限或规则。“因为……，我们不能这么做”，这是一种扼杀创造力的说法。相反，你应这样提问:“如果没有这个限制，事情会怎样？”这个问题会帮你想到所有可选的新选择和收益，在你的头脑中拓展出一个新的世界。会发现，通过清除限制因素，你往往会发现新的机遇向你敞开大门，这些难能可贵的机遇，值得你为之付出时间和精力。詹姆斯 · 戴森（James Dyson）不正是先提出了“吸尘器可不可以去掉吸尘器袋”的问题，才发明出开创先河的无袋吸尘器吗?

小贴士

利用压力

严格的截止日期有利于**提高你的创造力**。我们会发现，面对严格的期限，我们反而会想出**更多的备选方案和更好的解决方案**。然而，如果面对的问题很复杂，“睡一觉再说”有时也能帮你找到答案。

利用对标分析

并非所有问题都需要从零开始重新寻找解决方案。绝大多数问题都曾被人解决过，因此你要做的，就是找到解决方法。对标分析是一种非常有用的工具。

对标分析的重点在于流程的比较，也就是将你的企业的做事方法与另一家功能类似的企业做比较。首先要确保你了解自家企业的流程。由谁负责什么具体工作? 时限、方法以及原因是什么? 仅仅搞清楚这些，就能帮你想出改进的方法。同时，这种做法也为对标分析建立了基础，也就是将你的企业流程与所选择的对标对象进行比较。

应该选谁作为对标的基准? 在理想情况下，应找一家在你想要改进的流程上出类拔萃的企业进行比较。例如，如果你想要改进企业的发货功能，那就可以将自家企业与一家能够高效处理复杂订单的企业进行比较。

拿出自信

自信心难能可贵，能让我们不去担心失败，放手去做自己想做的事情。在某些情况下，即使害怕，自信心也让你看好自己，不依赖于别人的看法。自信的你能在必要时成为众人瞩目的焦点，而不必总是徘徊在别人背后。

积极思考

建立自信的第一步，就是关注自己的想法。把注意力放在积极的想法上。人们很容易把注意力集中在消极方面。比如，在考评会等契机获得的反馈中，尽管有五条积极的评论，但你却有可能紧盯着消极的那一条不放。

打造正面的想法

想要克服把注意力放在消极因素上的做法，你可以为成就和好评建库，对自己和自己的能力不自信时，便可以回味和反思。花点时间，认真回答下面这些简单的问题。

- 在过去一年和过去五年，我取得过什么成就？
- 我对什么成就最自豪？取得成就的时候，我有什么感想？
- 我擅长什么？针对你的天赋和技能列一份清单。
- 我从别人那里得到过什么赞美？

将注意力专注在每件事的积极因素上，不要让“但是……”这种消极想法潜入大脑。只用“成就库”里的内容来回答问题，心中出现动摇时，就从这个库房中提取答案。

留心脑中出现的想法。**专注于积极的想法。**

在**过去一年**和**过去五年**，我取得过什么**成就**？

73%

73%的女性在职场上经常感觉**缺乏自信**。

我**擅长**什么?

我**从别人那里得到**过什么**赞美**?

我对什么成就**最自豪**?取得成就的时候,我有什么**感想**?

案例研究

过度自信偏见

与缺乏自信一样,过度自信也是个严重的问题。在一次中型软件公司的客户会议上,一位在产品团队工作的年轻高管表示想对客服进行一些改变,但实际上,他还没有征得自家经理的同意。因为与客户的关系很好,他以为经理会对这个提议双手赞成,谁知经理却因为一些他没有考虑到的因素而不买他的账。结果,经理很生他的气,因为他在没有征得同意的情况下让公司在客户面前下不来台。

绕过经理私自做决定的高管所表现的,就是过度自信偏见,这是一种无意识的偏见,会导致人们对自己的职位、能力或理念抱有超乎寻常的自信。无意识偏见人人都有,且影响着我们对自觉意识之外的人、事或社会群体的态度。你可以考虑参加无意识偏见方面的培训,帮自己更清楚地意识到这些盲点,以便公平地对待别人,做出更好的决定。

管理思想

许多人的脑中都有一个声音，这声音提醒我们谨慎行事，并阻止我们做出伤害自己的事情。但与此同时，这声音也会妨碍我们尝试新鲜事物和向前发展：“这么做，会让自己出丑的。让别人去做吧。”听到这个声音时，问问自己：“如果这么做，最坏的结果会是什么？”“这种情况发生的可能性有多大？”“最好的结果是什么？”在大多数情况下，你会发现积极因素要大过消极因素，因此应该采取行动。如果消极因素更大，那么至少你已经对风险进行了理性评估，也对是否愿意承担风险心中有数了。

表现自信

建立自信的外表也很重要，这就是你在他人眼中的形象。即使感觉不自信，“表现”自信也会对你和周围的人产生影响。拿出自信的姿态，你就更有可能成为别人眼中的自信之人。这会巩固你对自己的信任，帮助你增强自信。

我们每个人都有坏习惯，无论是坐相难看、遇见人不打招呼还是经常抱臂（看起来非常傲慢）。花点时间思考一下你在别人面前树立的形象：这是一个自信而专业的人该有的样子吗？

问问自己……
拿出自信

		是	否
1	我是否能保持良好的姿势？（挺直腰板，保持肩膀下垂，放松颈部，这能让你的形象和话语都显得更加自信）…………………	☐	☐
2	紧张的时候，我会屏住呼吸吗？（急促而浅短的呼吸会让你头晕目眩、音调升高，暴露出你的不自信）…………………………	☐	☐
3	我是否应该避免交叉双臂这种拒人于千里之外的肢体语言，而是使用开放的姿态仿佛自己是主角一般昂首挺胸？………………	☐	☐
4	我是否避免了僵硬的动作，抑制住坐立不安的冲动，而保持了舒适而放松的坐姿呢？…………………………………………………	☐	☐
5	我的穿着是否时时整洁得体让人感觉舒适呢？………………………	☐	☐

最好的结果是什么？

11%

拿出**自信**的**姿态**，你就更有可能会成为别人眼中的**自信之人**。

思想积极的人的预期寿命会比一般人高**11%**到**15%**。

制定决策

你在事业或个人生活中所处的位置，都是你所做的决定的结果。每个决定都会关闭一些机会，而打开另一些机会。生活充满了艰难的选择，因此，做出明智的决定至关重要。

界定流程

做出重大决策不只是考虑几个选择那么简单。在敲定重大决策之前，应当思考、搜集信息、创建和评估备选方案。在这些问题上，时机至关重要：有的时候，你可以在考虑后果后将重大决策推迟，但大多数决策仍需抓住时机尽快做出。

决策流程

面临重大决策时，使用下文中描述的流程为你的决策制定构建出一定的体系。这个流程对你的重大个人决策很有用，对于你和别人的共同决策就更重要了。

小贴士

想象最糟糕的情况

想要避免拖延重大决策，可以针对每个选项设想出最糟糕的情况。想象最坏的结果可以帮助你正确看待恐惧，从而更好地接受不确定性。

使用下文描述的**流程**为你的**决策制定**架设一定的体系。

如何制定决策

01 设立评估标准

07 执行决策

06 评估收效

制定集体决策

集体决策能够让大家在决策中占据主动权，因此意义重大。确保所有相关人员都理解你要使用的决策流程，且明白自己要在每个阶段贡献什么信息。只要制定决策的过程在大家眼中是透明公平的，你的决策甚至可能得到那些对决策结果有异议的人的支持。但是，你必须遵循决策流程所带来的最终结果。如果没能做到这一点，大家或许会觉得决策太过专断，从而不愿再参与集体决策。

60%

人员多样的团队所制定和执行的**决策**，能带来比一般决策高出**60%**的结果。

设立标准

之所以要尽早设立评估决策的标准，原因有两个。首先，这些标准将决定你需要为制订决策收集哪些信息。其次，这些标准有助于决策过程的透明化。评判备选方案的依据，是每个参与者都心知肚明的。

为标准排列优先级

对于集体制定的决策，应在集体中制定评估标准并达成共识。你的企业有自己的标准，请确保将这些标准都囊括进去。如果得出的列表太长，那就让大家一致选出对决策最重要的标准，并进行优先考虑。

对于商业，评估标准通常是硬性的数字，例如用最小的成本做事，或者是获取最大的利润。在你的个人生活中，衡量的标准通常更为主观，例如你对购买房产的面积的看法，或者对地段有多合意。这两种类型的标准你通常都会用到，这就是必须运用判断力进行挑选的原因。

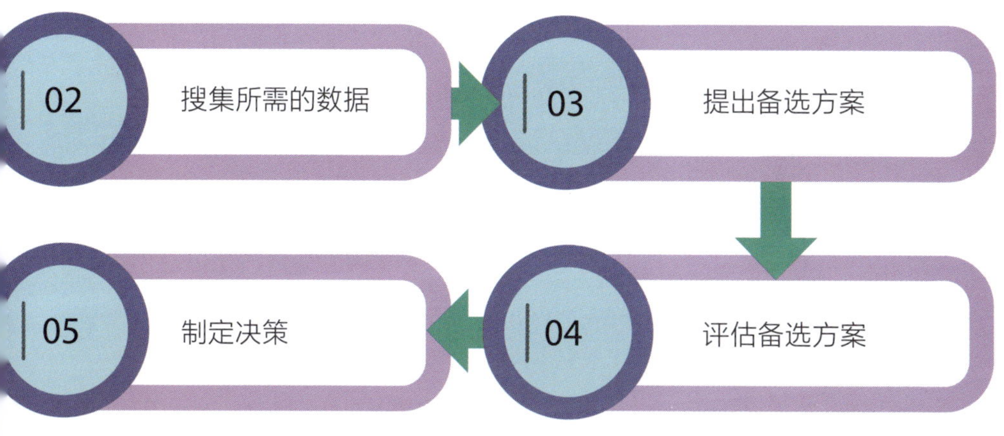

寻找替代方案

决策往往是备选方案之间的选择；因此，成功决策的基础，就是确定一套最佳备选方案并加以评估。进行广泛的搜索，但要切记，你无法评估所有信息。你可能需要动用创意，有时还得敢于“想不可想象之事”，但也不要忽视了那些显而易见的选项。

什么都不做，这是你应该考虑的另一个选择。什么都不做虽然有时不易做到，但却可能成为一个切实的备选方案。这至少为你提供了一个基准，用来对比其他的选项。有的时候，你可能会发现同时做两种选择也是可行的。在这种情况下，你需要进行更加深入的评估，但两难的境地有时也会随着问题的提出迎刃而解。

95%

决策有效性与**公司绩效**之间的相关性达到**95%**。

选择两辆面包车的决策图

每英里平均行车成本	年行车成本（1万英里）	15年行车成本	整体使用期成本	每年总成本
0.02英镑	200英镑	3000英镑	43000英镑	2867英镑

使用决策图

决策图可以帮助你对各种选择进行权衡。例如，假设你正在考虑为企业买一辆面包车，并找到了两个选择：面包车A是一辆全新的电动车，价格为4万英镑；面包车B是一辆二手柴油车，价格为2万英镑。你关注的是每辆面包车的长期行车成本。为了比较这两种选择，首先考虑每辆车的平均行车成本：面包车A每英里的平均行车成本是2便士，而面包车B每英里的平均行车成本则是15便士。

现在，你就可以创建决策图了。在计算预期行车成本时，用每英里的平均价格乘以面包车每年预期行驶的里程数（1万英里）和每辆面包车的预期寿命（面包车A为15年，面包车B为10年）。这样一来，得出的面包车A和面包车B的预期行车成本分别为3000英镑和15000英镑。

接下来，将这些数字加进面包车的原始价格中，计算出其使用寿命的整体成本。也就是说，购买面包车A并行车15年的花费是43000英镑（40000英镑+3000英镑），或每年2867英镑；而购买面包车B并行车年的花费是35000英镑（20000英镑+15000英镑），或每年3500英镑。

使用这些信息来评估你的选择，但要记住，这些只是平均预期成本。这样的平均数很少会出现，因此，你还需要通过考虑其他因素来评估风险。例如，每英里的价格会根据平均速度、行驶里程或燃油价格的变化而出现多大波动？

购买B面包车（柴油）：
20000英镑+10年使用寿命

每英里平均行车成本	年行车成本（1万英里）	10年行车成本	整体使用期成本	每年总成本
0.15英镑	1500英镑	15000英镑	35000英镑	3500英镑

制定决策

创建了评估标准并评估好备选方案，决策也就不言自明了。但请切记，在进行了所有的计算和分析之后，你仍需要根据对形势的判断做出决策。你必须判断每个因素的轻重缓急，也要决定对每个因素的重视程度。

理解情绪

有证据表明，如果不做出诸如这些判断的感性选择，你就无法做出决策。决策不完全是理性的，因此在面对让你感到不太舒服的决策时要多加注意。你的情绪或潜意识可能会向你透露一些“理性”分析忽略的重要信息。

焦点话题

处理风险

所有决策都包含风险。想要评估风险，那就提出下面这些问题。

- 我能想到的最好结果是什么？
- 最有可能出现的结果是什么？
- 我能想到的最坏的结果是什么？

然后，你可以对每种结果发生的概率做一个评估，并利用决策树图计算可能的成本。然而，不管计算得出什么结果，你仍需要继续提出下面两个问题。

- 如果最坏的情况发生，这个项目能幸存下来吗？
- 我做好迎接失败风险的准备了吗？

你的选择或许取决于你对于风险的耐受程度。别人所持的视角或许不同，因此要确保每个人都理解其中的风险。

你必须**判断**每个因素的**轻重缓急**。

将选择付诸行动

一旦做出决定，你就需要与那些参与决策制定以及会受到影响的人员沟通。制订实施计划，将权力下放给负责执行决策的人员。如果情况需要，那就任命一名项目经理和一名项目发起人来总体把控整个项目。

评估项目

一旦项目或任务完成，请对过程进行评估。重点不在于推卸责任，而是创造一个学习的机会。一些业绩最佳的公司会定期对项目进行重新评估，为未来发展积累洞见和汲取经验。通过反思可圈可点和有待提高的部分，你的个人决策能力也将得到提升。

学会说“不”

成功人士知道自己想要什么，明白如何实现目标，当被要求做的事情与自己的计划不符时，他们会说“不”。要想成功，决定不做什么与决定做什么同样重要。

小贴士

求得平衡状态

不要为了给老板留下好印象而加班。对于高级职位，雇主更喜欢全面发展的人，而不是工作狂。

保持平衡

在生活中，每个人都需要保持平衡。在雇主想从你身上得到的东西和你想从雇主身上得到的东西之间，你必须找到一个平衡点。你从雇主身上得到的东西不只是金钱，还有培训、经验以及公司为你的职业生涯打开的机会。

评估工作时间

除此之外，你还必须平衡你的工作和家庭生活。如果你想出人头地，雇主自然会希望你具备一定的责任感和灵活度，你大可不必逆来顺受。确定你愿意为雇主付出以及为自己保留的时间，坚持自己做出的决定，即使在家办公也如此。有的时候，你的确需要在短期内付出巨大的努力，可能需要在工作上投入大量时间，但如果雇主不给予回报，那你就应该考虑一下自己的处境了。

确定你愿意为雇主付出多少**时间**以及为**家人**保留多少时间，**坚持**自己所做的决定。

问问自己……

我能从中得到什么好处？

		是	否
1	之所以做这件事，是否因为我必须要做，而不是因为我想要去做？	☐	☐
2	如果是必须要做，是因为我会得到什么回报吗？	☐	☐
3	如果是必须要做，我能不能让这个任务变得更有趣，或者使之与我的长期目标更加契合？	☐	☐
4	做了这件事，我能得到认可吗？	☐	☐
5	完成这个任务，能帮我实现目标和抱负吗？	☐	☐
6	完成这个任务，能给我带来一段可以写进简历的经历吗？	☐	☐
7	完成这个任务，我能使收益最大化吗？	☐	☐
8	如果拒绝，会有什么后果吗？	☐	☐

恰到好处地拒绝

使用判断力来评估自己说“不”的时机和频率。被视为总是说“不”或是拒绝困难工作的人，对你的形象没有什么帮助，因此要确保拿捏其中的平衡。在可以拒绝的场合，要果断而礼貌地说“不”。

对项目进行评估

有的时候，或许你会面对这样的情况：同事试图把不想自己去做的工作交给你，认为你足够热心、通融，应该会答应。如果遇到这种情况，在接受前要再三考虑。对项目进行评估：如果真的火烧眉毛，而你又可以提供帮助，那当然要伸出援手。然而，如果没有合理的原因，而且你感觉对方有可能养成把工作推卸给你的习惯，那你就该说“不”。在拒绝时，要做到礼貌、坚定。不要找复杂的借口，只要说：“对不起，这次我帮不了你。我自己的工作量也很大。”

小贴士

考虑周全

考虑说“不”的决定可能带来的影响。例如，如果你的老板或朋友遇到了严重的麻烦，拒绝帮助可能会损害你和他们之间的关系。

有效倾听

说话几乎人人都会，但善于倾听的人却少之又少。如果你善于倾听别人错过的信息，你就拥有了一个独一无二的优势。优秀的倾听者也更加善于与他人建立融洽的关系，因此，有效的倾听是一种需要培养和打磨的技能。

做一个优秀的倾听者

听和倾听是不一样的。你或许听到了一些信息，但却没有消化或加以回应，仿佛左耳进右耳出一般。当你真正倾听的时候，与你对话的人便能感知到你在倾听，并心怀感激。倾听需要集中注意力，如果你正忙着思考接下来要说什么，那就不可能精力集中。请将注意力置于当下。用心聆听时，你会发现自己的回应是有感而发的。

阅读所有信号

倾听说话者发出的信号，而不要只听话语。思考对方的语音语调、抑扬顿挫向你传达的词句背后的意思。表里是否一致？如果不一致，那么对方没有说出口的信息是什么？说话者的肢体语言也很重要，你的潜意识或许能捕捉到其中的奥秘。说话者的肢体语言和口中的话是否一致？

确认自己的想法

在倾听时，确保自己理解对方在说什么。把你的理解总结出来，如果有必要的话，请说话者把说过的话重复一遍，若不确定，就让对方进一步说明。千万不要不懂装懂。

画上圆满的句号

最后，确保这次交流有个好的收尾。如果谈话的结果需要你进一步采取行动，那就总结你听到的内容，然后谈论准备采取的措施。将大家协商好的接下来的措施记录下来，最好有同事在场。这种做法能够突出刚才讨论和决定的事项的重要性。即使要等到会议结束后，也务必把重点记录下来。

小贴士

远程聆听

在远程沟通中，你对声音或肢体语言细微变化的敏感都会打些折扣。在**安静的地方**打电话，做好让对方**重复某些信息**的准备。在视频通话时，**仔细观察屏幕画面**，捕捉一切信息。

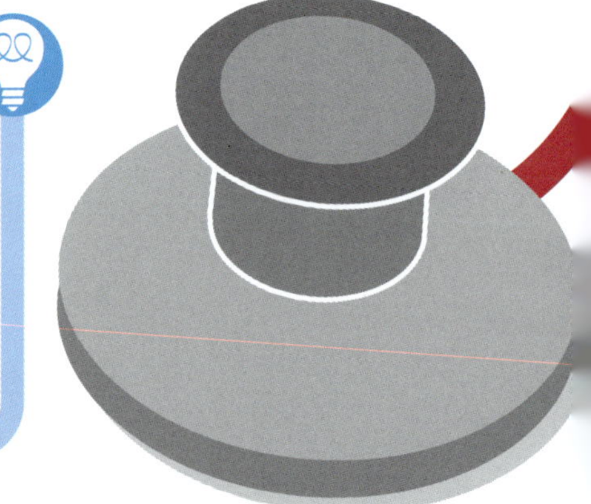

给出建议

有的谈话会让你感觉对方实际上是在寻求建议。对于这种情况，要多加小心。等别人主动征求建议，要比未经提示便主动提议好。如果你真的觉得自己可以给予重要的见解，那就问问对方是否想听，但要做好被拒绝的准备。或者，你也可以把自己处理类似事件的经历讲出来，用讲故事的方法给出建议。但是，这种方法要慎用，因为没有两种情况是完全相同的。

谨慎表达同理心

爱莫能助的情况也时有发生。对方之所以对你讲述，也许只是想找个倾听对象。在这种情况下，你的角色要做的便是仔细倾听和理解，让对方知道，如果需要的话，你随时都在。最重要的是，在有人向你吐露秘密时，请做好保密工作。

当你**真正倾听**的时候，与你**对话**的人便能感知到你在倾听，并**心怀感激**。

问问自己……

有效倾听 是 否

回想你最近一次进行的推心置腹的对话。

1 我真的倾听对方在说什么吗？ ☐ ☐
2 在对方讲话的过程中，我的回应是否得当？ ☐ ☐
3 我的行为是推动还是打断了谈话的发展？ ☐ ☐
4 我的问题是否问得巧妙且得体？ ☐ ☐
5 我对谈话的收尾是否得当？ ☐ ☐
6 我是否提供了帮助？ ☐ ☐

取得成功

要想在职业生涯中取得成功，你需要积累一套彼此关联的高级技能，其中包括领导力、管理技能、人际关系及个人发展等。无论是靠自己还是借助经验丰富的导师的帮助，都请对自己的进程进行定期监测和调整，这是成功过程中不可或缺的一部分。

12
236 建立人际网
242 与导师合作
244 步步高升
248 回顾你的计划

建立人际网

人际交往的重点，是结识一群能给你的事业和职业带来价值的熟人。这是一个双向的过程，只有付出才有回报。建立良好的人际关系能给你带来竞争优势，但许多人都觉得为了认识人而外出参加社交活动的做法太过刻意。在网上建立人际网，或许能减少社交的尴尬。

六度分隔理论

美国社会心理学家斯坦利·米尔格拉姆（Stanley Milgram）的研究表明，只需将几个熟人联系起来，就能将世界上绝大多数人联系在一起。建立人际网能让你得到丰富的知识和专业技能；也能让你收获具有竞争优势的信息，建立良好的声誉，甚至找到下一份工作。随着事业的升迁，你认识的人也变得越来越有分量，有时甚至有着至关重要的意义。

79%

79%的专业人士认为，**人际关系对事业的成功**至关重要。

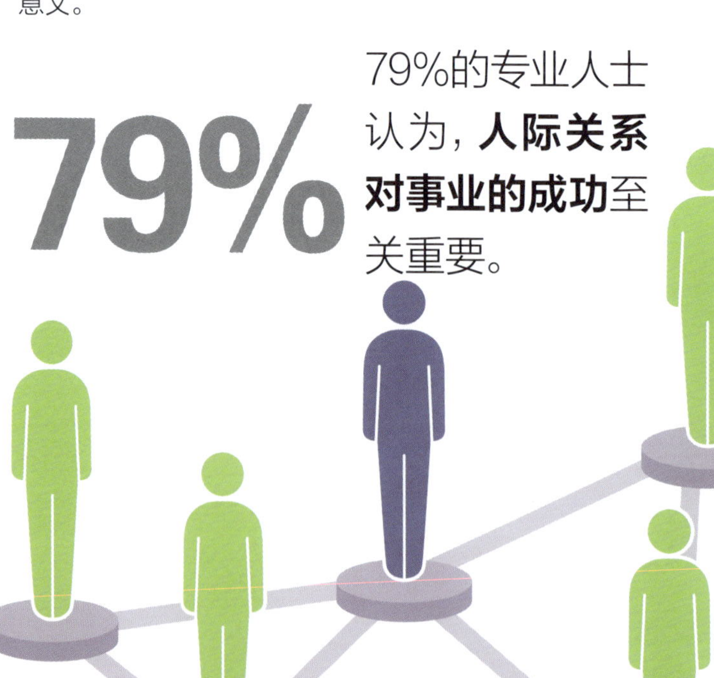

评估人际网

建立社交网络的重点在于建立关系，而不是推销。你的网络不仅应该包括客户，还应该包括职业或行业中可以与你分享经验的其他人，以及供应商、顾问和其他具有影响力的人物。不要忘记企业内部的人际网，在大型企业中，内部网络可能与外部联系人一样重要。

广交良友

越来越多的人会在线上通过有的放矢的研究或商业人际网结识业务联系人，但传统的线下人际网仍是无法代替的。在任何地方都能结识新人。敞开心扉迎接机场或电梯里的偶遇，这些意料之外的社交机遇，有时会带来不可估量的价值。

小贴士

为人际关系网寻找目标

将你**想要认识**的人列成一个“黑名单”：睁大眼睛，竖起耳朵，**寻找**接触和帮助他人的**机会**。

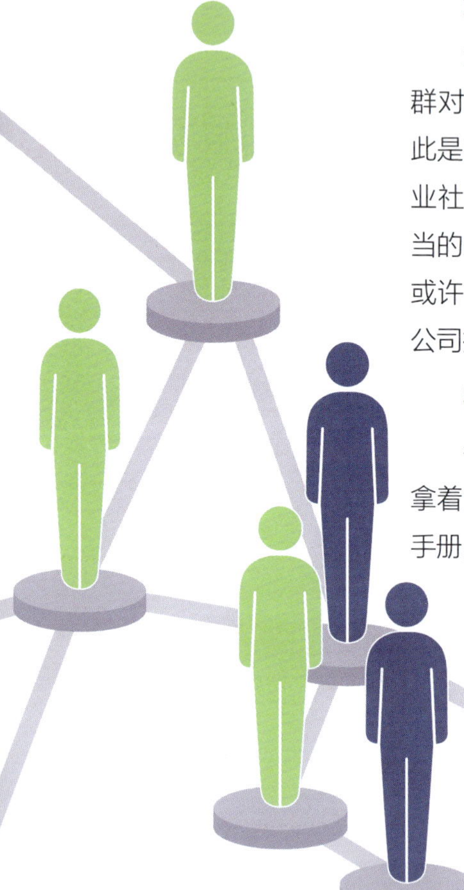

选择一项活动

无论是现实还是虚拟世界的会议，都可以将一群对同一话题抱着不同兴趣点的人聚集在一起，因此是建立人际网络的绝佳机会。例如，在一场关于企业社会责任的会议上，你可能会遇到与自己地位相当的来自其他企业的人员或该领域各方面的专家。你或许会结识减少环境污染的设备供应商，或是能为公司提供建议的顾问。

有效参与线下会议

参加线下会议时，不要带太多东西。如果你双手拿着大包小包、各种文件、笔记本电脑和成堆的销售手册，那么很难表现出泰然自若的样子。

焦点话题

引见大家认识

在会议上，努力把你的熟人介绍给其他人。一般公认的规则，是把级别较低的人介绍给级别较高的人。也就是说，应该把同事介绍给客户，把经理介绍给主管。试着提供一些你要介绍的人的基本信息，以此作为谈话的引子。比如说："列奥，我想介绍你认识哈利玛，她参与过我们的企业社会责任项目。"如果不方便自我引见，那就干脆托别人把你介绍给他们的熟人。

问问自己……

为会议作准备

		是	否
1	我是否**仔细读过**出席名单并标出了我想见的人？	☐	☐
2	我有没有事先**调查过**这些人的背景信息？	☐	☐
3	名单上有我**认识**的人吗？	☐	☐
4	我是否知道会议的**着装要求**？	☐	☐
5	我带**名片**了吗？	☐	☐

走进一间挤满人的房间，的确有些让人生畏，但你可以采取一些措施，表现出镇定的样子。面带微笑入场，看现场有没有什么熟人。先跟认识的人聊一会儿，这可以帮你放松心情，但注意不要聊得太久。

自我介绍

如果你谁都不认识，那就加入聊得不算热火朝天的两三人小组。微笑着说："你们好，希望我没有打扰到你们的谈话。我是……"说出你的名字和供职的企业。几乎每次，对方都会微笑回应，邀请你加入他们。

如果条件允许，尽量扩大交谈的人群。这能让你认识更多的人，方便你在适当的时候离开。注意你的身边有没有人，在说话时面向他们。在讲话时，既要面对新来的人，也要面对所有人，这样，你就可以把新来的人带入对话中。

和与会人员交流

把注意力放在你小组里的人身上，不要在房间中四处扫视，这么做，你就无法与小组成员建立融洽的关系了。提一些揭示大家共同点的开放性问题，并确保给小组中的其他人发言机会。在结束谈话时，要做到彬彬有礼。如果想要保持联系，那就提议交换信息。

网上社交

参加网上会议时，你不能像在线下会议上一样认识人。在会议开始前，在社交媒体上发布消息，并在与会者名单上注册，让别人知道你要参加会议。在与会者名单上找准你需要结识的人。会议一开始，在会议的平台和社交媒体上发布留言和提问，并添加会议的主题标签。通过发送私人信息的方式联系与会者，参加破冰或虚拟聚会活动。会后，不要忘记跟进：对大家表示感谢，继续在线上交流，并想办法把话题进行下去。

记录联系人

如果不对联系人进行记录和跟进，建立人际网的时间就白白浪费了。你的记录可以很简单，只需要姓名、公司、联系方式、会议内容、对谈话的简短描述，以及你认为这个人对你有什么用处以及你对对方有什么用处。有些人认为，不妨用右侧的方式将联系人分成几组。

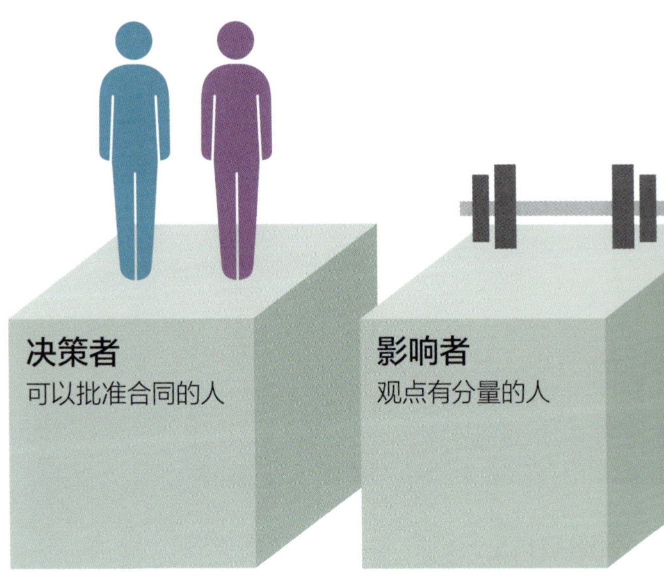

拓展你的人际网

你可以使用在线平台、手机联系人功能或二者结合的方式来记录和管理联系人。但是，无论选择什么方式，都要记得你的人际网清单是需要培养和维护的：如果不定期联络，人们就会渐渐疏远。定期回顾你的清单，寻找那些明显的空缺。请记住，即使这些人离开公司，他们仍是你的联系人，所以要保持联系。这些人或许已经踏上了更辉煌的前途，对你的用处更大了。

49%

49%的人都觉得因为**时间紧张**而难以与人际网**保持联系**。

如何跟进联系人

每次参加会议后**都要**发送表达感谢的邮件或短信。

桥梁
能把你介绍给别人的人

连接者
与你想见的人有共同联系人的人

守门人
挡在你和想见的人之间的人

设置备忘提醒，联系过去两个月里没有联系过的人。

只在有实际目的时再**安排会面**，否则，通过邮件或在线发一些有用的信息就行。

如果你**确实想要会面**，那就确保对方明白其中的原因，并划定会议的时限。

在见面时**提出一些新的想法**，启发思考。

与导师合作

找到并利用一位优秀的导师，对你的事业和个人身心健康都大有裨益。一位优秀的导师不仅公平公正，在关键领域比你拥有更丰富的经验，还能供你安全倾吐心声，为你提供有效的忠告。

定义角色

导师是那些引导他人度过变化不定的阶段、最终达成约定目标的人。他们可以在很多方面为你提供帮助。首先，导师可以帮助你在一个安全的环境里解决问题。他们或许不会帮你解决问题（这是你自己要学着做的事情），但却会通过提出问题来鼓励你分析自己的处境、提醒你注意陷阱和其他备选方案。其次，导师可以给你提供建议。这或许是建议你该采取什么行动，或是指引你应在企业中向谁寻求帮助。导师可能会为你指出适合的培训和发展计划，或者建议你应该考虑参与哪些项目。

最后，导师可能会打开你的职业生涯。他们有机会接触到尚未被广泛普及的工作机遇，可能会建议你从未考虑过的职位。如果这些导师是企业外人员，他们或许拥有自己的人际网络，但不要指望导师会把这些关系介绍给你。

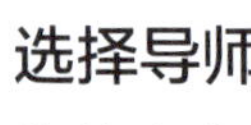

选择导师

你的企业或许有自己的导师服务，如果没有的话，你就必须要建立起较为非正式的导师关系。毋庸赘言，你选择的导师必须拥有你想要获得的经验，而且应该能与你建立起良好的工作关系。你的导师可能并不是你工作领域的技术专家。这或许能让你从一个全新的视角看待问题，因此是一个宝贵的优势。

英国的受指导者表示，为了获得**导师**的支持，他们平均每月愿意支付**195英镑**。

问问自己……

我需要哪种导师? 是 否

1 我决定好是从企业的**内部**还是**外部**选人了吗? ☐ ☐

2 我有什么需要帮助才能解决的**具体问题**吗? ☐ ☐

3 这是不是一种**短期的需求**,而不是长期的关系? ☐ ☐

4 我的导师是否应该具备**某个领域的专业知识**(如心理学、领导力、职业指导)? ☐ ☐

一位优秀导师的特质

一位优秀导师的特质,取决于你所处的环境和所扮演的具体角色,但所有导师都该具备以下几点。

- 是一个你尊重和信任的人,不总是同意你的意见。
- 是你觉得可以作为榜样的人。
- 会用心倾听,探究你话中的深意,以便理解你。
- 一个真正对你和你想做的事情感兴趣的人,一个在你需要帮助时会出手相助的人。

企业内导师

导师通常独立于直线管理关系而存在,但你的老板或许可以担任理想的导师候选人,尤其是与你的年龄和资历差距悬殊的老板。为此,有的公司专门设立了总经理助理等相应的职位。

有一位非常资深的经理或董事作为导师,可以为你打开一扇大门,让你结识那些在正常情况下结识不到的人。此外,这也能让你了解企业的人事关系,认识职业发展机遇,并在遇到问题时给你提供帮助。

小贴士

三思而后言

切记,你的老板是企业的一部分,如果对方成了你的导师,要谨言慎行,不要把你的抱负或个人生活的方方面面全部公开。

步步高升

对于一些人来说，所谓理想的职业，就是在企业内及时步步高升。然而，想要在工作中获得满足，你往往需要在一家新公司里寻找一个新的角色。迈出的每一步，都应该为你的职业发展提供经验，因此，你应谨慎选择机遇。那么，如何判断什么时候是改变的最佳时机，而什么时候又该保持现状呢？

实现晋升

想要在企业里获得晋升，取决于你的表现是否出色以及是否有能力肩负更大的职责。你或许需要提高自己在企业的可见度，培养重要的内部联系人，让自己的名声得到更好的宣传。努力让自己成为团队的代言人，或者就工作的某些方面发表演讲，以便接触到更多的观众。许多大型企业都会推行快速晋升的通道，因此要确保你的老板和人力资源部门知道你对快速晋升感兴趣。

考虑你的选项

一份工作只是一个头衔，你从中获得的经验以及在日后的职业生涯中如何利用这些经验，才是重点所在。举例来说，如果你是一名文职人员，为什么不自愿参加现有的职业发展计划，努力提升企业的效率呢？如果人们不觉得你具备管理能力，那你可以自愿在慈善组织等企业外的机构寻求一份职务，打磨领导能力。与老板讨论可供你选择的机会。如果你是一个有价值的员工，雇主自会关心你的未来。

更换工作

想要实现自己的目标，你或许需要离开现在的企业，但不要不经三思就盲目行动。问问自己下一步想去哪里，而不是一心只想逃避现状。在三年到五年后的简历上，这次跳槽你会扮演怎样的角色？简历上的内部晋升经验，往往会博得未来雇主的好感。最重要的是，你要极尽努力，确保不要在离职时闹出不愉快，想要找到下一份工作，你可能还需要现在的雇主写一封热情洋溢的推荐信或证明书呢。

寻找机遇

潜在雇主想要寻找的，是以下五种特质的证明：

01 相应的**资质条件**

02 一系列相关**经验**

03 该职位要求的特殊**技能**

04 **之前任职**的岗位

05 在之前岗位上做出的**成绩**

在面试阶段，雇主也会对你的**态度以及与企业的“契合度”**进行评估。查看招聘广告，并将广告放在这些特质的背景下进行解读。

问问自己……

决定何时离职

	是	否
1 我是否已经从目前的工作中**获取**了所有的**经验**？	☐	☐
2 我是否已经将所有可用的**发展机会**都用尽了？	☐	☐
3 我是否渴望**做出改变**？	☐	☐
4 我是否担心企业的**未来**？	☐	☐
5 这份新工作真的是一次**晋升**吗？	☐	☐
6 这份新工作能提供我未来所需的**经验**和**机遇**吗？	☐	☐

找到新工作

寻找下一个职位时，确保你考虑并提及了招聘人员在你的申请材料中要求的五项特质。

经验是你通过**每一份工作**和**每一个项目**积累的。

成功申请工作的要点

01

资质 资质能够显示你的潜力，因而在较为初级的工作中尤为重要。即使是为获得资格证付出的努力，也向现在或未来的雇主彰显了你的努力和雄心。仔细研读你专业领域中的招聘广告，分析雇主需要什么样的资质；如果你还不具备，那就报名参加相关的课程。

02

经验 经验是无可替代的，但雇主并不一定要找那些在同一个岗位上工作了很长时间的人，一般来说，两年到三年就足够了。如果你在一个岗位上付出的时间较少，尤其换过几次工作，可能会被视为缺乏责任感。如果你长时间待在同一个岗位上，也可能会被视为太过故步自封。

经验是你通过每一份工作和每一个项目积累的。如果犯了错误，就要从中吸取教训。仔细审视你所做过和学到的一切。另外，也可以找人帮你完成一个项目，这样，你就可以从中实时学习。有时，导师、关系要好的同事甚至是家庭成员，都可以扮演这个角色。

03

技能 这本书中，介绍了谈判、演讲、管理时间、主持会议等任何工作中所需的多项基本技能。想要磨炼技能，请确定你喜爱的学习方式，选择最适合你的开发技能方法。

- 阅读书籍、行业杂志或在线培训材料，对你的学习效果而言是否最为有效？
- 你更喜欢在教室里、会议中，还是从同事那里学习？短期课程让你有机会远离同事，在一个安全的环境中发展特定技能。
- 实操对你的学习效果而言是否最为有效？一个最有效的学习方法，就是把学到的东西教给别人。

04

职位 显赫的职位头衔会为你的简历增光添彩，可能让你进入面试的候选名单，但却不能代替实际经验。被新雇主面试时，漏洞肯定会被暴露出来，因此，请实事求是地介绍自己。

申请新工作时，要查看招聘广告上的职位内容是否与头衔相符。这个职位真能提供你想要的经验吗？例如，总经理助理的头衔可能听起来很大气，但在现实中，你是作为总经理的代理，还是仅仅是个文书助理？

05

成果 几乎所有的招聘人员都会寻找成果，如果他们在你的简历中看不到进步的迹象，甚至不会把你列入候选名单。更加敏锐的招聘人员则想要看看你在困难和棘手的情况下作何表现。他们想知道你是不是一个会汲取经验的人。面对这个要求，你可以讲述自己过去的成功案例。例如，比较下列两种陈述。

- “我在开普敦的一个部门做了三年的财务总监，每个月都按时结账。”
- “我领导了一个用新软件取代老会计系统的项目：这个项目不但按时交付，而且未超预算。”

第二句话清楚地表达了成绩，而第一句话只是描述了职位。表达你如何抓住发展机会并取得成果，这会让你在人群中脱颖而出。

推动你的职业发展

应该做的事	不该做的事
○ **努力获得未来需要的资格证书。**	○ 只专注于提高你的技术技能。
○ **展示从初级角色到重要角色的晋升过程。**	○ 只凭资质优异就期待晋升。
○ **寻找新的体验，积极从中汲取经验。**	○ 把个人发展的责任推给雇主。
○ **找一位导师协助你的个人发展。**	○ 因没有升职而心怀不满。

回顾你的计划

计划个人的职业发展是实现高绩效不可或缺的一环，但计划往往会被变化所取代。新的机会会出现，环境也会改变，因此，回顾自己的进程是至关重要的。

浏览你的成果

我的雇主对我的印象如何?

我的雇主:

○ **认为**我有用吗?

○ **重视**我的贡献吗?

○ **认为**我应该升职吗?

○ **信任**和尊重我吗?

○会在超出我职责范围的项目中**任用**我吗?

监控你的进步

根据你的发展计划来回顾自己的进步，至少做到一年一次。问问自己:

- 我有没有达成在计划中设定的目标? 如果没有，原因是什么?
- 我的目标是无法实现，还是需要更长时间?
- 我实现了哪些计划之外的目标? 这给我提供了什么样的新机遇?

回顾计划

回顾一下你的发展计划，看看是否仍符合你在个人生活和职业生涯中想要达到的目标。思考一下，计划是否已经因为你的进步而失去意义，或许是因为新机遇的出现，或许是因为你的目标已经改变。你需要对计划进行修改，还是从头开始打造一份新的计划?

发展不仅仅包括职位和工作上的进步。成功人士往往会全面发展，他们拥有五花八门的兴趣和经验，并不以赚取的财富或拥有的地位衡量自己的成功。针对当前获得的成绩提问，对自己的发展进行评估和回顾。比如说，你的表现如何，发展和学习情况如何，你如何从工作中获益，以及在雇主眼中的形象如何。

针对**当前获得的成绩**提问，对自己的**发展**进行评估和回顾。

我是如何从工作中获益的？

对于以下因素，我是否满意？

○ 我的**工资水平**？

○ 我享受的**福利**？

○ 我的工作与**生活平衡**？

○ 这份工作能给我的**机会**？

○我**现在的职位**？

我的发展情况如何？

我是否：

○ **完成了**自己制定的发展目标？

○ **确保**自己的技能跟上时代？

○ 在这周的工作中**学到了**经验？

○ 在过去的6个月里对发展计划进行了**回顾**？

我的表现如何？

我是否：

○ 在一支完成工作目标和指标的团队中**工作**？

○ 能**一如既往地**达成工作目标和指标？

○ 为同事提供了**支持**？

○ **具备**做好工作的经验、技能、支持和工具？

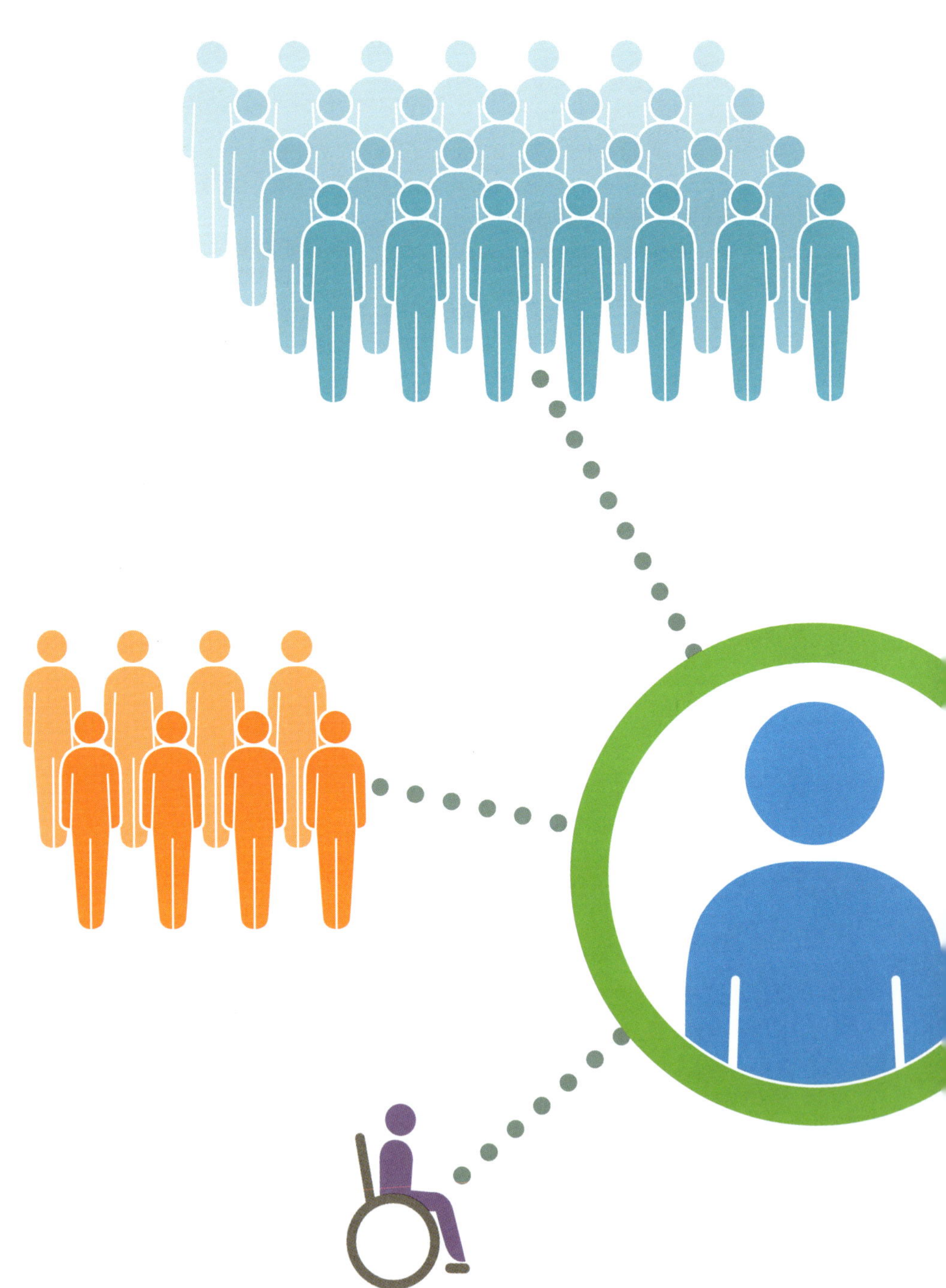

有效沟通

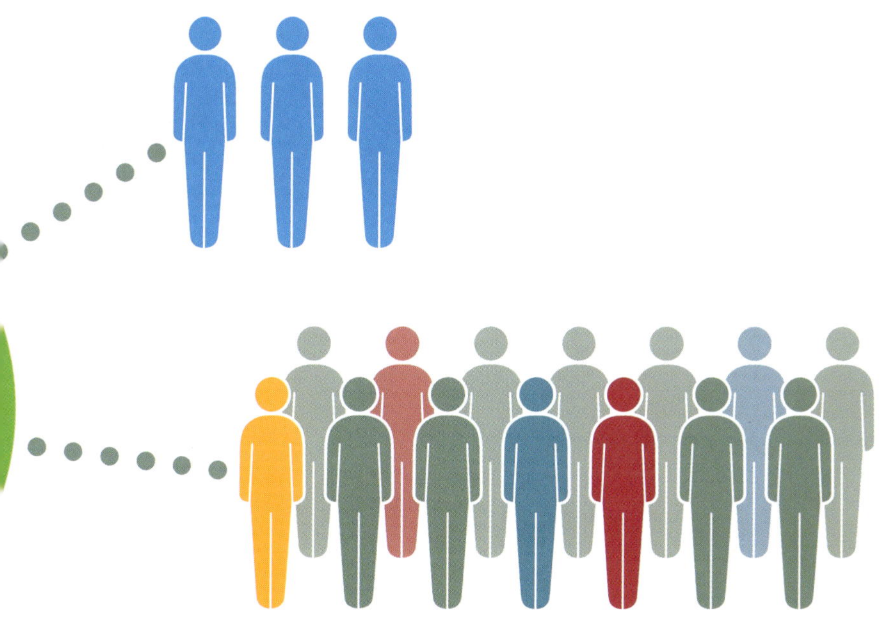

理解
沟通技巧

沟通不仅仅是一种交流思想或交换观点的方式。沟通的过程让我们得以与他人互动，寻找对日常生活至关重要的信息，从而建立对工作环境的把控。

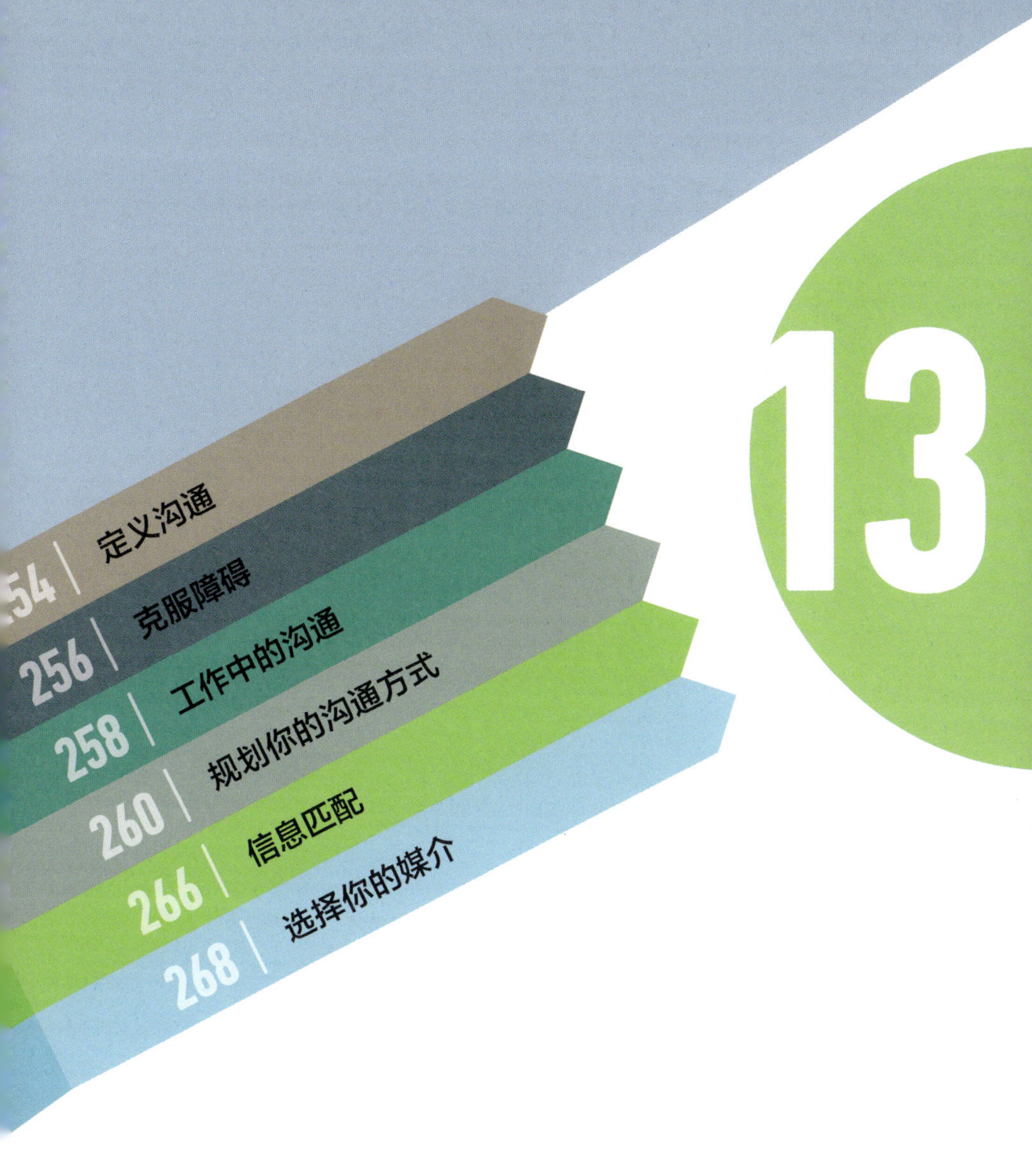
13
54 定义沟通
256 克服障碍
258 工作中的沟通
260 规划你的沟通方式
266 信息匹配
268 选择你的媒介

定义沟通

把沟通视为一个过程，信息的发送者和接收者对各种媒体传输的信息进行编码和解码，而这些信息则可能会被“噪声”所阻碍。沟通的目的是建立一种共识，以便产生理想的成效。

相互理解

人类并不是唯一能够交流的生物，几乎所有的生命形式都有发送和接收信息的能力。然而，在已知的生物体中，不仅能通过信号和图像进行交流还可使用商定好的符号进行沟通的，却只有人类一种。

如果将沟通视为意义的传递，那么对于我们每个人来说，成功的沟通便意味着对方会用与我一样的方式理解事物。也就

定义沟通层级

内心沟通

这是指每个人**内心**的沟通，包括向身体的各个部位发送信息、反复思考问题，或者自己默默解决问题。

人际沟通

这是指**人与人之间**的沟通，以口头或非口头的形式由一个人向另一个人传递信息，旨在将意义从一个人传递给另一个人。

企业内沟通

这是指**企业背景下**的沟通，跨越权限层级发送和接收消息，利用各种渠道讨论关乎所属小组或供职企业利益的话题。

大众或公共沟通

这是指通过互联网、印刷媒体或电视，由一个人或一个来源**同时向多人**输送信息。

是说，发送者的意图和接收者最终理解的内容达成了一致。

理解原则

沟通涉及了跨越多时代和文化的诸多原则。其过程无一例外具备以下特征。

- 充满变化：沟通无时无刻不在变化之中。
- 持续不断：即使挂了电话，你仍在传递已经没什么可说的信息。

小贴士

减少噪声

所谓“噪声”，是指任何阻碍沟通的因素，如欠缺写作技巧，或是网络信息差。沟通的成功取决于对噪声的克服，因此，请确保你的信息**清晰、简洁、切入要点**。

- 循环往复：沟通很少是单向的。我们每个人都在从外部世界获取信息，确定其含义并做出回应。
- 不可重复：即使我们用完全相同的方式将信息重复一遍，由于对方听过这句话，所以回应也会有所不同。
- 不可撤回：说过的话“覆水难收”，即便对方让我们忘掉说过的话，造成的影响却是抹不去的。
- 错综复杂：我们每个人赋予话语的意义都有所不同。造成这些不同的是我们的背景、教育和经验，这意味着，误解的可能性总是存在的。

如果将沟通视为**意义的传递**，那么成功的沟通便意味着对方会用与我一样的方式理解事物。

克服障碍

为什么沟通的尝试经常失败？从广义来讲，阻碍我们成功沟通的障碍有两个：一是我们的身体和大脑的运作，二是认为别人理解和接触世界的方式与我们一模一样的主观臆断。

打破沟通阻碍

我们接收到的关于世界的信息来自感官。然而，感官受损的情况时有发生，信息源提供的信息不足、无法进行准确解读的情况也可能出现。在向他人传递信息时，我们必须意识到这样一个事实，即对方理解与体验事物的方式可能与我们有所不同。

克服沟通障碍

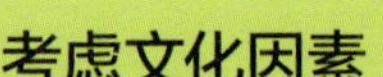

要知道，不同的**背景、教育**和经历会让人们对事情抱以不同的期望。你看待世界的方式并不是唯一的。

不要急于下结论

在**充分掌握信息**之前，永远不要做出判断。要认识到，我们使用的数据往往是不完整的。

注意你的语言

认识到语言包含不同层次的**意义**。人们会对同样的话语产生不同的反应，尤其是对于模糊或笼统的话语。

控制你的感情

试着用冷静的头脑来传达你的信息，你可以征得别人感情上的支持，但**不要让你的情绪占上风**。接受别人可能对某个话题抱有强烈情绪的事实。

打破刻板印象

不要假设一个团队的所有成员都拥有同样的性格特征。抛开你可能有的刻板印象，把每个人都当作个体来对待。

在向他人传递信息时，我们**必须意识到**这样一个事实，即对方理解与体验事物的方式可能与我们**有所不同**。

确保理解

沟通不仅仅是信息的发送和接收。如果消息被传递出去但未被理解，那么沟通就等于没有发生。我们所处的文化和所属群体的规范，都可以对我们感知信息、事件和日常生活经验的方式产生影响。如无意识偏见等个人的心态，也可以形成障碍，影响我们的理解以及对外界刺激的反应。

学会辨识可能阻碍沟通的障碍，并掌握加以克服的方法。例如，对话时要观察对方的反应，确保对方能理解。记住，理解的障碍或许深埋在你惯用的信息解码方式之中。因此，时时刻刻都要尽可能保证沟通的清晰、明确。

工作中的沟通

沟通是人类体验的核心技能。人人都知道如何沟通，因为我们从出生起便开始交流，而且每天都会积累更多的经验。那么，为什么工作中的沟通会如此困难？作为一名管理者，了解信息发送者和接收者的沟通性质如何在职场环境下改变，这一点至关重要。

调整你的方法

有几个因素会改变我们在工作环境中对待沟通的方式。每个人都有自己的沟通方式，但在一家企业中，我们往往必须调整自己的方式，以适应同事和上司的需求。如果你把受众的偏好放在自己的偏好之上，尤其在面对老板和客户时，那么你通常就会更快获得理想的成效。沟通的方式也要以你在企业中的职位为基础。职位越高，沟通时就需要考虑更多。随着职位的提升，你也需要记住更多的信息，这种与自己进行的沟通，在日后可能会被别人作为评判你的标准。

适应你的环境

与企业中的工作人员一样，企业也在不断的变化之中。随着市场条件和经营者生活境况的变化，业务也必然有所不同。你的沟通方式必须与所处的环境相适应。然而，这绝不能成为你在虚假文件上签名的理由，也不能成为传递不实信息的借口。

适应文化

所有的沟通都必须符合企业文化。不同的企业所接受的沟通方法可能有很大的差别：例如，一些企业要求员工将每个问题都以电子邮件的形式写下来，并在集体会议上提出之前进行传阅。而其他企业的沟通则更偏向口头化，会让员工在用文字记录之前先把事情讨论明白。

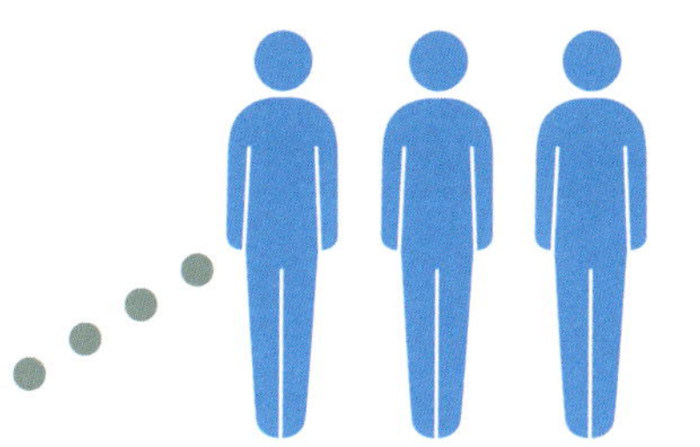

许多公司会遵循特定文化来传达日常信息。想要在这样的企业中取得成功，你必须适应现有的文化，而不是试图改变或要求文化来适应你。

问问自己……

调整你的风格

		是	否
1	你是否了解你**供职的企业的文化**对你需要使用的沟通方式产生了什么影响？	☐	☐
2	你是否对**写作和说话风格**进行了调整，使之适应你供职的企业的文化背景？	☐	☐
3	你是否改变了自己的风格，使之适应**公司体系**或行业环境中出现的变化？	☐	☐
4	你是否留心上司在沟通上的偏好，并对自己的**听、说、写作**风格进行了适当**调整**？	☐	☐

规划你的沟通方式

让对方听懂你的话语，读懂你的文字，或者看懂你展示的东西，其实并不容易。该如何说服对方相信关注你的信息对他们有利？想要确保你的沟通能够直击目标，规划是重中之重。

选择你的方法

从发送的信息内容到选择的媒介，你做的所有选择都能为沟通结果带来直接的影响。无论面对何种情况，都可以问问自己下面这些问题。

47%

根据公司报告，由**优秀沟通者**领导的公司给股东的回报要高**47%**。

小贴士

质疑自己的角色

问问自己：我是不是传递信息的**合适人选**？我的签名会促使人们采取行动吗？还是说，由你的经理或与目标受众更亲近的人来传递信息会**更有效**？

小贴士

熟悉你的受众

人们很容易对受众形成刻板印象，尤其是在争分夺秒的工作中。确保你已**收集了关于受众的一切可用信息**，并在准备演讲稿或文件时参考对方的**关键特征**。

接收信息的对象是谁？他们跟你是**什么关系**？他们需要得知什么信息？你希望他们采取什么**行动**？

信息

你的信息中应该包括什么内容？该如何**传达这些内容**？你的信息是该简略还是详细？

媒介

发送这条信息的最佳渠道是什么？哪种媒介要比其他**更快**或**更便宜**？相比之下，某种媒介会不会**更有机会**得到反馈或提供更多细节？

解码

你的受众能听懂你说的话吗？这些**文字和图像**对受众和对你的意义是否相同？对于不同的受众是否有**多重意义**？

反馈

你如何知道自己的**沟通是否成功**？受众的反馈有没有延迟？反馈会不会通过其他渠道传递？

噪声

除了你以外，还有多少其他的信息发送者和信息内容？你正在与哪些人争夺**信息流量资源**？其他人是否会试图转移、扭曲或阻碍你的沟通？

了解你的观众

你的沟通对象是谁？你对对方了解多少？他们对你和你传达的主题了解多少？他们有何观点？在为交流做准备时，提出几个与受众人群相关的简单问题。一旦对对方有了更多的了解，你就能找到方法鼓励他们认真倾听。

为大型公开演讲或供许多人阅读的报告进行规划时，评估受众就变得尤其重要了。但是，即使只是为了加深对团队或公司中经常交流的人的了解，这么做也是值得的。你无须在与别人交谈或发邮件时次次进行全面的评估，但了解对方的喜好，有助于更有效地传达你的信息。

受众的背景信息

评估你的受众时，请在其个人背景中寻找共同之处。例如，对方的平均年龄是多少？考虑对方对你计划讨论的概念是否熟悉，以及他们可能有过怎样的生活经历。接下来，思考受众的教育水平。这会对演讲或文件的内容产生重大影响，包括中心主题和所用的词汇。受众的信仰理念也是规划演讲内容时需要考虑的一个重要因素。对方是自由派还是保守派？属于什么政治派别？是否秉持某种宗教或社会观？

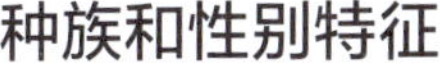

焦点话题

种族和性别特征

了解受众所属的种族或许有一定的意义，但不要高估其价值。这些信息或许能够帮助你了解对方最关心的问题和立场，但你不应该对某个群体成员的观点抱有成见。在准备过程中，只需意识到种族问题和语言风格就足够了。同样，了解受众主要由某种性别组成也没有太大的好处。研究表明，从统计数据来看，在面对一系列刺激因素时，不同性别的专业人士做出的回应并不存在巨大的差异。必须以截然不同的方式与不同性别交流的想法并不明智。

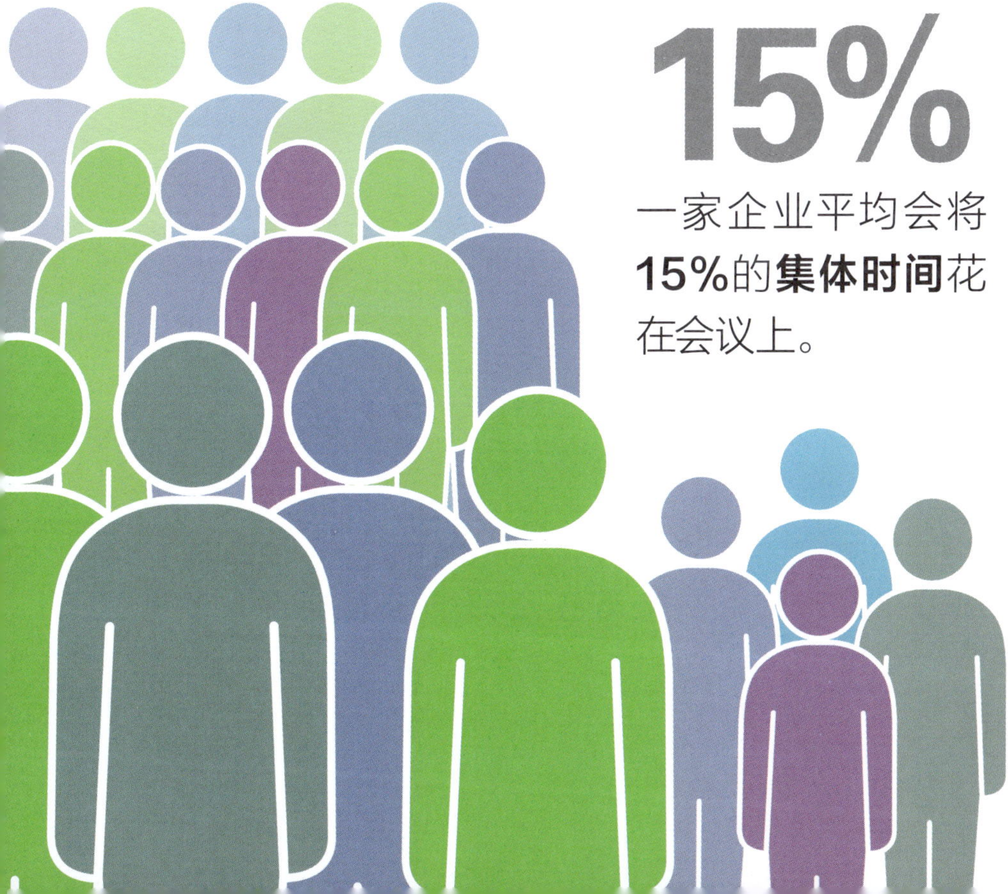

15%

一家企业平均会将**15%**的**集体时间**花在会议上。

社会经济因素

对于某些形式的沟通而言，了解受众的经济状况和生活方式尤为重要。你应尽可能多地获取以下信息。

- 职业：了解对方的谋生方式，可以让你更加了解他们的教育背景、日常生活习惯以及动力和兴趣点。
- 收入：了解受众的收入可以让你知道他们关心的是什么。挣得越少，食品和住房等基本需求的影响就越大。美国心理学家亚伯拉罕·马斯洛整理出了人类需求的层级，表明自我实现（成为最好的自己的能力）等较高层级的需求，只有在更基本的需求得到满足时才会被提上日程。
- 社会经济地位 这个术语描述了观众在社会/经济谱系中的位置。我们都知道，社会经济地位是收入、教育、职业、居住环境、朋友、家庭等其他因素带来的直接结果。你可以把“社会经济地位”视为一个描述词，表现受众在其所处社会的其他人眼中有多大的威望，并以此为基础有的放矢地为他们解决问题、满足希望和需求。

带着目标工作

你所有的沟通都应与企业的战略目标**保持一致**并**直接提供支持**，这涉及愿景、价值观及理念。

满足受众需求

满足目标受众的**基本需求**（如安全、陪伴或社会认同），或（利用动作、颜色和声音）刺激感官。你应如何让他们持续关注你传达的信息？

阐述你的立场

使用你的受众能够**理解**的词语和**代入**的概念。当然，这意味着你必须**了解自己的受众是谁**、他们的知识储备以及对话题作何感想。

激励你的受众

鼓励你的受众接收你的信息并采取相应的行动，具体方法是诉诸他们所**尊重的权威**、使其对**认识**或**钦佩**的人表现出从众心理、说服对方相信你的论点的**合理性**，或者调动对方**融入**社会的愿望。

取得受众的支持

询问你的受众是否愿意做出切实**最好是公开的承诺**，或是向对方强调你的方法可以带来的好处，以防对方被其他的观点左右。

把控期望值

确保将**预期**的效果告知受众，并确保一丝不差地**履行承诺**。人们只有在期望值超过现实收效时才会感到失望。

信息匹配

一旦对受众有了一定的了解，就可以开始运用沟通技巧了。想设计出最匹配的信息，并选出最有效的沟通方式，你需要一套策略。

找准受众的知识层面

摸清受众对话题已掌握的知识非常重要，原因有几点。首先，这能告诉你该从哪里切入。不要居高临下地向受众解释他们已经理解的基本点。其次，不要从超越对方理解水平的内容切入。从对方能够轻松理解的地方开始，然后往前推进。

控制情绪

比起受众对你的主题了解多少，更重要的是他们的感受。对于税收的了解，远不比听取有关税收改革谈话时的感受重要。你需要根据受众可能出现的情绪反应谨慎调整措辞。以一个既定话题而言，自我介入越深（或情感反应越大），你的接受度就越窄。换句话说，相比于自己极其

确立受众的角色

你的信息或许只需传达给眼前的受众，或者，你可能需要依靠这些人将信息传递给其他人。考虑到每个可能看到或听到你信息的人，包括以下人员。

主要受众

这些人会直接接收你的书面或口头信息。确保你**理解并谈及**他们的需求、兴趣和关注点。

间接受众

这些人可能会间接地**读到或听到你的信息**。你是否能将信息传达给记者、工会组织者、竞争对手，或是在社交媒体上引发热议？

有效传达信息

应该做的事	不该做的事
○ **尽可能多地了解你的受众或读者。**	○ 以为受众对你的话题要么了如指掌，要么一无所知。
○ **根据受众的需求和兴趣量身打造信息。**	○ 以为受众与你的想法和兴趣一致。
○ **了解核心决策者及其决策标准。**	○ 没有明确受众的身份以及他们在采取行动前需要获得哪些信息。
○ **了解你的受众尊敬的对象，并寻求他们对你的建议的认可。**	○ 推断自己的理念足以独立站稳脚跟，而不加以讨论。

关心的话题，人们对于自己不感兴趣的话题心态要开放得多。如果对情绪反应进行了误判，你的沟通就达不到效果。

你需要根据**受众**可能出现的**情绪反应**谨慎调整措辞。

守门人

这些是你**传递的信息必须通过**的人员和平台，守门人或许会对信息进行过滤、屏蔽、泄露、扭曲或放大。你与希望触及的受众之间，是否阻隔着什么？

意见领袖

这些人能对受众产生**重大影响**。在你的话题涉及的领域，受众敬仰的对象是谁，或是会听从谁的意见？这些人会对你的信息作何回应？

关键决策者

这些人拥有**影响沟通结果的能力**。

选择你的媒介

绝大多数管理者会按两个标准选择书面和口头沟通：一是便捷，二是个人喜好。但是，想要选择有效的沟通媒介或渠道，更多要看哪种选项更适合当下的情形。

学会忽视本能

在选择沟通方式时，许多管理者会凭借本能行事，但这么做或许并不合适。例如，需要把坏消息传递给同事但又不想引起冲突时，虽然对方更希望从你本人那里得到消息，但你可能会选择发送电子邮件。此外，出于便捷和简单考虑，你可能会选择打电话或视频通话，而不是写信。

即便传达的信息较复杂，更适合通过深入阐述、详细描述或可视化的工具传达，你也仍会选择打电话或视频通话。实际上，无论为何种信息选择沟通媒介，你都只需考虑两个因素。首先，要考虑的是接收信息的个人或观众的偏好；其次，则要对比口头沟通和书面沟通的特点和好处。

何时选择书面沟通

文字会产生**持久性的记录**，可以传达大量的细节，往往更精确，有助于谨慎措辞。如果看重准确表达，那就写下来。因为写作可以让你按照自己的节奏阐述信息，也有助于减少与你母语不同的人的误解。当然，如果你的读者偏好长清单等原始资料或**大量细节**，你可以把这些信息作为附录或附件提供。

切记，你的信息或许要与很多人分享，想要跟每个人单独对话可能并不实际。以一种**精确且有说服力**的方式写作，或许是影响受众最有效的方法。

焦点话题

白金法则

“己所不欲，勿施于人。”这是一条人人都耳熟能详的古老法则。这条法则言之有理，但却存在一个小的缺陷。如果对方希望得到的待遇与你不一样，那该怎么办？如果对方的偏好与你大相径庭，那该怎么办？曾为苹果、福特和IBM等公司提供咨询服务的沟通专家托尼·亚历山德拉（Tony Alessandra）提出的“白金法则”，对这句古老箴言进行了修改：“人之所欲，施之。”这意味着给予对方想要得到的待遇，而不是选择你认为对方应该被对待的方式。用对方喜欢的方式进行交流，你便会得到想要的结果，包括他们的时间、注意力和配合。

何时选择交谈

交谈能提供**更加丰富的语境**，不仅会动用非语言沟通，还能传达更多的情感。谈话并不会留下持久的记录，因此**灵活度更高**，且比写作要快捷得多。

交谈也有利于**鼓励对方参与**。这或许是引出想法、评估对方感受，甚至在敲定决策并正式付诸书面之前发现任何潜在反对意见的最佳途径。虽然修改文件非常简单，但一旦将某些信息付诸书面，人们便往往认为有义务将书面内容付诸行动。相比之下，谈话或讨论的临时性较高，具有流动性和灵活度，不像书面沟通形式那样持久和正式。

小贴士

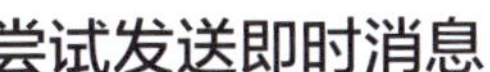

尝试发送即时消息

即时消息是写作和对话的混合体，比电子邮件更加快捷，而且也为精确、详尽的多人聊天提供了可能。你可以尝试通过即时消息来**交换文件**或**讨论想法**。

讲话
和写作

对于一名管理者来说，最重要也往往最让人不知从何下手的两项技能：一是在观众面前发表演讲；二是通过正式商务信函、电子邮件通信和详细的报告进行有效的书面交流。对于这两者来说，清晰的思考、准备和练习都是成功的关键。

14
72 规划你的演讲
276 开发视觉辅助工具
280 增强你的自信
282 发表演讲
284 提升写作水平
290 商务信函写作
292 有效使用电子邮件和即时消息
296 撰写报告

规划你的演讲

这个阶段最重要的一环，就是准备一份商业陈述。虽然乍看之下可能会让人望而生畏，但一旦把任务分解成可操作的步骤，确保在适当的时机处理所有相关问题，演讲的规划就会变得容易得多。

定义内容和风格

对于演讲而言，内容才是王道。内容是重中之重，没有什么比了解自己要说什么更重要的了。这意味着你应该在可能的条件下选择自己知道和了解的话题，从而游刃有余地进行讨论。然而，这也取决于你的观众，永远不要忘记，他们才是你演讲的原因。凭借你对观众的了解调整内容，以满足他们的需求。虽然这不能保证演讲定会大获成功，但一定意味着你正朝着正确的方向迈进。

小贴士

留出时间调研

你的**主要目标**是发表演讲，但成功只能通过用心准备才能达成。莫忘**80/20**法则，即把80%的时间花在**研究**和**准备**上，只把20%的时间花在**练习**和**发表演讲**上。

确定你作为演讲者的**角色**和对于观众的**意义**，这一点至关重要。

确定你的目标

在开始规划演讲的细节之前，先确定演讲的原因。如果想不出理由，那就不要发表演讲。确定你作为演讲者的角色和对于观众的意义，这一点至关重要。观众或许想要你对当前话题发表观点，且对你的意见非常感兴趣，或者你的目的可能是想向观众介绍一个话题，在这种情况下，观众对你的观点或许没有你想象的那么重视。

案例研究

为成功做准备

国际办公用品公司史泰博的首席通信官伊丽莎白·艾伦（Elizabeth Allen）接到了一项任务，要为首席执行官汤姆·斯坦伯格（Tom Stemberg）起草一份新闻发布会的发言稿，宣布史泰博即将赞助洛杉矶一家新体育场馆的消息。艾伦知道，报道这项财务计划的不是商业媒体，而是体育媒体。她还知道，体育明星、市政官员、投资者和记者都会出席这场发布会，“许多人以为赞助商会是一家加州本地的公司……没有料到，为这座洛杉矶地标性建筑冠名的却是一家波士顿公司。这件事既牵扯到文化因素，也有政治和商业因素。”考虑如何准备演讲时，她决定做三件事：她要把想法精简至一两个要点；要列举一些当地观众会感兴趣的例子和故事；最重要的是，她会举出至少一个有力的理由，阐明她的公司与洛杉矶市为何会建立起一段卓有成效、长期稳定的关系。

为演讲做准备

为什么要进行演讲，观众是谁，他们想从你这里得到什么信息？一旦在脑海中形成一个清晰的画面，就可以动手为演讲做详细的计划了。这个计划阶段至关重要，因此不要拖到最后一刻才进行。在演讲之前，你要彻底熟悉演讲的结构和内容。准备一场成功的演讲，涉及八个关键步骤。

为演讲做准备的步骤

01

撰写论点陈述

用一句话说明你希望观众**知晓、理解、相信什么理念**或**采取什么行动**。陈述要尽可能做到简短、易懂、全面和完整。

02

扩充要点

规定自己只谈**两个到三个要点**，以便有时间进行阐释并给出足够的支撑。确保所有论据都与发表演讲的主要原因相关，并能为之提供支持。

03

收集支持材料

接下来要做的，就是收集证据来支持你的主要观点。凭借对观众的了解，选择他们觉得**最有说服力**的证据。确保你的论据**令人信服**、**切合时事**且对你的观众而言**浅显易懂**。

04

考虑结构

考虑**传递信息**的顺序，想想你在**开场**、主题和**结语**部分分别要说些什么内容。

05

准备大纲

为你的演讲写个一页纸的大纲。想一想计划提出的**问题**、阐述问题的**顺序**，以及该向观众提供哪些支持这些理念的**论据**。

发表演讲之前，你必须**完全熟悉演讲**的结构和内容。

06

考虑视觉辅助工具

想一想什么样的视觉辅助工具有助于**阐释**、**巩固**和**澄清你的观点**，以便最有效地烘托你的演讲效果。相比于语言，观众有时更容易理解视觉展示的内容。

07

创作演讲内容

准备你演讲的内容。有的人会选择写出**简短的要点**，有些人则会把**演讲稿**更完整地写出来。你可以选择最适合的形式，但要记住，你的观众想听你**对他们讲话**，而不是照稿朗读。

确保所有**论据**都与**发表演讲的主要原因相关**，并能为之**提供支持**。

08

准备你的笔记

最后，将你的演讲内容转换成用于**发表演讲的笔记**。可以是幻灯片上的段落，便笺卡上的笔记，或是完整的手稿。

开发视觉辅助工具

可视图像可以对学习过程产生巨大的影响，这是行为科学家已知多年的事实。有的时候，图像可以将信息传达给那些不善倾听或是听不懂词句意思的人。

视觉辅助工具有什么作用？

行为科学家发现，视觉辅助工具在交流沟通中具有重要意义，主要有三大原因。

- 在演讲过程中，视觉辅助工具有助于解释、强化和阐明口头表达。遇到难以通过口头方式简单表达的信息，你可以通过图像展示给观众。
- 有的人更关注所见而非所闻，与仅靠口头表达相比，他们能更轻易快速地回忆起搭配视觉元素的信息和概念。
- 相比于只呈现文字或图像的形式，图文并茂的形式往往更容易识别。

89%

89%的**专业演讲者**会在部分或全部**演讲**中用到PowerPoint或类似软件。

选择使用时机

信息的可视化展示能够增进绝大多数演讲的效果，但对于以下情况效果最佳。

- 为观众提供新数据时。
- 想要传递复杂或带有专业性的信息时。
- 在新的语境下向观众传递信息时。
- 针对数字、碎片资讯、引文和列表等特定类型的信息时。
- 解释关系或进行对比时。
- 展示地理或空间格局时。

小贴士

选择合适的图表

图表是展示数据的有效方式。确保所选的图表（如饼状图、条形图或折线图）能够以**最清晰的方式展示出**你想进行对比的内容，并精心选用颜色来**凸显你的论点**。

视觉辅助工具有助于**解释、强化**和**阐明**口头表达：尝试将**展示与讲述**结合起来。

有效利用可视资源

有效的可视资源具有许多共同特征，其中最重要的是简洁。可视化展示越是复杂，观众理解的难度就越会提高。在尝试阐明重要的洞见或关系时，请确保你的可视资源清晰有序且简单易懂。

有效的可视资源会利用色彩来解释信息和吸引注意。很少有人对色彩的品位完全一致，但那些被赋予重大和通用意义的色彩，却几乎人人都能领会。一些惯例做法可以让观众迅速掌握信息，比如用红色数字或条形表示损失、用黑色数字或条形代表收益。试着用简单的图例说明你的图表中色彩的用法，这不仅有助于观众理解，也能确保视觉辅助工具的统一和简洁。

在尝试阐明一个**重要洞见**时，务必确保可视资料**清晰、简洁**。

善用可视资源

在规划视觉辅助工具时，请仔细考虑观众的**需求与兴趣**。

选择能够**抓住主要论点实质**的可视资源。

在运用色彩时做到前后统一、精心设计，以便对相关项进行**色彩编码**和**组合分类**。

确保你的视觉辅助工具**简明**、**利落**、**齐整**而**精练**。

小贴士

虽然你应该尊重公司的品牌**呈现准则**，但如果用PowerPoint或谷歌幻灯片企业模板制作的图像毫无新意，你也不必强迫自己使用。尝试用Prezi等**新颖的演示软件**，或是用喜欢的图形软件制作你的专属幻灯片，并保存成PDF等标准格式。

3秒

理解一张**幻灯片**的播放时间，最多不应超过**3秒钟**。

将视觉辅助工具旁边的文字精减成几个关键字，这比冗长的幻灯片**更能有效地传达信息**。

避免使用通用和“资料”图，以及那些与演讲要点只有间接关系的图像。

建立**个人图像、符号**和**图形库**，更有效地传达你的信息。

针对重要场合，请**专业平面设计师**制作精美的演示文稿。

增强你的自信

掌握演讲材料是一码事，而能够自信地在台上发表演讲，或是面对一群陌生人进行远程演示，可就完全另说了。掌握要传达的信息、发表一场结构清晰的演讲对你的成功有着重要意义，但自信也是不可忽视的因素。

改善演讲效果

提前彩排有助于提高你的演讲能力，也能增强你的自信。只是知道自己已不止一遍地通读过演讲内容，就足以营造熟悉感，让你放下心来。另外，这样做还能确保你的演讲在时限之内。把演讲内容过一遍到两遍，你就会知道要说的话是太多、太少还是刚刚好。彩排还能让你的过渡更加流畅。通过练习，你便能认识到演讲的哪些地方略显突兀，以便让论点到论点和段落到段落之间的过渡更加平滑。

利用提示

顶尖的演讲者似乎能自信自如地即兴发言，也就是“全凭记忆”脱稿演讲。这种演讲其实并不是真正逐字背诵，而要凭借深入的研究、充分的排练和专业的支持。许多即兴演讲者会使用视觉辅助工具作为提示，通常用到的是用演示软件制作的数字幻灯片。还有的人更喜欢用提词卡或完整的讲稿。无论选择哪种方式，都要确保你的笔记简单易懂，并留出与观众保持眼神交流的空间。

小贴士

保持笔记的简洁

在阅读冗长的笔记时找不准位置会让你的**信心**严重受挫，因此，要确保你的**笔记简洁易读**，一眼就能找到所需的信息。

问问自己……

充分准备 是 否

1 你是否重复确认了演讲的**时间**和**地点**？ ☐ ☐

2 你是否确定了演讲的**时长**？ ☐ ☐

3 你是否已经确定了如何**布置场馆**？ ☐ ☐

4 你是否知道自己在演讲期间是**站在讲坛**上，还是能够自由地在场馆里走动？ ☐ ☐

5 你测试过**麦克风**和**音响系统**吗？ ☐ ☐

6 你熟悉视觉辅助资料的**编排**和**顺序**吗？ ☐ ☐

7 你知道可用的灯光有哪些吗？在演讲过程中，灯光需要根据**屏幕上的图像**或分发的辅助资料变换吗？ ☐ ☐

8 如果是远程演讲，你对所要使用的平台熟悉吗？ ☐ ☐

增强信心

准备得越是充分，你就会觉得越安心。考虑演讲的各个方面，从你要用到的软件和麦克风，到视频聊天背景或会议室的布局。知道自己已经妥帖安排了每个细节，并对演讲进行过精心策划和演练，这有助于树立起你的信心。如果临阵打起退堂鼓，那就记住，之所以受邀进行演讲，是因为观众对你的专业知识和观点感兴趣。相信自己拥有足够的能力和智慧，能够发表一场震撼人心的演讲。

发表演讲

你已经对主题进行了透彻研究，把想法记下并进行了整理，还搭配视觉辅助资料进行了排练。将你在规划和排练阶段建立起来的自信运用到下一个步骤中，也就是起身发表演讲。你是信息的媒介或承载者，而你的表达方式则是想法能否成功传达的关键。

改善演讲效果

想要迎接成为成功公共演说家的挑战，那就切记，没有人生来就是公开演讲的好手。语言是终身养成的习惯，坚定而真诚地演讲的能力，是你诚心打磨的结果。你的技能会随着每一次演讲而提高，而当你掌握了演讲的艺术，身居要职的人便很可能会注意到你的努力，并予以嘉奖。

坚定而**真诚地**演讲的能力，是你诚心**打磨**的结果。

焦点话题

在虚拟平台上发表演讲

在虚拟平台上发表演讲时，有一些额外因素需要考虑。在开始演讲之前，检查你的相机、麦克风、网络连接、背景，以及能否熟练操作软件。关掉设备上的通知功能，告知周围的人不要打扰。因为观众不能像身在现场时那样清晰地看到你的手势，所以不妨稍微夸大肢体语言，用更加生动的语气放缓语速说话。另外，试着把两手都放在镜头里。正对摄像头坐好，你可以随时进行屏幕共享，但不要忘记在幻灯片之间把镜头切回你的脸。让观众打开摄像头，这可以帮助你判断他们的兴致高低并做出相应调整。但最重要的是，记得面带微笑，挺直腰板坐好，并调动观众的注意力。

建立联系	帮助观众理解
做好准备：深呼吸，微笑，想些积极的念头，然后开口发表演讲。	**分享演讲大纲：**让观众知道演讲的走向。
在你的演讲中**添加人情味和私人信息**，也就是分享你的体验、价值观、目标和恐惧。	**从熟悉的信息开始，**然后再引出陌生的信息。
尽力融入观众（除非你们明显不是一个世界的人）。	**先说明框架，**然后再加入细节。
在合适的地方**运用幽默**（除非你一点也不幽默）。	在合适的地方通过**视觉辅助**和**演示说明**阐释理念。
尽量让观众**参与进来**。	随着演讲的推进，**对关键点进行总结**。
聚焦当地时事以及观众知道的问题。	**举例说明**你的理念和想法。
	通过**讲故事**来渲染你的中心主题。

将你在**规划**和**排练**阶段建立起来的自信运用到下一个步骤中，也就是**起身发表演讲**。

提升写作水平

很少有人认为写作很容易。优秀的写作，也就是散发着力量、优雅、高贵和冲击力的写作，需要经过时间、精心思考和反复修改的打磨。这样的写作通常是经过多年训练和实践的产物。尽管写作有时看起来的确很难，但通过练习，还是有门路可循的。

规划你的写作

优质的商务写作是清晰而简洁的。优质的写作本身不会引起注意，因此是“透明的”，这有助于读者关注你努力传达的思想，而不是用来描述思想的辞藻。

实现有效的商务写作，关键在于规划。在动笔之前，你需要厘清写作的方向，因此要进行调研，确定需要涵盖的关键问题。列出最重要的关键点，利用这些点来打造提纲。如果你的稿子里有包含写作目的的概述部分，那么就从这一部分开始写。接下来，先处理最重要的段落，然后再填入细节和补充材料。

我有没有解释清楚？

我的写作是否以**逻辑清晰的方式展开**，我是否对**复杂的问题**进行了拆分讲解？

我有没有把**专有名词**“翻译”成白话？

使用**简单、实用**的词语，避免不必要的单词和冗长的表达。

清晰写作

编写电子邮件、信件或报告时，要记住你的读者通常没有太多时间阅读。尤其是资深经理，因为他们的日程安排通常很紧，需要阅读大量资料。他们需要你运用书面交流，清晰快速地告知他们所需的细节。

确保你的写作风格精确简洁。使用简单、实用的词语，避免不必要的单词和冗长的表达。简单的单词和表达不仅更容易被理解，也能让你的理念更有说服力。要直截了当，避免使用“非常”和“有些”等模糊的词语。这种做法能够表达你对理念的坚信，为文字增添力量。另外，还要确保你写的每句话的语法都是正确的。让时间紧迫的读者为了理解含义而反复阅读某些句子，这可不是明智的做法。

保持段落简短。这样一来，这些段落会更加吸引人，对方阅读的概率也更大。如果你的文档中必须包含数字，那就在使用时有所节制，因为满是数字的段落可能会增加阅读和理解的难度。有选择地使用一些数字来表达你的观点，把剩下的数字放在表格和图表中。

我说的话是否足以解答**疑问**和**安抚恐惧**，但又避免了过于详细？

我是否使用了**视觉辅助资料**来帮助阐释**复杂的事实**？

我有没有在必要时提醒读者不要犯**常见的错误**和**误解信息**？

81%

81%的**商务人士**认为，**杂乱无章**、**错误百出**的材料**浪费**了他们大量的**时间**。

小贴士

务必校对

修改和校对是**优质写作的关键**。在写作和校对之间间隔一段时间，这能帮助你拥有更加客观的视角。在修改文章时，请注重**简化、澄清和删减多余的词语**。

让你的写作栩栩如生

为了脱离过时且过于正式的写作风格，尝试让写作向口语靠近，然后再“进行校对整理”。想象你的读者就在面前：你会如何向他们解释？把想说的话写下来，尽可能做到清晰、鲜活和易读。出于结构上的考虑，你可能需要先写一份初稿，然后再回头进行修改。

生动直接

使用**主动句**，避免使用被动语态。少使用“不”这个单词，让内容**更加直白**。

确保在写作中做到以下几点：

焦点话题

合理的顺序

顺序杂乱的文件读起来就像一篇神秘的小说。内容随着一个个线索展开，只有耐心读到结尾的读者才能看出头绪。你的任务是方便读者理解，先给出一个概述，然后再补充细节。为了避免出现混淆，总是在给出论据之前指明方向，在做出证实之前提出问题，在提供答案之前给出解释，在呈现细节之前给出结论，在点出问题之前拿出解决方案。你可以尝试新闻报道中常用的方法。这些报道从最重要的信息开始，逐渐过渡到最不重要的信息。

与读者沟通

偶尔插入问句，与你的读者沟通。以问号结尾的请求会得到凸显。不要写“请告知会议是否仍安排在2月21日”，只需问：“会议是否仍安排在2月21日？”

小贴士

精益求精

清除写作中的信息、打字、拼写、语法和标点错误。记住，如果电子邮件中**太多细节**有误，你的整个思路都可能会被打上问号。

多用短句

多用短句虽然不能保证内容清晰，但却可以避免长句中容易引起的混淆。试着通过聆听检验：把你写的东西**大声朗读出来**，把不能一口气读完的句子拆分开。

避免陈词滥调和行话

老套的**用词和表达**会让你的写作显得肤浅。

想象你的读者就在**面前**：你会如何向他们**解释**？把想说的话**写下来**。

满足读者的需求

在动笔之前，找出读者期待、渴望和需要的内容。如果之后发现自己必须偏离这些重点，那就向读者解释原因。在撰写文件时，不要添加不需要的材料，因为这样做可能会让别人指责你没有抓住要点。另外，还要确保在写作中把事实和观点区分开来。读者永远不应将你确认的事实和认为可能正确的观点混淆在一起。采用前后统一的表述，避免产生误解。

英文写作如何抓住并保持读者的注意力?

使用缩写

在英文写作中，偶尔使用一些口语中常见的缩写形式，比如“I’m”（我是……），“we’re”（我们是……），“you’d”（你们会……），“they’ve”（他们已经……），“can’t”（不能……），“don’t”（不……），以及“let’s”（让我们……）。

允许句子以介词收尾

不要只是因为想把介词[如“after”（……后）、“at”（在）、“by”（通过）“from”（从）、“of”（……的）、“to”（到）或“up”（以上）等]从句尾挪走，就对句子进行复述。这么做很可能会让句子冗长烦琐、顺序颠倒或是僵硬死板。

活用人称代词

在代表公司发言时，使用“我们”和“我们的”指代公司，用“我”和“我的”来指代自己。无论代表公司还是个人发言，都可以多使用“你”或“你们”来指代读者。

尽量使用现在时

这能增加英文写作的即时性。但是要注意，不要从现在时过渡到过去时，然后再过渡回来，因为这会让你的写作显得混乱。选择一种时态并坚持使用。

找出读者**期待、渴望和需要**得到的内容：在偏离这些话题的时候，**向读者解释原因**。

使用简短的过渡词

使用“但”而不用“但是”，用“另外”而不是“除此之外”。丰富表达方式的多样性，这应是使用较正式过渡词的唯一理由。不要惧怕用“but”（但……）、“so”（因此……）、“yet”（而……）、“and”（和……）和“or”（或者……），这样的简短过渡词作为句子的开头。

商务信函写作

商务信函主要是指对外信件，但管理者偶尔也会使用信函与下属和企业内高管进行通信。高质量的信件清晰、简洁、有条理，方便读者不费很大力气也可以阅读和理解内容。

小贴士

添加附件

你不必总是**邮寄**商业信函，不要忘了，你也可以把信函以**文本**或**PDF 文档**的形式**附加**到电子邮件中。这样一来，收件人虽然收不到信函的打印件，但却能收到**更加快捷、便于打印或存档**的文件。

有效书写信函

虽然当今大多数的商业通信都是通过电子邮件和即时通信进行的，但纸质书信在职场仍占有一席之地（除非你的公司实行无纸化办公）。在大多数人看来，商务信函比电子信息更有分量，适用于传递正式内容，尤其是法律问题，在这些问题上，应确保收件人拿到纸质信件。这包括合同问题、政策变化、纪律处分、表彰程序以及辞职事宜，但除此之外，商务信函也可以用来传达几乎所有的重大问题。

作为一名商务信函的写作者，从很大程度上来说，你的成功取决于是否能说服对方相信你所写的内容是值得关注的。如果你的信符合以下三个标准，读者就更可能用心阅读。一是简洁，二是清晰，三是一定要有条理。但是，对于这三个标准也要多加小心。简洁虽然可取，但你可能会简洁得过了头。避免信函太过简短或草率，确保你的读者有充足的信息来理解主题。把与主题相关的每个问题都写进信中，并按读者的要求对流程结果或决策进行阐述。如果收信人是你信中的信息是否足够？如果信函的作者认真对待你，你会觉得满意吗？

表达兴趣

回复收到的信件时，尽量表明你是发自内心感兴趣的。发件人认为这个问题重要到需要用文字记录，因此你也应该予以重视。用语言和行动表明你重视发件人和信函的内容。

把每个人都往好处想。如果信件中有什么东西不太对劲，试着把作者往好处想。对方这样写，或许是因为接触的信息不同，或者只是无心之过。绝不要立马动笔写一封充满怨气的信并鲁莽发出。发发脾气或许会让你感觉好些，但充满敌意地回复多半不是什么好主意。在动笔写这封信件之前，先冷静下来。然后，等到第二天把信重读一遍。或许这样一来，你就能“三思而后发”了。

使用合适的语气

如果不得不通过信件传递坏消息，那就表示抱歉。你可以使用这样的表达方式:“很抱歉地通知您……”或者“很遗憾，我们无法(做某事)，原因是……”，以此来缓解打击。如果读者认为你满不在乎，那就会做出对你不利的反应。如果你传递的是好消息，那就把喜悦表达出来:“很高兴地告诉您……”或你也可以使用“听到这件事，您一定会很开心……”这样的表达方式。

信函应该做到**简洁、清晰而有条理**。简洁虽然可取，但你可能会简洁得过了头。一定要确保你的读者有充足的信息来**理解主题**。

焦点话题

标准信函

标准信函是针对常见话题设计、发给多个收件人的规范化信件。虽然这种“一刀切”的方法可能很诱人，却往往会引来巨大的麻烦。一封信函必须回答多个读者可能出现的所有问题，回应他们的恐惧、怀疑和担忧。在绝对有必要使用标准信函的情况下，先给读者群的当前或过去的几位成员展示你的信函，并询问有没有什么改进的建议，如此进行市场测试。

有效使用电子邮件和即时消息

现在，电子邮件成为一种关键工具，用来保持联系、传递数据和图形以及管理业务所需的信息流。如果使用得当，短信、文字信息、即时消息也可以成为生产力的助推器、与客户直接沟通的桥梁，以及与其他员工交流的重要工具。

减少收发邮件的时间

电子邮件是一种工具，不要让它成为你的主宰。遵循以下建议，限制你花在电子邮件上的时间。

- **减少发送的邮件，从而减少收到的回复** 仔细思考你是否真的需要起草新邮件或是回复已收邮件。
- **避免落入无休止的回信怪圈** 你可能会觉得在收到邮件时保持沉默不大礼貌，其实这是可以接受的。如果你想要告知对方无须回复，那就在邮件结尾写上“无须回复”，或者在提出请求的邮件结尾写上“提前表示感谢”。不要提出任何你并不真想或不需要得到解答的问题。
- **对“抄送”三思而后行** 如果你在邮件里抄送了很多人，且每个人都回复了一封需要解答的邮件，那么你便可能制造了多余的信息流。

发送更有效的电子邮件

1 **仔细斟酌邮件的主题：** 让主题内容丰富而格式简短，好让收件人一目了然并采取行动。

4 **谨慎批评：** 一定要提供充足的语境和背景，避免误解。

5 **保持简短：** 如果邮件的长度必须超过几个段落，那就以附件的形式发送，或考虑这个问题是否更适合电话沟通。

问问自己……

判断何时应该使用电子邮件 是 否

1 我是否需要**传达传递或体察感情**？ ☐ ☐

2 我是否需要从杂乱的信息里**挑拣重要信息**？ ☐ ☐

3 我是否需要**迅速采取行动**？ ☐ ☐

4 我是否希望选用一种**安全**的远程通信方式？ ☐ ☐

5 我**要联系的对象**是否不能访问（或查看）电子邮件？ ☐ ☐

6 我是否想要**调动对方积极性**并得到**即时回应**？ ☐ ☐

在使用电子邮件时要谨慎用词：仔细思考你是否真的需要**起草新邮件**或是回复**已收邮件**。

2

现在，**起草邮件主题部分**，注意正确使用语法和标点，并区分字母大小写。

3

避免使用**缩写词和网络流行语**：大多数商务人士不喜欢这种用法。有疑问，则住笔。

6

在邮件结尾**附加个人签名**，但要保持内容简单，不要往里加入幽默或“励志”引言。

7

在发送邮件之前，**请检查附件**。只发送收件人需要或希望看到的内容。

写邮件时养成好习惯

不要经常查看电子邮件。选择定期查看，每小时看一次，如果工作的截止日期不太紧，一天三次也可以。在管理电子邮件时约束自己。每封邮件只处理一次。遇到不重要或不相关的邮件，就干脆按下删除键。如果每周花在处理无关邮件上的时间超过三小时，那么你就有问题了。遇到必须回复的邮件，那就决定是现在回复，还是等到稍后有时间和准备好所需信息时再回复。不要在下班时间给别人发邮件，等到第二天再发，或者明确表示你不期待马上得到答案。

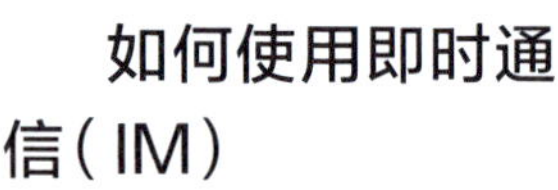

如何使用即时通信（IM）

问问自己，即时通信是不是适合传播你的信息的媒介，不要在正式场合使用。

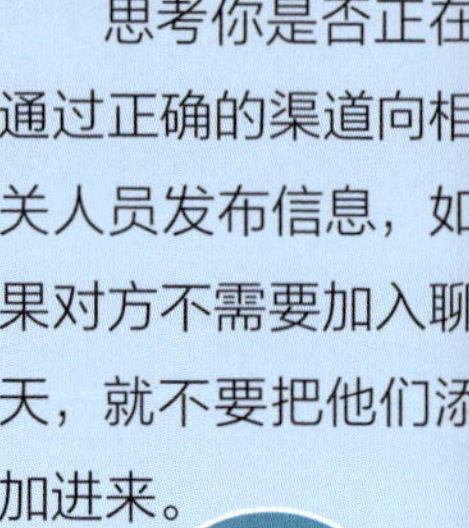

思考你是否正在通过正确的渠道向相关人员发布信息，如果对方不需要加入聊天，就不要把他们添加进来。

焦点话题

企业内网

企业内网（私人公司网络）对于促进员工和管理层之间以及员工之间的双向沟通非常有用。企业内网还可以提供访问统计数据和最佳实践文件等公司信息的渠道，有利于加强协作。许多企业内网都融合了第三方应用程序，并加入了类似社交媒体的功能。

即时通信应用非常适合用于进行**远距离讨论**以及**快速**获取文件。

消息和短信

即时消息已经成为一种高人气的职场工具，可供两三人甚至数百人组成的小组进行连接并立即接收回复。Slack和Microsoft Teams等应用程序非常适合用来进行远距离讨论，也很方便用于迅速获取文件。然而，这种即时性也要求人们对商务礼仪和期望值进行重新思考（详情见图）。想要减少干扰，可以将你的状态设置为“离开”或“忙碌”。使用短信与客户联系是许多企业的惯例，但很少有公司使用短信进行其他类型的沟通。实际上，这些短信功能是传递计算机服务器停机通知等提醒的理想媒介，也很适合传送激励信息和新员工介绍等简单的公司公告。

撰写报告

报告比大多数文件更长且更全面，撰写报告的目的是记录活动、描述项目和事件以及搜集关于复杂问题的信息。报告的作者通常不止一人，对象则是需求和兴趣各异的读者。

为报告做规划

撰写报告时须考虑以下三个主要问题。

- 你的读者是谁？考虑他们对内容的兴趣大小，以及对你计划罗列的问题、观点和词汇的熟悉程度。
- 理想的格式是什么？考虑你的读者会如何阅读这篇报告：是从头开始一页一页地阅读，还是直接跳到最感兴趣的部分？
- 报告的结构是否条理清晰？考虑对于标题和副标题使用粗体字体，便于整理信息和检索。

忙碌的商业领袖可能只会阅读报告的**执行摘要**，因此其中必须包括让对方**理解**你的提议所必须掌握的所有信息。

小贴士

附加报告总结

出于对读者的一种礼貌，确保在报告中附加一份报告总结或是电子邮件，阐明报告涵盖的内容以及涵盖这些内容的原因。在合适的地方列出报告中最重要的提议或调查结果。

报告的撰写

报告分为三个部分：首页内容（包括标题页、摘要、目录、图表列表）、报告正文和结尾内容（参考书目、附录、术语表、索引）。以执行摘要作为正文的开头，在其中详细阐述报告的要点和提议。忙碌的商业领袖可能只会阅读报告的执行摘要，因此其中必须包含让对方理解你的提议所必须掌握的所有信息。

给报告分模块	
模块标签	内　容
标题页	包含报告的完整标题、作者姓名、发表日期和报告提交对象。
摘要	总结主要观点的段落。供读者决定是否阅读整篇报告。
目录	报告中按出现顺序排列的所有标题以及每个标题的页码。
图表和表格列表	包含五个以上图表的报告应该专门附加一页，将每个表格列出并附上页码。
前言（可选）	通常由权威人士撰写的介绍性陈述，提供背景资料，并提供报告所在领域的其他研究。
引言（可选）	阐释报告的目的、背景或范围。
执行概要	这部分提供了比摘要部分更详细的信息，让读者得以浏览报告的关键要点。这一部分通常限制在几页长。
报告主体	这部分构成了报告的主要内容，阐释研究内容及研究结果。
结语	不仅包括结束语，也包括建议读者采取的行动。
参考文献	列出报告参考的所有资料的出处；还可以提供额外的阅读资料和资源。
附录	补充报告主体的证明性资料，如清单、数字列表和图表。
术语表	按字母顺序排列的特殊术语。
索引	按字母顺序排列且附带页码的主题列表。

与团队沟通

一个团队的好坏取决于沟通的质量，因为误解会大幅增加工作量并造成时间的浪费。管理团队时，专注于提供建设性的反馈和全面的工作简报，并致力于有效处理冲突。

15
00 有效倾听
302 理解非语言沟通
304 召开简报会和讨论会
306 通过沟通说服对方
308 管理冲突

有效倾听

良好的沟通不仅仅指传达你的观点，还要求你保持安静，倾听他人的意见。作为一名管理者，积极倾听和理解同事，是创建一个发挥最大潜力的团队的核心。

学会抓住倾听的时机

倾听是一种自然习得的技能，但如果你有心加以打磨，便有提高的空间。让人意想不到的是，想要成为一位更好的倾听者，第一步是停下来：你需要停止说话，停止一次探讨多个话题，停止打断别人。让对方表达。在对方说话时，允许自己在认知和情感上做出反应，接受事实信息和对方说话的语气，而不要予以回应。然后，提出一些经过精心思考的问题，澄清对方已经说过的内容，确定其中的事实基础。

小贴士

远程倾听

因为你无法像面对面交流那样捕捉丰富的非语言线索，所以，想要在远程办公时积极倾听，需要调动更多注意力。选在一个安静的地方，告诉别人别打扰你。在视频通话过程中，要在不说话时把麦克风静音，看向屏幕，确保捕捉一切信息。

25%

从同事的**反馈**来看，**25%**的**公司领导**在倾听能力上都有所**欠缺。**

捕捉信息

第二步，试着从说话者的视角看问题，并通过行动表现出来。用肢体语言展现你的兴趣：看着说话者的眼睛，保持一种开放且不带威胁的姿态。用身体向说话者传递信号，表示你得全神贯注：关上门，不要接电话，把手头的工作暂放一边。

留意对方讲话的方式：在听到的内容中寻找挖苦、讥讽或嘲笑的信号。试着适应说话者的情绪和意图。沟通是一项共同担负的责任，因此，理解信息是你要承担的责任。

听完说话者的发言并澄清了不确定的信息，你便可以对事实和证据进行评估。问问自己，这些证据是不是最新、可靠、准确、切题的。

小贴士

留心听到的内容

只是因为你想要听到某些内容，并不意味着这就是说话者**真正想说的**。避免陷入**选择性倾听**的陷阱。

积极聆听

应该做的事	不该做的事
○ **经常听难懂的材料，打磨你的听力。**	○ 认为一切有趣的内容都应该以书面形式呈现。
○ **把所有的注意力都集中在说话者身上。**	○ 假装倾听，实际上却在做其他事情。
○ **按说话者的安排和希望遵循的顺序倾听论点。**	○ 对说话者的表达进行批评，用提问打断对方。
○ **关注说话者的讲话方式和论点背后的原因。**	○ 推断自己已经知道问题所在及其解决方法。

理解非语言沟通

在私人谈话中，一个人传递给另一个人的大部分信息并不通过说出的话语表达，而是来自非语言信号。学会阅读、理解和使用这些无言的信息并非易事，但对有效的沟通却至关重要。

阅读非语言信号

在不同的沟通环境中，人体的动作、姿势和手势有以下几个功能。

- 凸显或强调语言信息的部分内容。
- 调节语言信息的流动、节奏和互换。
- 强化传递信息的语气或态度。
- 重复语言信息所传达的内容（伸出三根手指表示数字3）。
- 替换或取代口头信息（如竖起大拇指）。

非语言线索通常很难读懂，其中一个重要原因是具有普遍认同的含义的动作或手势寥寥无几。在某人眼中看起来身心俱疲或处于过劳状态的同事，在另一个人眼中则可能是一副不感兴趣或漠不关心的样子。在寻找具体动作、位置或手势的意义时，请注

肢体语言传达的信息，有时会与**口头传达的信息**相矛盾。

意不要错过揭示说话者真实感受的更为重要的信号。肢体语言传达的信息，有时会与口头传达的信息相矛盾。例如，一个人眼中的泪水，自然会与口头说“没事”的表现相互矛盾。

60%

在社交场合中，**60%**到**65%**的**含义**都是通过**非语言渠道**表达的。

注重你的外表

确保你的着装和仪容对于你的观众、沟通的理由和场合而言都是得体的。

控制你的动作

双手靠近躯干的小幅手势，会帮你树立自信和权威的形象。保持声音深沉而果断，姿势则要放松。

在触摸别人前三思

不同的文化对于在商业环境中触摸他人有着不同的规则。确保你了解并尊重当地的习俗。

注意眼神交流

目光接触通常会增强信任感；然而在某些文化中，在说话时看着上级的眼睛会被视为不敬的表现。

运用声音的抑扬顿挫

音调、音量、语速、音高、力度和重音都能传达主题的含义以及你对观众的看法。

召开简报会和讨论会

简报会和讨论会是商务生涯不可避免的一部分。这是一种共享信息、制定战略、延续文化以及围绕业务目标建立共识的手段。如果操作得当，无论是面对面还是远程进行的会议，都会增加业务和提升士气。

组织讨论会

在开始计划之前，先要明确会议的目的。只邀请那些与你的目标直接相关的人，并确保所有关键决策者都包含其中。一旦安排好对所有人而言合适的时间、地点和日期，就要给所有与会者分别发一份议程，明确会议的主题和目标。在制定议程时，思考以下问题：我们需要在这次会议上做些什么？对于与会者来说，哪些讨论是重要的？我们需要什么信息来展开会议？优先安排最重要的事项，以便在会议的开始就进行讨论，并为每个议程项目分配一定的时间。

召开简报会

简报会是一个向观众提供所需信息的过程。与任何形式的沟通一样，你要顾及观众、目的以及场合。尽可能掌握关于观众的一切信息以及希望从简报会上收获些什么。在会议开始时，清晰简洁地陈述你的目的：“这次简报会的宗旨

问问自己……

我需要不需要召开会议？

		是	否
1	我需要**激励大家**，助推他们开始行动吗？	☐	☐
2	我需要与大家**分享**公司或市场**信息**，为他们的工作提供帮助吗？	☐	☐
3	我需要**发起一个新的计划**或者项目吗？	☐	☐
4	我想不想**相互引荐**，让大家从彼此的经验中获益？	☐	☐

案例研究

竞争优势

作为国际零售巨头沃尔玛的首席执行官，大卫·格拉斯（David Glass）明白，公司必须迅速着手制定营销策略，特别是对竞争对手的行动及时反应。每周六上午，当一周销售结果传到公司总部时，格拉斯便会召集关键下属，分享一线人员带来的信息。这些人员会告知销售团队竞争者的动向，然后，高管团队便会专注于商议想要采取的改进措施。中午之前，地区经理会打电话给行政区经理，讨论并商定下周要实施的变革。格拉斯表示："到了周六中午，我们所有的改进措施便已准备就绪。而我们的竞争对手则大多得等到周一再公布前一周的销售结果。"

在于探讨未来90天的规划。"让大家知道你为什么选在现在召开这场会议。

在简报会上发言

在简报会上发言时，选择最适合你演讲风格和观众需求的沟通方式。

下面有三种可供选择的方式。

- **背诵演讲内容** 这要求你按照讲稿逐字逐句地发言。虽然你对材料有着完整的把控，但如果不是一位受过专门训练的演员，那就很可能给人死板的感觉，而讲稿也会显得过于做作。更糟的是，你可能会忘记自己讲到哪里，必须从头开始或是参阅笔记。
- **念稿演讲** 这种形式更加常见，但也可能给人生硬的感觉。低头读稿的问题在于，你有失去与观众眼神交流的危险，也有可能降低你说话的音高。如果要念稿，那就精心排练，并时常抬起头来，与你的观众进行频繁的眼神交流。
- **即兴演讲** 这种形式的演讲或许脱稿，或许用视觉辅助资料来做提示。这种选择最为有效，看上去虽然是即兴而为，但实际上却经过了彻底的调研、严密的组织和精心的编排。

小贴士

提前预测问题

尽你最大的努力提前解决观众的担忧、问题、怀疑和恐惧。围绕观众的需求，**规划简报的内容**。

通过沟通说服对方

无论是想销售产品、让上司提供更多的资源、说服投资者还是赢得晋升机会，你都需要一个清晰的策略来说服观众。消除人们说“是”的障碍，是一个你来我往的双向过程。

了解你的观众

在你的请求得到理解和考虑之前，你需要先对自己的观众有所了解。他们的兴趣是什么？动机是什么？他们对你的建议可能提出哪些反对意见？大多数成功的说服都涉及四个独立存在又彼此关联的步骤。这些步骤并不能确保成功说服观众，但却能为你想在团队里表明的态度及打造的行动奠定基础。

吸引对方注意

如果想要激励人们做某事，你首先要吸引对方的注意力。研究表明，我们会**有选择性地挑选**关注的对象，这既是一种防止感官过载的防御机制，也因为我们会**积极寻找带有特殊价值的信息**。除了关注的东西之外，我们几乎对其他一切视而不见。想要吸引注意力，有两种方法。

- 运用**物理刺激因素**，比如强光、声音、动作或色彩。
- 展现与你想要说服的对象的**需求**或目标**直接相关**的刺激因素。

提供激励因素

接下来，你需要提供一个让对方行动起来的**理由**。一个有说服力的作家或演讲者能够**引导他人相信**其所倡导的理念，然后鼓励对方拿出与此理念一致的行为。也就是说，你要为自己相信的东西提供充分的理由。这些不是你眼中充分的理由，而要在你的团队看来令人信服才行。

找出团队的需求和兴趣，找出与你的信息之间的联系。你要满足他们的哪些需求？要**触及对方的理性**。让对方认识到为什么按照你的信息采取行动是合理的，或者你也可以**利用对方的从众心理**，让他们看到按你的信息采取行动后会如何让别人刮目相看。

何时使用单面论证，何时使用双面论证

单面论证	双面论证
观众已经同意你的观点，你的目的只是加强他们的认同。	你怀疑或确定观众一开始并不认同你的立场。
观众接触不到任何形式的反对意见。	你知道观众后续会接触到反对意见。
观众信息不灵通，或容易被对手的论点或证据所迷惑。	你希望在知识面广博的观众中产生更持久的效果。

鼓励他人采取行动

一旦抓住了想要说服的对象的注意力，并提供了让其相信你的理念的充分理由，你就必须为对方**明确指出采取行动的渠道**。

首先要做的，就是花时间让对方安心：让他们看到你会**言而有信**，带给他们承诺的回报。你的团队需要知道，你的承诺是否能兑现的。

接下来，你**应该就采取的行动提出具体建议**。明确告诉团队你想让他们做的事，描述出希望他们采取的方法，并制定一个可实现的时间框架。确保团队中的每个人都知道**衡量进度**的方法和时间点，划定完结点，并规定取得成就后的回报。

获取对方支持

你可以用单面论点说服别人，只陈述自己的观点，或者，你也可以使用两面论点，在陈述你的观点的同时引出言之有物的潜在反驳观点。根据观众的认识和既有观念来选择你的方法。如果你决定使用双面论证，你应该做到以下几点。

- **提醒团队**别人或许会试着扭转他们的观念。
- **陈述一些反对观点**，然后予以驳斥。如果你知道反对观点是什么，那就考虑至少选取其中一部分在观众面前进行概述，然后阐明其中的不合理之处。
- 通过有形或实际的方法**鼓励观众做出一些承诺**。公开对某些论点表示过支持，再选择反悔就比较困难了。

管理冲突

冲突可以由多种多样的原因引起，但许多专家认为，冲突是个性、人际与职场关系、文化差异、工作环境、市场需求等职场问题导致的，当然，竞争也包括在其中。随着企业中团队合作愈发普遍，团队成员之间的差异也可能会导致冲突。

有限的资源

从办公空间到预算的一切因素都可能引起竞争。公平分配稀缺资源，可避免这种冲突。

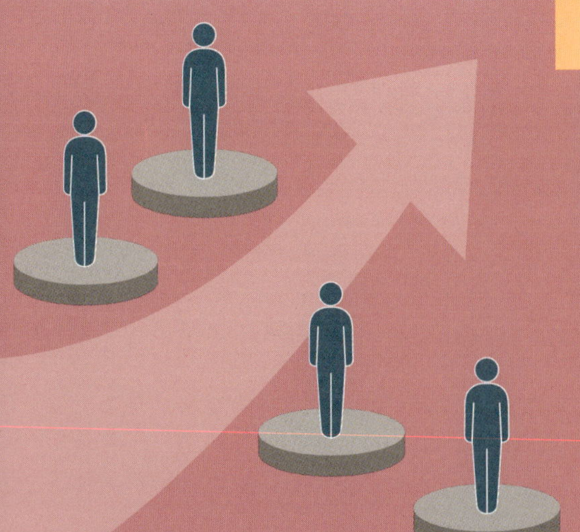

价值观、目标和优先级

当企业中的人员对战略方向或主要事务优先级意见不一时，冲突就会产生。在或大或小的目标上达成一致，有助于避免这种冲突的发生。

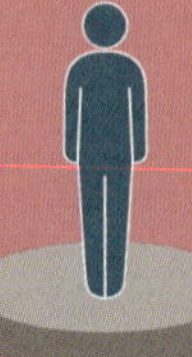

识别冲突的根源

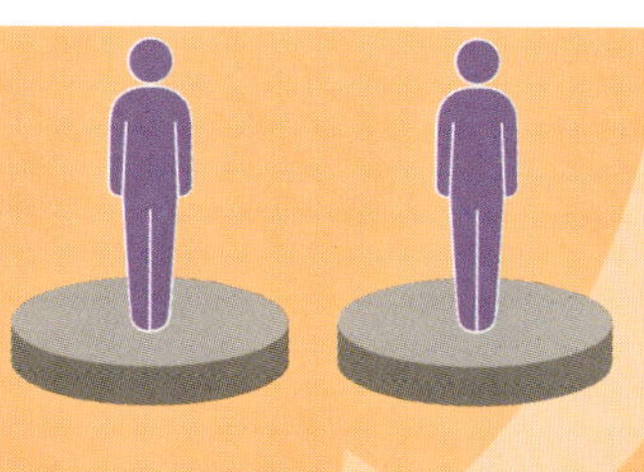

在一家企业，并非所有冲突都是不健康的，但如果没有得到妥善处理，人员之间的冲突很快就会适得其反，产生分裂和破坏性。导致冲突恶化的问题或因素有很多，但其中较常见的，是以下五种。

追求成功的渴望

冲突也可能由人类天生拥有的目标导向感导致，在这一点上，每个人都应该有所体会。一些企业积极培养人员的竞争意识，造成了竞争对手众多而回报匮乏的局面。

变化

包括年度预算、企业优先事项、权力系统或责任限制以及重组、合并、剥离和裁员等在内的各种变化，都会在企业中导致焦虑、不确定和冲突。

责任未经明确定义

冲突可能源于官方职位描述和人们对职位现实期望之间的差异。认真审视每位工作人员应对什么工作（以及哪些人员）负责，并达成共识。

解决冲突的技巧

解决团队成员双方的冲突，是有效管理者的一项重要职能。在开始着手解决冲突的时候，你应该首先确保双方都能认识到冲突的存在及其对团队表现和士气的影响。有时，冲突一方可能觉得问题微不足道，或者干脆选择视而不见。接下来，鼓励双方腾出时间处理问题，定下第一次会面的时间，主动提出参与进来。

首先让人们在**小事上达成一致**，做到这一步后，大的问题就**更容易解决**了。

用心倾听

了解人们的想法，问问他们有什么考虑和感想。

关注利益

不要关注对方提出的要求，而是关注其利益，也就是要求背后的原因。

辨识感觉

接受他人的感受，努力传达同理心。控制自己的情绪，确保你的行为符合专业标准。

把人和问题分开

与其说“我不能支持你”，不如说“我不赞成那个解决方案”。

保持沟通

保持沟通渠道的开放，尽可能坦率诚恳地讲话。

从小事做起

首先让人们在小事上达成一致。一旦做到这一步，大的问题就不那么困难了。

让双方达成和解

总结协议

与所有相关人员一起审视所有细节。确保所有人都能达成一致。

设置不同选项

寻找能带来双赢的替代选项。动员大家一起寻找替代选项，这可以将关系从竞争转为合作。

找到源头

追溯冲突的根源。不要满足于你找到的第一个答案，因为员工可能会有难言之隐。

及时止损

在冲突已经失控的时候，你必须做出决定，进行人事变动。

外部
沟通

在当今的全球经济中，你可能要通过包括互联网在内的各种媒体，在不同公司、国家和文化之间进行交流。你应专注于公司的核心目标和身份，确保信息传递的一致性。

16

开展销售

销售既是一种说服的形式，也是一个建立关系的过程。大多数人都不希望自己成为推销的对象，而更愿意相信购买的决策是自己主动做出的。这需要你平衡运用巧妙的提问、积极的聆听和精心准备的演讲。

对潜在客户发表演讲

销售包括积极寻找有钱、有权且有购买欲望的潜在买家。在联系潜在客户之前，确保他们符合这些标准，并要清楚你自己想要达到的目标和使用的手段。打磨一段可供你自信发表的演讲。你可将演讲稿完全背下，也可以套用既有格式（留出一些买家与卖家交流的时间），或是完全采取灵活互动的形式。如果要针对一个具体问题提供解决方案，你的建议要基于对买方情况的详细分析。在联系潜在客户之前，一定要做到以下几点

- 确定你的销售目标。你的目标是否具体、可衡量、可实现、符合现实且有具体时限？
- 建立客户档案。你对制定购买决策的人了解多少？
- 熟悉所有客户的福利。
- 打造销售演示文稿。

打磨一段可供你**自信**发表的演讲。你可将演讲稿完全**背下**，也可以套用**既有格式**，或是完全采取灵活互动的形式。

完成交易

首先询问潜在客户对你给出的客户福利的看法，你可以问："这个条件听起来怎么样？"如果对方表示不满，那就在问题出现时加以处理。不要重复消极的言论或担忧，而要关注积极的收效。完成销售的方式多种多样，因此要选择最适合你情况的那一种。

完成交易的方式

利用小问题达成成交

让潜在客户对次要、低成本的因素做出**低风险的决策**。然后再要求对方敲定订单。

小贴士

留下积极的第一印象

积极主动：微笑，表现出热情，用**巧妙的赞美**或关于产品的**预测**引出话题。

利用假设达成成交

当潜在客户马上就要做出决定时，直接表示：“我今晚就帮你下订单。”

提供备选方案

给出**两个选项**，然后提问：“这两个方案你更喜欢哪个？”

总结客户福利

把主要的**功能**、**优点**以及**福利**列出，然后要求对方敲定订单。

利用稀缺达成成交

如果属实，那就告诉潜在客户你的产品**很受欢迎**，可能不会剩下太多存货。

利用肯定答案达成成交

设计出**一连串**潜在客户会给出肯定回答的**问题**，然后要求对方敲定订单。

跨国家与跨文化沟通

远程通信技术的进步给全球带来了前所未有的变化。包括视频聊天、即时通信、电子邮件在内的各种工具，让远离家乡的人们能够实现高效的沟通和协作。但是，虽然世界变得越来越紧密，但我们每个人仍保留着人类身份中必不可少的因素：我们的文化。

定义文化

文化包括作为社会成员的人们拥有、思考和实践的一切。文化影响着我们的经济和雇用我们的企业，并且是其中的核心部分。文化由实体、理念、价值观、心态以及既定的行为模式组成。在任何行业，你都可能遇到来自不同种族、国籍和文化背景的人。与不同文化背景的人打交道、跨国开展业务、安全旅行、有效沟通虽然并非总是易事，但却是在当今商业世界获得成功的必要条件。

文化由**实体、理念、价值观**和**心态**组成。

了解文化

与其他文化进行交流时，你需要对该文化的特殊理念、价值观及与自己文化的不同之处**保持敏感**。

根深蒂固的文化

如何学会融入作为我们成长背景的文化之中，对于这个问题，我们之中很少有人会思考。第一文化与我们的联系非常紧密，以至于几乎感觉不到它的存在。然而，学习第二文化则需要有意投入努力。

认识改变

任何国家的文化都是不断变化的。人们穿的衣服、使用的交通工具、阅读的书籍、谈论的话题等，都会随着时间的推移而改变。其中的原因牵扯到发现、发明和创新等内部的能力；还牵扯到来自其他文化的外部思想。一些文化变化很快，而另一些则演化得比较慢，这或者是出于习俗，或者是这些文化在地域上较为偏远造成的。文化的变化往往反映在人们说话和写字方式的变化上，因此，要确保你的交流能够映射出这些变化。

小贴士

研究亚文化

几乎所有大型、复杂的文化中都含有亚文化。亚文化群体是指拥有独立和特殊兴趣的小型群体，从本质而言，这些群体与利基市场无异。

文化具有普遍性

所有社会都希望将价值观和习俗传递给子孙后代，从而创造和打造一种文化。无论到哪里旅行，你都会发现带有不同于你成长环境的文化的人，注意到这些差异，能够让你们的沟通更加有效。

文化分配价值

在某些文化中，人们或许会做出在他人看来应该**受到谴责**的行为。在沟通过程中，不要在无意中打破禁忌或讨论被认为“过界”的话题，以免造成冒犯。

国际交流

从个人层面而言，跨国界交流意味着深入认识自己的思维或行为方式中包含的文化偏见。

首先要认识到，你的教育、背景和信仰在自己的文化中或许被视为可以接受甚至值得赞誉，但在来自不同国家的人来说却或许没有那么重大的意义。用不加评判的态度对待来自其他文化的人，你可能会发现，他们也会对你表现出同样热情的宽容。如果你发现自己私下里对对方有所评判，那就把评判放在心里。与来自另一种文化的人用文字或语言沟通时，试着从对方的角度理解生活。学会尊重他人的生活方式、国家和价值观。

小贴士

认清“不”的含义

有些文化认为说“不”是粗鲁的。在这些文化中，如果你的请求得到的是“**我试试看**”或“**没错，但这可能很困难**”这样暧昧的回应，那么最好权当自己的请求遭到了拒绝。

焦点话题

民族中心主义

所有的文化都会或多或少地表现出民族中心主义，也就是倾向于用自己的文化标准来评价外国人的行为，并相信自己的文化比其他任何文化都要优越。我们习惯将自己的文化视为理所当然。我们生活在其中，日复一日地伴随着这种文化的规则和假设生活。我们很快就相信，自己的生活方式就是“事情本该有的样子”。因此，我们经常认为自己的行为是正确的。然而，文化并不牵扯价值中立性。我们有充分的理由遵循自己的理念和行为，但这并不一定意味着别人就是“错误的”。

采取正确的心态

你不必适应当地的文化，按照本地人的方式做事，只需意识到并尊重他们不同的做事方式即可。“你的方式”在你的文化中或许很好用，但在另一种文化中就不一定那么行得通了。试着采取开放的心态，专注于以下几个要点。

- **学会包容，模棱两可**

接受你永远无法完全理解另一种文化的事实。然而，你仍然可以心平气和地审视和置身于这种文化之中。

- **更加灵活**

事情不会总是如你所愿。事实证明，只需稍加灵活处理，就能让人受益匪浅。

- **打磨谦卑之心**

承认你不知道或不理解的东西。你不是在另一种文化中长大的（甚至不能熟练运用这门语言交流），因此，你永远不可能完全理解其中的方方面面。表现出谦虚和包容之心，会帮你赢得朋友、影响他人、让生活更加轻松和谐。沟通是意义的传递，因此，一定要尽量避免你的信息被对方误解。

问问自己……

我了解这种文化吗？	是	否
1 我了解这种新文化中初次见面和参加会议的**基本商务礼仪**吗？	□	□
2 我知道如何识别团队中的**关键决策者**吗？	□	□
3 我熟悉这种文化中的**商务着装要求**吗？	□	□
4 我知道这种文化中**有多少种语言**，哪一种是**官方语言**吗？	□	□
5 我有没有掌握这种文化偏好的**谈判方式**？	□	□
6 我是否知道哪些**媒体形式**针对哪种**群体**比较流行？	□	□

网络写作

人们阅读网站的方式与阅读其他信息的方式有所不同。在创作网络内容时，请务必考虑到这一点。只是对为印刷品而写的内容稍加改动就照搬是不够的，你需要专门为网络平台进行创作，仔细斟酌你的读者需要什么，以及你想让他们知道什么。

吸引你的读者

网络写作为什么有所不同？首先，人们很少会逐字逐句地阅读网站上的内容，而是会浏览网页，挑选出某个词语和句子。互联网的读者不会将网页从头到尾通读，而是在浏览后寻找相关条目，并在发现有用信息后保存下来供以后参阅。你可以使用标题、列表和醒目的字体，引导读者将注意力放在文档中最重要或最有用的条目上。

了解你的读者

在开始创作之前，先要**搞清楚**你是为谁写作的。了解读者**希望**从你的网站上得到什么，这可以帮助你更好地迎合他们的**需求**，并说服他们按照你的想法采取行动。你也可以分析数据和进行市场研究。

考虑文章长度

一旦得知读者想要的结果，就将精力**集中**在这上面。优质写作的规则（见第284页—298页）仍然适用。对**每一段**和**每一页**的长度加以限制，尽可能用**精简的词语**，只传递必要的信息。

避免碎片化

注意不要把你的信息细分成太多的碎片。如果读者有太多的选择，便可能不知从何看起或产生焦虑情绪。确保每个段落**结构合理**、**连贯**、**易于浏览**。

16%

16%的用户会**逐字**阅读网页；大多数人只**浏览**文本，挑出**高亮凸显的单词**、粗体或彩色的**段落标题**以及条例要点。

导航助手

网页的读者通常不会按顺序进行阅读。相反，他们的目光会在网站上跳跃，在图片、理念和文字之间来回浏览，寻找自己感兴趣的内容。用精准的段落或“区块”为单位提供信息，可以让读者快速找到想要的信息。一个结构清晰的区块可以为读者提供全面的叙述以及相关或支持页面的链接。遇到适合这种处理方式的内容，使用列表，而不要分段。相比于完整的段落，读者更容易从列表中找到信息。

一目了然

你的主要目标，是为读者**提供访问渠道**，让他们找到最需要的信息。提供**方便跟踪的提示线索**，引导读者阅读有用的信息。对较长的文档进行简短而全面的总结。

易于访问

让你的内容易于访问。确保页面方便读者用屏幕阅读，使用清晰的标题、链接和图像描述，帮助视力受损的读者。如果想要吸引国际访客，那就考虑翻译网页。

便于查找

方便读者查找和保存信息。研究关键字和制作元数据（页面描述），增加页面在搜索引擎上的可见度。如果内容太长，尝试**链接**至一个可下载的**PDF**文件中。

社交媒体沟通

脸书、推特、Instagram、抖音、YouTube和领英等互联网社交媒体平台，已经改变了人们做生意的方式。在社交媒体上露面已经不再是一种选择，而成了一种必需，因为各年龄段客户的购买决策都要受到品牌在社交媒体上的曝光的影响。那么，该如何将社交媒体输出的影响放到最大呢？

制定策略

社交媒体有许多不同的用途，包括提高公司品牌的知名度，增加网站的流量，在国内外建立新的业务联系，到促进销售或吸引客户。所以，你应该做的第一个决定，就是确定使用社交媒体沟通的目的。明确你的目标，并按重要性进行排序。

接下来，对你的客户或目标观众的上网习惯进行一些正式或非正式的调研：对方是谁？使用的社交媒体渠道有哪些？他们对这些渠道有什么期望？如果能适应客户的需求，你就会取得更大的成功。

还要记住的是，当今，如果想在社交媒体上收获可观的观众，不仅是发布信息那么简单。你可能需要投资付费广告，因为付费给社交媒体平台，可以将你的帖子展示给更加广泛的观众，提升帖子产生理想收效的概率。

73%

73%的营销人员表示，获取**新客户**是他们进行**社交媒体**营销的最大目标。

关注成功

始终思考你的社交媒体活动能够如何转化为业务增长，如果对利润不产生影响，花费昂贵的成本在社交媒体上曝光就没有意义。想想该如何衡量你的活动的有效性。例如，在脸书或推特上拥有大量关注者虽然值得称道，但如果不能提高业务绩效，那可能就没有什么价值。同样，如果不能利用关系来创建新的业务，那么在领英上建立庞大的人际网可能也没有什么用处。要不断思考如

社交媒体三大主要用途

	创意营销	建立社群	客户服务
具体活动	○通过各种媒体形式发布娱乐内容。 ○打造引人入胜的故事。 ○利用幽默调动读者积极性。	○创造供具有共同兴趣的人相互交流的空间。 ○为社区提供有用的信息和资源。	○解决客户的问题。 ○衡量客户对企业的看法。
注意事项	○在所有平台和沟通中保持品牌信息、语气和写作风格的一致性。	○保持内容生动、及时、多样。仅仅提供其他网站的链接，对鼓励他人重复访问没有什么帮助。	○为客服建立一个单独账号，确保给出及时权威的回复。

何衡量你在社交媒体上投入的努力的价值。

还要记住，社交媒体的核心在于社交。太多的公司把社交媒体像企业网站一样当作一种单向的交流形式，而不邀请用户发表评论或贡献内容。与客户建立的对话越多，对社交媒体渠道的利用就越有效。

与观众互动

如何通过社交媒体渠道沟通，取决于你的目标。然而，以下几点是你在各种情况下都要做到的。

- 定期发表文章：只是偶尔发表文章的媒体平台很快就会失去人气。
- 发表不同类型的内容：单凭书面文字不足以吸引观众，还要发布高质量的图片和视频。
- 发表有趣的评论：尽可能鼓励讨论、评价或点赞，而不是被动陈述。
- 为观念不同的用户选择不同的内容创作者。
- 确保在合理时间范围内回复用户帖子。

召开视频会议

科技的进步使得视频会议成为许多企业的重要工具。虽然如Skype和Zoom这样的视频聊天应用程序很方便使用，但仍要注重通过仔细规划来避免技术故障，为参与者打造有益而有效的体验。

准备视频会议

随着越来越多的人进行远程工作，在线会议变得越来越普遍，这些会议让分散在不同地区的同事面对面交谈，并有助于营造团结一致的氛围。举办一场富有成效的视频会议，很大程度上取决于你花在准备上的时间。首先敲定你希望会议达成的目标，考虑技术要求、小组规模、时间安排和会议资料等问题，并制订相应的计划。

规划你的视频会议

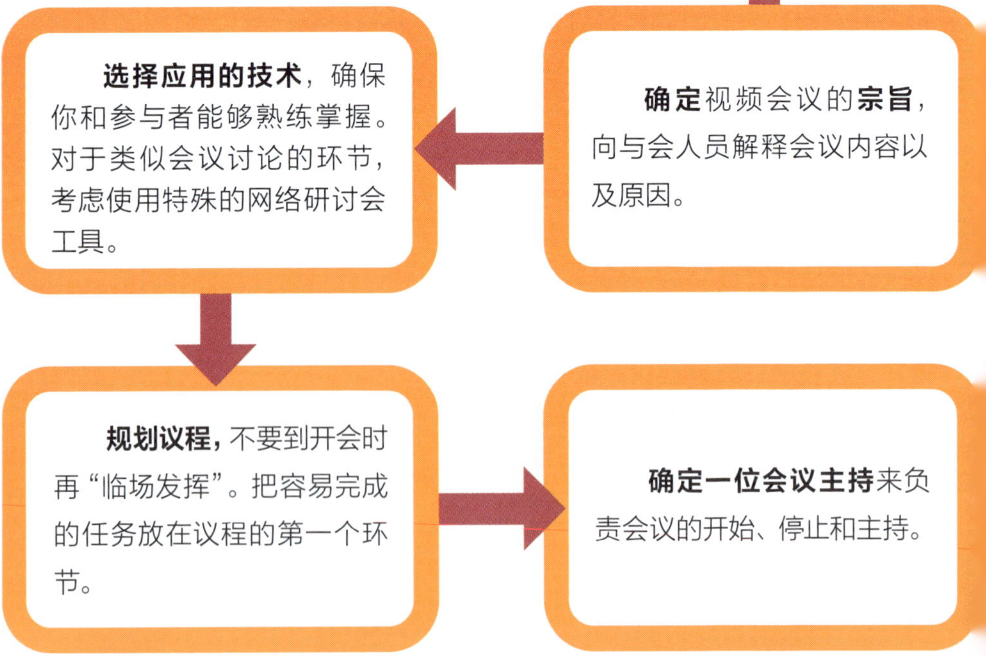

确定视频会议的**宗旨**，向与会人员解释会议内容以及原因。

选择应用的技术，确保你和参与者能够熟练掌握。对于类似会议讨论的环节，考虑使用特殊的网络研讨会工具。

规划议程，不要到开会时再“临场发挥”。把容易完成的任务放在议程的第一个环节。

确定一位会议主持来负责会议的开始、停止和主持。

主持视频会议

应该做的事	不该做的事
○ **要求与会人员说出姓名、职位、所在地。**	○ 只介绍一部分人，对其他人置若罔闻。
○ **按议程进行，确保按时。**	○ 介绍事先没有说好要介绍的条目。
○ **掌握主动权，给人们发言的机会。**	○ 允许与会人员在私下对话。
○ **记录谈话内容和谈话对象。**	○ 没有认真听取与会人员的发言和达成的协议。

在线会议变得越来越普遍，让分散在不同地区的同事有机会**面对面**交谈，并有助于营造**团结一致**的氛围。

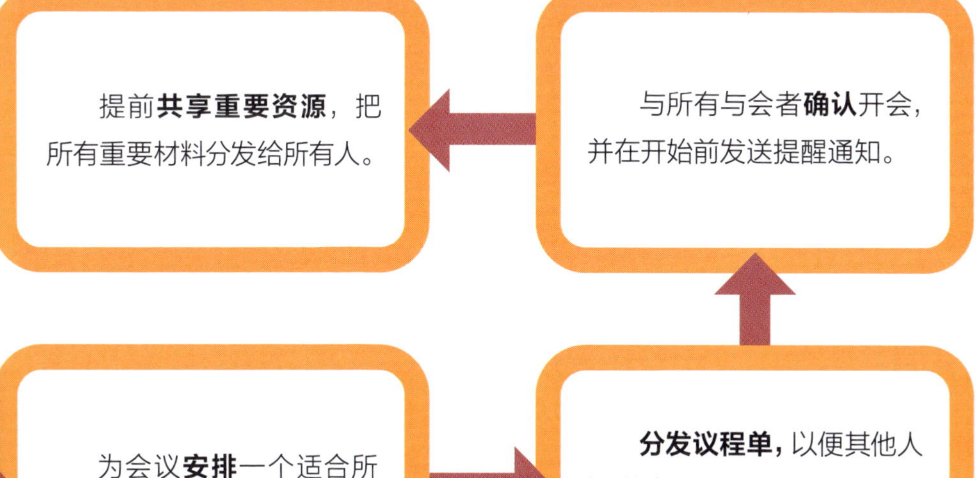

形象得体

会议当天的着装要保守：不要有容易引起注意的花哨图案、细条纹和小印花。时刻表现出在别人目光之下的样子，不要做出古怪的行为，因为这些行为在线下会议上或许没人会注意，但在视频通话中却会被放大。坐直身体，集中注意，拿出专业的形象。摄像头不一定都在屏幕上方，因此在开始通话之前，要先确定镜头的位置，确保说话时直视镜头。正对镜头时，你的可信度会大幅提升，对方也会觉得你是在直接跟他们讲话。

确保你打电话的房间**干净整洁**，**背景**里没有任何干扰因素。

特别注意房间里的灯光，确保面部**采光充足**。可以尝试在面前的桌子上平放一大张白纸，**减少脸上的阴影**。

通过视频会议取得成功

当今，由于Zoom、Microsoft Teams和Skype等计算机视频会议系统，任何拥有笔记本电脑和互联网的人都具备了召开在线会议的能力。然而，随着这种能力而来的，是照顾到会议各方的责任。遵循一些简单的技术和演讲技巧，让你的网络会议更加专业和高效。

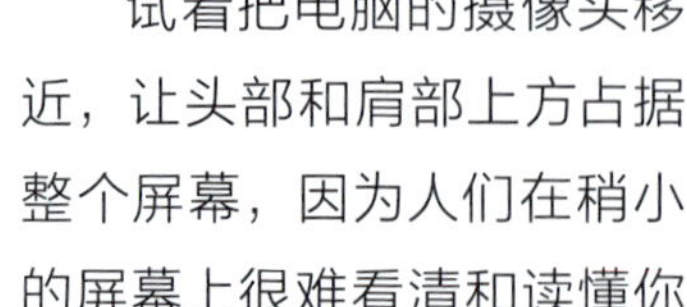

试着把电脑的摄像头移近，让头部和肩部上方占据整个屏幕，因为人们在稍小的屏幕上很难看清和读懂你的面部表情。

在你身后**多加一盏灯**，照亮房间，打造一种空间感。

关掉电话等任何潜在的干扰，把状态设置为“请勿打扰”，防止被其他来电打断。

花点时间**了解平台的操作系统**，以便在必要时进行麦克风静音或分享屏幕等操作。

看着摄像头，而不是你在屏幕上的图像。

在拨通之前，先**检查**对方能在画面上**看到什么**。

考虑**将会议记录下来**（但首先要征得许可）。

关闭电脑上的其他程序，尤其是那些发出噪声的程序（如电子邮件客户端程序）。

用手势和表情来**强调**你的发言。

有效发言

一旦连上了会议，避免发表欠考虑的言论，假设总有人在看着你或听你的发言。语速比平时稍慢一点，确保每个人都能听清，并用手势和面部表情来吐出发言内容。不要阅读演讲稿，但要在演讲过程中不断总结关键点。从一个话题进行到下一个话题时，请参考会议议程，并提醒人们已经过去了多长时间。在大型会议上，让与会者通过视频会议程序的聊天或文件共享功能提交问题，以避免打断发言。最后，对讨论和达成共识的问题进行讨论。活动结束后，在几天内准备好会议纪要并进行分发。

危机中的沟通

商业难题和危机之间有着巨大的区别。难题在商界非常常见。但与之不同，危机却是不可预测的重大事件。缺少细致的沟通，危机便有可能侵害企业、员工、股东、产品及服务的声誉与财务状况。

确定危机

（从一定程度而言）一些业务危机可以事先防范，而其他则需要动用创造力立即做出反应。危机主要分为两种类型。

- 内部危机

这些危机发生在公司内部，如会计丑闻，或罢工。

- 外部危机

这些危机是由外部因素造成的，如新冠肺炎疫情、自然或技术灾难，或是特殊利益集团带来的外部威胁。认识到你所面临的危机类型非常重要，因为这将帮助你确定需要沟通的人群，并了解危机的影响可能传播的速度和范围。

组建一个卓有成效的**团队**，将团队成员与其他**日常事务**隔离开来。

案例研究

欧莱雅

在新冠肺炎疫情暴发之前，法国化妆品公司欧莱雅已经用了数年时间扩大数字业务。但当危机于2020年袭来时，公司决定全力投入该领域。面对美容市场的低迷，一些竞争对手的反应是减少营销活动，而欧莱雅则保持在线沟通的畅通无阻，将77%的媒体预算投入数字媒体。除了让人们知道公司在捐赠洗手液和财政援助方面所做的努力，公司还寻求与客户建立更牢固的关系，鼓励他们在网上进行提问和订购。如公司在网上发布的一条帖子，说：“要遵守社交距离吗？当然要遵守。社交媒体距离呢？完全没必要。”结果非常显著：2020年公司电子商务业绩增长了62%。时任首席数字官的卢波米拉·罗歇尔（Lubomira Rochet）表示：“我们在8周内完成了3年才能完成的工作，将电子商务在公司业务中的占比从18%提高了一倍，达到了今年4月34%的峰值。”

处理危机

危机中的沟通不同于管理业务难题。你很可能被搞得措手不及，没有足够的信息，且时间压力紧迫。危机中的沟通往往少有先例可循，还要接受来自企业外的严密审查。这或许会让人感到失控和恐慌，因此，保持头脑清醒，有规划地应对危机是很重要的。

讨论危机

做什么	怎么做
01 搜集信息	○在处理危机前搜集信息，将事实和谣言区分开来。记录你确定知道什么，以及不知道什么。输送可靠信息，并保持沟通畅通。 ○从短期和长期两方面判断真正的问题所在。确定问题是不是真该由你承担。
02 调派人员	○任命负责人。赋予对方完成工作的责任权力和资源。把负责人的身份公布给大家。 ○组建一支高效灵活的团队。为团队配置具备所需专业知识的人员，并为团队提供资源。将团队成员与其他日常事务隔离开来。
03 制订计划	○制定战略，其中包括解决问题、面对受影响方以及进行短期和长期沟通的方式。 ○建立目标。确定你的短期、中期和长期目标。不断进行衡量评估，不要因为批评、负面消息或短期失利而气馁。
04 进行沟通	○集中处理沟通。传入式沟通提供情报，而传出式沟通则传达了对于正在讨论的问题的管控措施。 ○严格限制发言人的数量，并确保这些发言人博学、权威、反应敏捷且拥有耐心和幽默感。

与媒体打交道

接受新闻媒体采访绝不是一件轻松的事，有时还可能造成压力和风险。你或许会说错话，或者忘记提及关于采访主题最重要的信息，或者，你的评论还会在播出时被人断章取义。然而，只需遵循一些基本规则，你便可以将风险降至最低，并利用采访机会让自己受益。

利用采访机会

学会将媒体采访视为一次接触大量观众的机遇。采访为你提供了一个讲述故事、向公众介绍业务或专业知识的机会。如果你是被媒体误导的受害者，那么采访也提供了一个面对公众还原事实真相的机会。如果你真的犯了错，那么采访可以成为一场道歉会，也可以作为一个巩固企业及领导层声誉的机会。如果你没有做好准备，不要在胁迫下硬着头皮接受采访，你可以选择拒绝，或者委托其他更善于与媒体打交道的员工。

不要硬着头皮**接受采访**，你可以拒绝，或者**委托给**其他更善于与媒体打交道的员工。

为采访做准备

确保采访成功的最好方法，就是进行充分的准备。

收集你需要的所有**信息**。确保你掌握了**最新的事实和数据**。

调查采访者的背景信息；只与**知名**、专业点记者打交道。

问问自己……

成功应对媒体采访

		是	否
1	你清楚自己**希望从采访中获得什么结果**吗？	☐	☐
2	你知道**哪些信息**可以分享，哪些应该保密吗？	☐	☐
3	如果记者试图激怒你，你确定好**避免争端**的方法了吗？	☐	☐
4	你知道如何在不重复记者措辞的情况下**回应**不实指控吗？	☐	☐
5	无论面对什么状况，你是否致力于保持**专业亲切**的形象？	☐	☐

收集所需的信息：确保你掌握了最新的**事实和数据**。

小贴士

尽早表明你的观点

采访的记者或许偏不引出你最希望讨论的问题。那就**自己提出问题，发表观点**，并**频繁重复**。把广播和纸媒的免费空间利用起来。

向企业的公共事务或传播部门寻求**帮助和指导**。

挖掘故事的**主题和背景**，询问还有哪些参与者。

再次确认采访的**时间、日期和地点**。

打造品牌

传达品牌的精髓，不仅仅是简单地用文字和视觉来打造形象。因为品牌既是一个过程，也是一款产品，是一种活生生、会呼吸的有机体，如果要使之生存和茁壮成长，就必须给予培育和保护。

赢得人心

品牌首先应给予某种体验的承诺。品牌是产品、服务或企业在客户和潜在客户心中所代表的东西。品牌的核心是一种感知或感觉，是我们想到某种产品或提供这种产品的企业时心中的感想。当然，品牌也是市场差异化的基石，一种让客户在理智和情感上将你与竞争者区分开来的方式。

定义品牌

内容和一致性，是品牌最重要的特征。要想成功，品牌必须对其利益相关者（客户、员工、投资者、供应商、债权人等）做出明晰的承诺，并予以兑现。

例如，星巴克品牌与顾客体验紧密相连。当星巴克的常客开始抱怨起热早餐三明治的气味时，前首席执行官霍华德·舒尔茨（Howard Schultz）决定，公司应将重点放在新鲜研磨的咖啡带来的核心体验（和香气）以及轻松的环境上。电子巨头三星的品牌承诺是“实现不可能”（“Do what you can’t”）。这句话概括了公司想要走在技术前沿、让用户体验刚刚问世的科技的愿望。

传递品牌形象

愿景

确保拥有始终一致的战略**愿景**，以此推动你的品牌目标。优先考虑该如何**实现**承诺。（什么是最重要的，原因是什么？）赢得所有利益相关者对愿景的支持。

文化

赋予企业全员**支持品牌**的权利。给予他们**满足客户期望**所需的权限、职责、资源和培训。

焦点问题

品牌价值

拥有明确自我意识并致力于言出必行的品牌往往能够长盛不衰，因为它们能够经受经济的衰退、客户喜好的变动，以及同类产品的重大创新。桂格燕麦公司的前首席执行官约翰·斯图尔特（John Stuart）曾经说过："如果这家公司被分拆，我很乐意把不动产、厂房和设备给你，但会把品牌和商标拿走……我的日子会你比好过得多。"瑞典家具巨头宜家将分离品牌/基础设施的理念铭记于心，并融入企业体系之中。宜家的门店和运营归英格卡控股集团所有，而品牌和商标则归宜家国际集团所有。

行动

确定将对品牌成功至关重要的行动，并传达给企业负责履行承诺的人员。

创新

你不能原地不动，必须**不断创新**，领先于市场需求，把控从人口统计情况到目标群体的品位和偏好在内的一切变化。展示出你对品牌体验的创新和捍卫。

价值

不断**衡量结果**。向投资者、同事和商业伙伴展示你已取得的成就以及有待改进的地方。

品牌有助于让客户在**理智和情感**上将你与竞争者区分开来。

演讲

为演讲 做准备

演讲是一种告知、鼓舞和激励他人的方式。无论你的观众是一群愿意接纳新事物的同事、苛刻的客户，还是严格的监管机构，你的职责都是影响对方对你信息的看法和感受。无论你的魅力有多大，演讲的成功都取决于对内容和表达方式的精心规划。

17

把观众放在第一位

想要发表成功有效的演讲，你就得从自己对主题的认知抽离一步，从观众的角度审视你想说的内容以及传达信息的方式。几乎每位观众对事物的重视程度都会与你有所不同。

确定需求

演讲和书面报告的目的完全不同，因为演讲绝不只是另一种信息载体。演讲可以让观众通过观看、倾听和受到启发来获取知识。观众聆听演讲的目的，并不是学习你对于某一主题所知的一切，而是要掌握你的观点。优秀的演讲者明白，观众想要得到一定背景下的信息，而不是掌握信息的一切细节，因此请问自己可以通过演讲传达关于主题的哪些内容。

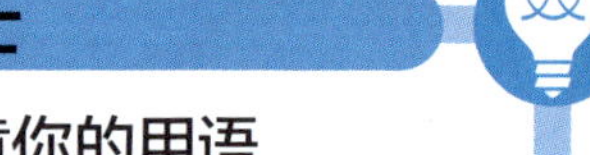

注意你的用语

核实**观众**的**语言能力**，如果母语不同，你需要多加体谅照顾。

研究观众

早在规划演讲之前，就请了解你的观众。与活动组织者交谈，了解对方的期望如果可能的话，提前与观众进行接触；询问他们现有的知识水平，以及希望听到什么内容。看看他们需要的是劝说、告知教育、激励还是其中的几项。越是了解观众的期望，你就能越好地满足他们。

即便在刚刚听完演讲之后，**观众**也很可能只能**记住大块的主题**。

问问自己……

我的观众是谁？ 是 否

1 我知道**谁会来听我演讲**吗？ ☐ ☐

2 我是否了解对方已经**掌握的信息**？我们有没有可以作为建立理解基础的**共识**？ ☐ ☐

3 我了解对方的**期望**吗？他们会对演讲主题有什么**先入为主**的看法吗？ ☐ ☐

4 我知道自己想让对方学到什么吗？我希望他们**如何利用**这些知识？ ☐ ☐

5 我知道该通过表达哪些内容来**达成目标**吗？ ☐ ☐

确保信息主题鲜明

确定你希望观众理解和记住的重要信息，这种核心信息不应超过三条。围绕这些要点构建你的演讲并加入具体细节，但要切记，在演讲中，少即是多。强调并重复你的要点，不要努力表现得难以捉摸或油腔滑调。在你想表达的内容与观众想听的内容之间寻找重合之处。

小贴士

适应观众的思维模式

你的观众是由**创意人士**还是分析师组成的？注意调整你的演讲**内容**和演讲**表达**，以便适应对方的思维方式。

演讲与销售

演讲有多种多样的用途，既可以激励和鼓励观众，也可以通过正式（如演讲）或非正式（如团队简报会）的渠道传递信息。但最常见的情况是，演讲可以用来宣传产品、服务或想法，或是说服利益相关者采取具体的行动。换句话说，无论公开还是隐秘，大多数演讲的目的都在于销售。

演示你的想法

越能满足观众的需求，你的演讲就越成功。因此，无论是推销创意还是产品，你的演讲都应该着眼于如何帮助观众和解决问题。在讨论到你的想法、产品或服务时，不要只列举其特点，而要凸显益处。

在演讲过程中，你的观众会不断对你的可信度和“推销”的感染力进行评估。你需要“阅读”他们的反应，以便解决问题。成功的演讲者会鼓励观众多提问题和插话，这是因为来自观众的问题和评论能够提供至关重要的反馈。

> 你的演讲应该**专注于**如何**帮助观众**。

通过演讲成功推销

推销收益，而不是功能

演讲必须围绕对买家**最重要的东西**展开，只是泛泛地讨论是不够的。讨论**具体的益处**。说一说你的产品或服务如何有助于解决问题或改善情况？

相信你的演讲内容

在演讲中务必做到**生动、热情**。即便产品能够满足需求，买家也不愿从一个并未**全身心投入**产品的人那里进行购买。

期待达成成交

如果演示有效，那么客户的下一步自然就是购买或是大宗购入。做好准备，让对方做出某种**承诺**并同意采取**立即生效的行动**，即使只是安排进一步的会面。

展示，不要讲述

视觉和实物展示能让销售演讲生动起来。人们容易**记住**自己**亲眼所见和亲手所做**的东西，因此，请尽情**发挥创造力**。

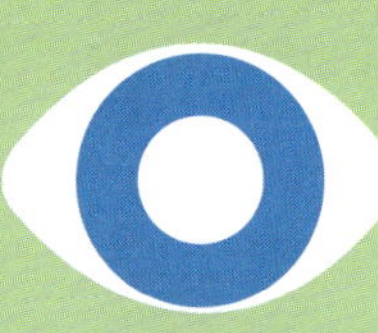

知道你所讲的主题

为了建立**可信度**，你需要对产品或服务了如指掌。除了处理一般且可预测的问题，还要做好准备，展示你在**各方面的知识**。

焦点话题

两分钟推介

偶遇经常发生，无论是在两次会面的间隙，还是在会议上与人随意聊两句。专门打造一段两分钟的推介来介绍自己、你的业务和能够提供的独特价值，不失为一种明智的做法。你的陈述应易于理解，不仅能阐述你提供的解决方案，还能反映出你对工作的热情。一段有效的两分钟推介，能为你带来数量惊人的后续会谈。

小贴士

直奔主题

尽快谈及观众想要知道的问题，从而**调动积极性**。避免在**演讲开始**时陈述你或公司的背景信息，比如公司何时成立、位于哪里等。

正式演讲

在许多演讲中，你都可以控制自己说话的内容和方式。但要注意，有些类型的演示要正式许多，需要遵循由观众或第三方规定的规则、要求、时限或格式。这些演讲要求演讲者向董事会、监管机构、审查和评估小组提交报告，所有这些，都需要精心的规划和对细节严格把控。

保持专注

应要求进行正式演讲时，确保对方阐明对你的期望，比如理想的时间长度、内容及材料背景信息。要确保稳妥，不要在结构上做太大胆的尝试，而要坚持屡试不爽的格式。

引出主题、准备提出的论点以及将会得出的结论。

准备完全，成功可期

在正式陈述之前，主动去找认识董事会成员的人。挖掘关于其背景、关心的事物以及习惯秉性的一切信息。利用你得到的认识精心规划论点，如果条件允许，尝试提前让董事会成员对你的立场予以支持。

自信是成功的另一个关键因素。人们希望你坚守立场，用令人信服的证据支持你所有的论点。沉着自信地应对质疑，切记，受到攻击的是你的立场，而不是你的人格。如果你与同事一起演讲，那就确保你们的故事中“不存在漏洞”，即确保所有材料一致。

如何安排一场正式演讲

对董事会演讲

保持演讲的简洁，不要加入太多细节。举个例子，如果是在董事会面前演讲，要记住他们不参与日常管理，而且有诸多需要处理的事宜。专注于他们真正需要知道的信息，但也要确保不要隐瞒任何重要信息，精心挑选措辞，确保不会被误解或被人认为是在误导。

小组讨论

小组讨论是会议常见的一环。如果被要求参加小组讨论，那就确保自己理解需要讨论的具体领域或问题。确定你之前和之后的发言人及其关注的重点，避免重复他们说过的内容。

在演示中留出空间，因为发言时间往往会因为延迟而做出调整。确保你有足够的时间来陈述要点。如果你觉得某个话题太过复杂，不适宜在既定时长中展开，那就提议换个话题。

你要**坚守立场**，用**令人信服的证据**支持所有的论点。

遵守演讲程序

一些专门性的小组讨论非常正式，在回答其他小组成员或观众的问题之前，每个成员都需按要求依次就主题发言。另一些小组辩论则要松散得多，任何小组成员都可以随时插话、补充或提问。如果你的小组讨论的结构较松散，那就在别人发言时注意倾听，不要频繁打断别人，也不要长时间发言。无论文章结构多么随意，你都要花时间提前准备好重要信息。

清晰而有说服力地**铺设论点**，证明论点的正确性。

给出结论：总结你的主要论点，阐释结论的合理性；解释为何对自己的结论坚信不疑。

鼓励大家对你的演讲进行讨论，看看大家是否彻底理解了你得出结论的方式。

小贴士

为尖锐的问题做好准备

面对董事会和讨论小组的**正式演讲**或许会引来对立的问题，因为，尖锐问题在董事会看来是可以接受的，因此，请提前**准备好可靠而有力的答案**。

规划结构

想要整理论点、打造有效而令人信服的演讲，可以使用多种结构。有的时候，你需要传达的内容的性质比较适合某种特定的结构。除此之外，这也可能涉及个人偏好，即你可能只是单纯觉得一种结构比另一种更顺手。但无论选择怎样的结构，在演讲的最后，你都应达到自己的沟通目的。换句话说，内容决定形式，而不是形式决定内容。

规划基本要素

所有演讲的结构都涉及三个基本要素：引言或开头，正文或主要内容，以及结论或结尾。演讲的大部分时间应该花在阐释主体上，但也不要低估抓住观众注意力的开场白的重要性，还要在结尾将所有内容串联在一起。

快速绘制简单的故事板

用故事版规划演讲时，便笺是一个有用的工具。针对每种类型的元素使用不同的颜色：例如，蓝色代表关键信息，粉色代表支持信息的论据，橙色代表视觉辅助。对便笺进行重新排列，实验不同的次序，寻找“展示”和“讲述”之间的平衡，找出薄弱的环节。故事板是一种对想法排序的方法，可以帮助你在规划演讲时以符合逻辑和引人注目的顺序表达想法。故事板增加了一个物理维度，对于组织演讲和理解使用视觉辅助工具的威力尤为有效。

75%

演讲的内容主体应占**75%，开头占10%，结尾占15%。**

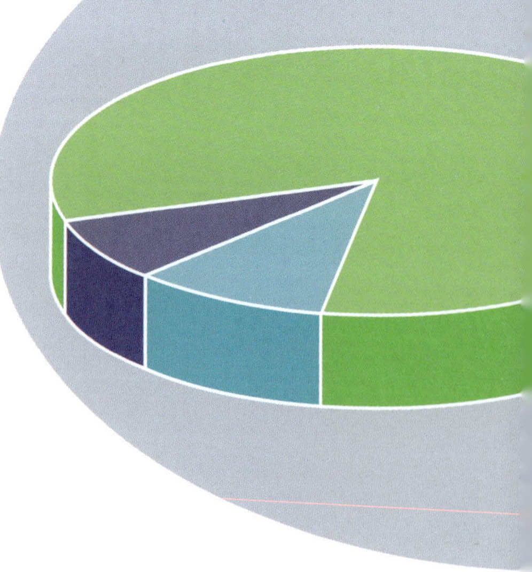

开头

把开场部分当作对观众的一种承诺。你的开场应该阐明观众将要听到的内容，以及阐明这些内容为什么重要。开头部分需要吸引观众的注意，给他们一个继续听下去的理由。

主体

这就是兑现你在开头许下的诺言的部分。在主体部分，你可以提供事实、分析、解释和评论，补充你所传递的信息。要想保持观众的兴趣，就要把开头许下的承诺记在心里，并确保每个元素都能朝着这个目标推进。

结尾

演讲的结尾，就是提出“接下来怎么办”的部分。提醒观众注意你提出的**要点**，清晰表达这些要点引出的信息或可以从中得出的结论。一个有效的结尾可以表明你对提倡的行为或所持立场的**坚信不疑**。虽然用在结尾的时间不应超过演讲的**15%**，但要记住，这或许是观众记得最清楚的部分。如果想让观众记住什么，就在这个部分表达。

小贴士

保持结构平衡

演讲的结构应该大致遵守以下比例。

开头占**10%**，
内容主体占**75%**，
结尾占**15%**。

让每一部分完成应完成的功能。不要在开头提供太多信息，也不要在结尾引入新观点。

选用不同结构

要使演讲的影响力达到最大化，那就选择与内容契合的结构。例如，如果你的材料由数据驱动，那就使用编号列表；如果你要推销一个概念，那就引入案例研究。这里列举了一系列好用的备选结构。

编号列表

使用这种结构来呈现**模块化信息**，例如市场中的顶尖竞争对手。通常来说，**定量信息**可以帮助观众理解一系列条目之间的关系。

70%

70%的演讲者都认为**演讲技巧**对事业的**成功至关重要**。

1

列举问题及解决方案

概述一个问题，然后阐释**如何解决**。这种结构适用于讨论变革。这**有助于**将你塑造成能**审时度势**、**阐释形势**并**指点前路**的人。

列举功能和优点

仔细研究产品或提案的各个**元素**，并解释每个元素所能产生的**积极效果**。这种模式适用于**侧重说服的销售演示**。

3

演绎推理还是归纳推理？

演绎推理是从一般性原则向具体细节的推理方法（“我们的市场在扩大，我们的表现应该不错”）；**归纳推理**则是从具体细节向**一般性原则**的推理方法（“我们的表现不错，因此我们的市场应该会扩大”）。

4

传达信息

告诉观众你**会向他们传达信息，在传达信息后告知他们你已传达了信息**。在信息清晰且有证据支持的条件下，这种简单的结构非常适用。

故事和案例研究

通过**精彩的叙述来表达**观点或论点。人们**爱听故事**，因此，这种演讲方式不仅吸引人，而且很有感染力。保持故事简练，并解释故事背后的“道理”。

告诉观众你会**向他们传达信息**，在传达后**告知**他们你已传达了信息。

比较和对比

将你的资料放在**背景信息**中，与其他信息进行比较。确保其相似和不同之处是**显而易见**的。

8 选择和效果

列出一些选项以及每种选项的**优缺点**。确保这些选项各有不同，而不只是同一理念的不同变体。如果想要提倡最理想的前进方向，那就用数据**予以支持**。

9 时间顺序

按**时间顺序排列的结构**适于展示**循序渐进**的发展过程。这种结构的线性结构有直观易懂的特点。为了避免枯燥，确保你的材料**具有方向性，且稳步向前推进**。

在演讲中
展现风采

随着演讲日期的临近，你为材料和演讲所做的所有准备，都可能会因当众表演的压力蒙上一层阴影。不要担心，有很多技巧都可以在演讲当天帮你抢占优势、增强信心，让你更好地应对紧张或意外。

18

打造良好的第一印象

你的观众首先注意到的是你的外表，而这种第一印象是很难扭转的。仔细考虑你想通过着装、仪容和姿势传达的信息。面对镜子审视自己，问问同事对你外表有什么看法。

与观众沟通

外表本身并不能赢得观众对你的喜爱，但却能有效影响他人对你的意图和可信度的看法。挑选衣服的时候，请考虑哪套衣服会让你想要留下深刻印象的人眼前一亮。

例如，如果观众大多是身着便装的同行，但也包括两个正装出席的总监，那你就该穿正装而不是便装。如果你是一家工厂的负责人，要对车间工人讲话，想想身穿西装或干净的工作服分别传达的信息会有多么不同。

小贴士

时刻得体

远程演讲时，即使大家**只能看到**你的头和肩膀，着装合宜也同样重要。合宜的着装会让你感觉更加**专业**，并传递出**自信的感觉**。

问问自己……

我的外表是否得体？	是	否
1 我的**头发是否干净**、发型清爽、没有遮盖脸部？	☐	☐
2 我的**指甲**是否干净并修剪整齐？	☐	☐
3 我是否**检查**自己的妆容？	☐	☐
4 我**修剪**上唇和下巴的胡子了吗？	☐	☐
5 我有没有露出任何可能侵犯到别人的**文身**？	☐	☐
6 我使用**止汗剂**了吗？我用的**香水/古龙水**是否太过浓烈？许多人并不喜欢香水的气味。	☐	☐

通过着装留下好印象

着装和外形没有固定规则，在不确定时，选择得体、专业而保守的着装，而不是试图"融入"观众的风格来博得他们的信任。你的着装目的是打造一种权威自信的形象，而不是为了取悦自己，因此不要穿便装，如牛仔裤、运动鞋、皮革、用闪亮面料制做以及任何带有明显标志或设计师品牌的衣服。虽然色彩能吸引注意力，但要避免分散注意力的明亮色块。确保鞋子干净锃亮且合脚舒适，如果某双鞋让站着演讲的你感到脚疼，那就换一双。

尽量少戴首饰，让首饰成为演讲中最耀眼的因素，这并不是明智的做法。即便不近距离接触观众，也要时刻注重细节。如果你的衣服皱皱巴巴或袖口磨损，观众十有八九会注意到。把口袋里鼓鼓囊囊的钥匙、零钱和其他散乱的东西拿出来，检查翻领上有没有名牌。

无论穿什么，都一定要花时间把自己打理干净，观众是无法忍受你蓬头垢面或不讲个人卫生的。

小贴士

自然放松

在演讲时，放松很重要。虽然你不应该为了舒适而放弃**时尚**，但也不要穿**太过正式**的衣服，以免感觉不自在或让人看看表里不一。

打造自信形象

你的观众是跟你站在同一边的，他们希望你能成功；他们想要学习，想要受到你的启发。为了赢得观众的关注和信任，也为了发挥你的感染力，你需要展现风采，表现出你对自己和演讲材料的自信。

提高自信

内在的自信，来自对自己信心和对你所传递的信息发自内心的激情。感到自信时，你会表现自然，且坚信会取得积极的成效；你的自信发自肺腑，观众也容易接受你传递的信息。

你可以通过想象成功的图景来积累自信，除此之外，也可以通过实际经验。表面和内心的自信对你而言或许截然不同，但在观众的视角来看却没有区别。运用一些技巧让自己看起来更加自信，这会让观众给你积极的反馈，从而提升你内心的自信。

小贴士

注重积极表达

避免双臂**交叉**或远离**观众**、向后倾靠的姿势，这些**行为**会发出非常强烈的负面信号。

感到**自信**时，你会**表现自然**，且**坚信**会取得**积极的成效**。

小贴士

使用道具

如果你因为紧张不敢移动身体，那就用一只手**拿一个道具**，比如笔或无线遥控器，直到找到自如和**自信**的感觉。

建立你的存在感

开始演讲之前，只需通过手势和站姿，你就能够赢得观众的尊重。进行面对面演讲时，即使不能重排座位，你也应熟悉会场、自己的位置和视线所及的范围，对空间的掌控能够增加你的自信。给自己留出移动的余地，确保观众能够看到你的双手，不要只待在讲桌后，因为你的姿势可能会给人一种戒备感。在远程演讲时，请确保你正对着摄像头，并占据屏幕的大部分空间。

0.1秒

人们互相**评估**所用的时间，只需**0.1秒**。

问问自己……

我的形象是否自信？	是	否
1 我的**眼神交流**是否坚定？	☐	☐
2 我有没有放开**声音**说话？	☐	☐
3 我有没有保持**良好的姿势**？	☐	☐
4 我的**手势**自然吗？	☐	☐
5 我的**用语**是否像对话一样自然？	☐	☐
6 我的**动作**是否坚定果断？	☐	☐
7 我是否表现得**镇定自若**？	☐	☐

使用肢体语言

如果演讲内容无关紧要或太过乏味，那么观众走神也不是什么怪事。但如果你发出的非语言信号与说的话不一致，观众

也会失去兴趣。你的姿势、手势和眼神交流必须支持你所说的话；遇到相互矛盾的信息，观众会倾向于相信你的肢体语言所表达的意思。

以中立而权威的姿态开始演讲。保持平稳的站姿，双脚稍微分开，体重均匀分布在两脚之间。身体直立，面向前方，肩膀放正，不要耸起，手臂松弛舒适地置于身体两侧。不要靠在椅子或家具上支撑体重。

为你的动作计时

在演讲的前30秒，尽量不要移动双脚。这种“锚定感”有助于你在观众中建立权威。随着默契的建立，你可以放松姿势，这将有利于帮你赢得信任，也能让观众感到更加舒适。另外，身体前倾的姿势会发出积极友好的信号。

30秒

在演讲开始的**前30秒里**，你应该保持**平稳的站姿**。

焦点话题

稍作夸张

在远程演讲中，要格外注意你的肢体语言，盯着屏幕看时，很容易忘记你是在“现场直播”。观众可能只能看到你的头和肩膀，因此不能像面对面那样捕捉到你的手势。因此，对肢体语言稍作夸张是个好主意。面带微笑，身体坐直，调动大家的积极性。

你的**站姿、手势和眼神交流**必须支持你所说的内容，**观众更**相信你的**肢体语言**。

小贴士

清除坏习惯

避免任何让人觉得你局促不安的**表现**。避免做出紧张的举动，比如双手僵硬地放在背后、低头看地板、摆弄首饰头发，或是把玩袖子或纽扣。

用举手投足彰显风采

人类的注意力容易被动作所吸引，这是编入我们基因中的程序，因此在进行面对面的演讲时，想要吸引观众、吸引他们的注意力，最有效的一个方法就是移动。

做动作时一定要带着坚决和目的，如果你只是来回走动，别人会认为你是在紧张踱步，注意力也会因此涣散。然而，边说话边走动则会让你的演讲更富感染力。下文列出的几个动作，能在面对面的演讲中将想要传达的信息凸显出来。

当你想让观众**看幻灯片**时，朝着幻灯片的方向后退一步，挥动手臂，**引导观众的视线向上**看幻灯片：注意不要在移动时背对观众。

从**一个话题转移到另一个话题**时，移动到舞台的不同区域，这可以帮助观众将**重要信息**区分开来。

用动作来配合**突出重点**，例如在房间里走一圈，然后在讲述一个话题的结论时快速转身。

动作不必太夸张，因为你的目的是**吸引观众的注意力**，而不是娱乐。

鉴于房间的大小，你可能需要**将小动作“放大”**。

使用手势

在进行面对面的演讲时，使用手势来突出你的观点，就像在进行随意交谈一样；鉴于房间的大小，你可能需要将小动作“放大”。比如，如果你是背对着观众，那就需要将一个手势放大成挥动整个前臂。想要让手势显得“自然”，你或许需要进行一些练习。避免一切威胁的手势，比如用手指点指观众，或者拿手或拳头用力敲打桌子或讲坛。

进行眼神交流

许多演讲者都会有意避免与观众进行眼神交流。但如果你能保持镇定，并能用这种方式与观众互动建立信任和亲密感，也是保持观众注意力有效的方法之一，对于长时间面对面的演讲而言更是如此。

80%

80%的受访者承认在最近观看的演讲中有过**走神现象**。

自信握手

应该做的事	不该做的事
○ 弯曲肘部，伸出右臂。	○ 只伸出几根手指。
○ 手部晃动两次到三次再放开。	○ 久握对方的手不放，或是握得太轻。
○ 与你问候的人保持眼神交流。	○ 在与人握手时环顾四周。

保持交流

除非你是在向一大群人做演讲，否则应至少与每一位观众进行一次眼神交流。眼神交流的时间不应超过3秒，如果超过这个时长，会被对方视为敌视。如果你觉得眼神交流令人不安，那就和那些看起来友善而好接近的人进行眼神交流，然后再转向房间的其他人。

记住，你也要与那些在后排和两侧或看起来不太热情的人进行眼神交流。如果还紧张，那就往两个脑袋之间的空间看或扫视整个房间，绝不要把目光从观众身上移开。这样做不仅会使观众失去对你的信任，也会让他们在听你讲话时昏昏欲睡。

吸引观众注意力

新奇和期待能让观众在演讲的开头集中注意力。但是，一旦习惯了你的声音和演讲风格，继续保持注意力就有挑战性了。注意观众何时出现走神的迹象，并做好迅速采取行动的准备，让他们将注意力重新转回来。

保持兴趣

你准备了一场有趣的演讲，利用一系列视觉辅助和巧妙措辞，你用感染力十足的方式将演讲传达出去。但当你看向观众时，却无法从他们脸上找到令人安心的专注表情，更有甚者，你或许还能察觉到分心的迹象。或许观众已是疲态百出，或许你的演讲是令人筋疲力尽的一整天活动的最后一场，抑或是你所传达的资料让人难以理解。不管如何，你都需要迅速采取行动。

- **询问观众**是否能听清并理解你的话，是否舒服自在。如有必要，请采取补救措施。

解读观众发来的信号

积极信号

- 手指着下巴
- 叠腿侧坐
- 十指交叉
- 进行眼神交流
- 点头表示赞同
- 身体前倾

小贴士

打开摄像头

进行**远程**演讲时，如果可能的话，要求观众**打开**设备上的摄像头，方便你判断他们的**积极性**。

进行**互动，向观众提出问题并鼓励他们回答。**

- **有意识地改变说话的方式**，放慢你的节奏，或者在重点之后稍做停顿。改变你的音高或音量。
- **进行互动**，向观众提出问题并鼓励他们回答。回答大家提出的问题。从讲坛后面走到观众中间，进行充分的眼神交流。
- **不要对观众不耐烦**。给予赞美，让对方感到被重视。
- **告知观众**接下来的环节以及开始的时间，比如“在进入问答环节之前，我们先用五分钟举几个例子”。这种做法，会让观众更加觉得自己是流程中的一分子。

消极信号

- 不耐烦地跺脚
- 跷二郎腿
- 和旁边的人闲谈
- 环顾四周
- 双手交叉放在胸前
- 向后靠，远离演讲者
- 关闭摄像头

控制紧张感

发表公开演讲位列许多人最恐惧的事项榜首。不用担心，这种恐惧是可以理解的，也是正常的，即使是经验丰富的演讲者，有时也会出现一些焦虑感。与其与你的恐惧做斗争，不如尝试为己所用，与一切事物一样，这也需要准备、实践和坚持。

找到释放能量的出口

在演讲之前，紧张的能量会充斥你的内心。你要做的第一步，就是释放这种能量，如向一个值得信赖的同事倾诉你的担忧。然后出去散散步，或是做一些温和的伸展和热身运动。你的身体在压力下的反应，往往会对你的心理准备产生负面影响。

在开始演讲之前，采取以下预防紧张的措施。

- 做几次深呼吸，每次屏住呼吸数到"4"，然后用嘴慢慢吐气。这将有助于缓解脉搏和心跳加速。
- 不要过早站定不动。演讲开始之前，让身体保持在运动状态。
- 耸耸肩，缓解紧张情绪。
- 通过哼唱开嗓；伸展和放松面部肌肉。

小贴士

控制紧张的表现

神经紧张的**表现**有很多。很多人会感觉胃里"七上八下"，也有很多人会感到口干舌燥，还有眼皮跳动、摆弄头发或笔、身体左摇右晃。努力**控制**这些**外部表现**，不要让观众看出你的紧张。

焦点话题

仪式和自信

每次演讲前重复同一套动作和想法，这是防止紧张的有效工具。仪式能够建立起一个熟悉的安全区域，因此会被用来对抗更大的恐惧，比如广场恐惧症和害怕乘坐飞机。你的仪式可以呈现多种形式，从清洗眼镜到将桌上的纸张摆放整齐都行，只需确保这是一套简单易行且不会造成压力的任务。

展现你的风采

演讲开始后，你要控制能量的释放。不要因四处踱步或想要匆匆收场而挥霍你的能量。与观众保持眼神交流，这能让你集中精神，从而缓解紧张情绪，也很可能会让你从观众那里得到积极反馈（微笑和点头），从而坚定信心。行为学研究发现，单凭想象压力事件，就足以使身体产生真实的反应。而反过来说，我们每个人也可以通过想象积极场景来达到更加平和的状态。因此在下次演讲之前，试着想象自己大获成功时的样子。

不要**过早**站定不动。演讲开始之前，**让身体保持在运动状态**。

如何将成功视觉化

告诉自己已经做好了准备。**你能行的！**

想象自己**自信地**站在舞台上谈吐得体的样子。勾勒出沉浸于当下的画面。

想一想你最为**自信**时的感受。告诉自己你能够也一定会取得**成功**。

告诉自己，你不必做得**完美无缺**，观众**希望你能成功**。

想象自己**镇定自若、胸有成竹**的样子，让自己看起来比感觉更自信。

说话掷地有声

你的声音听起来怎么样？是沉稳、权威还是生动呢？声音是演讲武器库中一个强大的工具。不要担心，你无须像舞台演员那样拥有强烈的声音共鸣，也能让观众相信你完全投入自己所说的内容之中。

自信发声

当你说话时，观众会对你的声音进行“阅读”，捕捉音调、音量、语速等细微差别。这个过程躲开了意识的雷达，发生得不知不觉，却能影响观众对你所传递的信息的看法。如果你的语气听起来犹豫不决，那么观众便会质疑你的发言。让自己听起来坚定自信，观众便会支持你的观点。练习演讲时，试着调动声音的各个因素（见右图），达到理想效果。

语调

在句尾使用上扬的语调（上升语调），可能会让你显得拿捏不定。如果在**陈述句**的句尾使用降调，即使是中性表达也会平添一种**权威感**。

节奏

适当调整演讲的节奏。这能让听众保持清醒。在讲述一些关键信息的时候，放慢语速：人们需要时间去理解新的观点。

保持镇静

缓慢而深沉的呼吸可以提高你的演讲效果。这不仅能够增加大脑的氧气供给，让你更加清醒，还能帮你保持镇定，且能增加声带上的空气流动，提高声音的清晰度。为了避免在演讲过程中磕磕巴巴，你可以删减不必要的用词和老生常谈的表述，为演讲稿“瘦身”。

最后，还要学会在观众面前与沉默和平共处：这一开始会感觉很奇怪，但在陈述重点之后“暂停一会儿，渲染气氛”，会让要点更加令人印象深刻。

语气

无论**传递**的信息是好是坏，都要使用与所说的内容匹配的**语气**。

控制你的声音

音量

适应放声说话的感觉，让房间里的每个人都能听见。调整投射声音的力度，以便捕捉并保持大家的关注。你的目的不仅是让观众听到你说的话，还要提醒对方你的发言非常重要。

吐字

做到吐字清晰，在必要时调整**演讲的语速**。谨慎使用首字母、缩略词或不常见的词语，避免观众误解。重复关键数字，确保观众能够听清。

音高

放慢说话速度，深呼吸。只有这样，你才能**充分**利用声音的高低音域。慌张的演讲者音高单一平淡，相比之下，自信的演讲者的音高更为**多变**。

小贴士

保持精力充沛

在线观看演讲时，观众很难长时间集中注意力，因此在远程演讲中，你应该让内容更加生动，将语速比平常稍微放慢一些。

让自己的声音听起来坚定自信，你的观众便会**支持你的观点**。

成功发表正式演讲

主题演讲、出席颁奖典礼、贸易会议和公司活动发言等正式演讲都会遵循固定的结构，且大多面对大群观众发表。不要把这些演讲视为发布信息的机会，而更应关注在娱乐观众的同时提高自己的知名度。

打磨演讲内容

在正式或庆祝场合发表正式讲话，需要用特定的方法做准备。发表正式演讲时，可以逐字逐句照着稿子念，也可以用附有详细信息的卡片作为提示，或者在认真准备的基础上即兴发言。然而，正式演讲很少使用视觉辅助，而且演讲者通常要亲自到场，但与观众分离，互动程度受限，因此缺乏其他演讲形式的重要特征。

与其他演讲一样，要考虑听众是谁、需求是什么，以及你希望他们接收到什么信息。

90%

有史以来**最长的演讲**时长为**90小时2分钟**。

小贴士

减少细节

不同于阅读，在聆听演讲的时候，人们能够**消化的细节量**是有限的。在没听过你的演讲的人面前**测试一下**，看看对方是否能听懂。

用自然的方式讲话

让演讲的方式与具体场合相匹配。例如，晚间招待会不是传递复杂信息的场合，因为来宾可能更倾向于放松娱乐。在没有视觉辅助资料、演讲传单或互动环节的情况下，你的话语必须承载所有信息。保持句子简短，每句话只说明一点信息。

在演讲时模仿平时的讲话节奏，让语句自然流畅。尽管场合较为正式，但也不要为了给观众留下深刻印象而使用所谓“复杂高端”的词汇。相反，要使用日常用语，简明准确地进行交流。

调整你的演讲风格

或许你会选择朗读讲稿的方式，即便如此，也要寻找不同的方法来展示你的个性和对所传达信息的坚信。像在平时讲话那样自然运用手势，从而强调你的观点。这样一个简单的方法，就可以为观众增加趣味性。不要认为你必须完全照着写好的文字演讲稿逐字逐句地朗读。你可以根据需要在演讲主题上自由发散，这会给予你的演讲一种更加随性的感觉。在演讲时，尽量用不哗众取宠但能清晰传达思想且不分散听众注意力的方式。

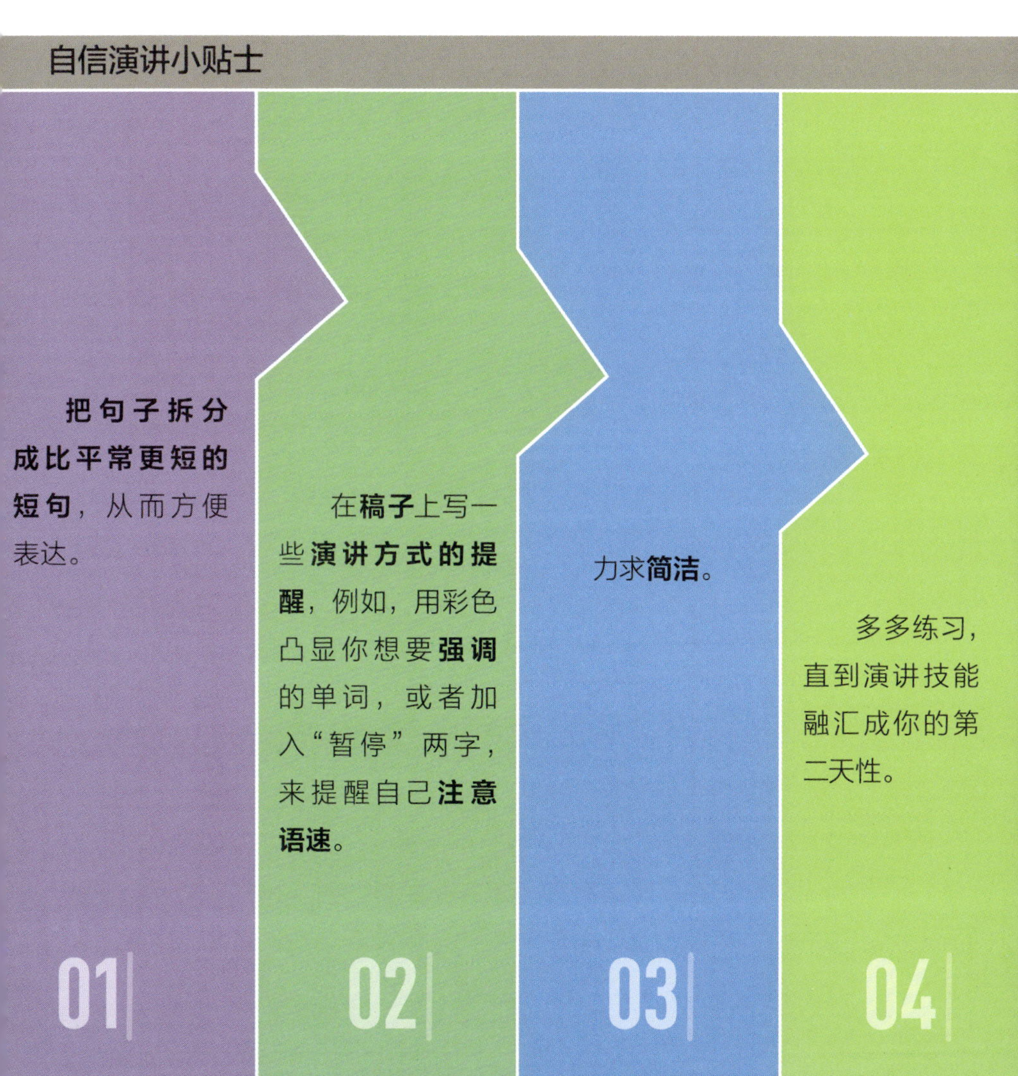

提词器能让你**看向**观众的大致方向，**更自然地表述内容**，从而显得对观众**更加关注**。

小贴士

举止自然

为了让你的**演讲方式**更人性化和更**自然**，想象提词器的另一边有一位观众（或朋友）。

自信演讲小贴士

05 练习在演讲前提前阅读文字，以便在演讲时尽量**把双眼放在观众身上**。

06 如果你的讲稿由别人起草，那就重写或**改编，让讲稿反映出你自己的“声音”**。加上几个个人经历的实例，让演讲**显得不那么正式**。

07 把自己**想象成一位专业电视节目主持人**，试着沉浸于角色之中。

08 寻求**反馈**，从中**学习**。

使用提词器

有了隐藏屏幕和提词器等文本显示设备，演讲就不再需要讲坛。这些设备能让你看向观众的大致方向，更自然地表述内容，从而显得对观众更加关注。

然而，这些设备的使用需要熟能生巧。你需要在使用时做到镇定自若，不让设备分散你自己或对观众的注意力。

4.5次

阅读时每分钟眨眼的平均次数为**4.5次**。休息时，每分钟的眨眼的平均次数为**8次到21次**。

如何使用提词器

遵循以下简单步骤，确保拿出平稳而专业的表现。

- 提词器各有不同。用你演讲时使用的设备进行排练。
- 对于每一份视觉辅助资料，都要确保一切尽在你的掌控之中。一定要设定好自己的演讲速度。
- 如果你的讲稿在某种格式下难以阅读，那就重新改写。现在做出调整，会让你在日后收获回报。
- 在讲稿中加入停顿，使之听上去自然顺口。
- 提前阅读语句，让表现更加自然。
- 有意提高眨眼频率，防止表现出“紧盯提词器不眨眼”的情况。

使用讲桌

应该做的事	不该做的事
○ 把讲稿放在讲桌高处，减少阅读时头部上下晃动。	○ 死死抓住讲桌两侧。
○ 轻轻滑动纸页而不是翻页，减少噪声和干扰。	○ 靠在讲桌上。
○ 给观众留出做出反应的时间，被掌声或笑声打断时，停下来表示感谢。	○ 用手指在讲桌上或麦克风周边敲击。
○ 在演讲过程中不断改变声音、语调和节奏。	○ 说完每句话后，声音逐渐变弱。
○ 在开始演讲前，测试和调整讲坛的高度。	○ 脸从固定的麦克风旁边扭开。
○ 两脚分踏，始终保持端正站姿。	○ 在讲桌上摆弄笔、回形针或其他东西。

在讲桌后发言

讲坛为演讲者提供了一个站立的地方，为放置纸质讲稿提供了空间，有时还设有固定麦克风和内置多媒体功能。然而，讲桌也会带来问题。诚然讲桌能给人带来一些安心感，但也会在演讲者和听众之间制造物理屏障，这是一个需要克服的挑战。即使是为了缓解这个问题而设计的透明讲桌，仍会迫使演讲者待在一个狭小且受到严格限制的空间里，让观众难以判断演讲者对所讲内容有多么认同和坚信。

掌控全场

为了抵消讲坛带来的限制，你可以夸

方便阅读

将演讲稿用**大而清晰的字体**单面打印在纸上。在讲稿中**标出重点**，但要确保任何手写的改动或注释都能轻松读出。

大手势，让观众清楚地看到你。使用手持式或翻领式麦克风，避免妨碍观众看到你的脸。计划你该何时在讲述重点时走向观众席，即便只是短暂停留，演讲后的问答环节可以提供这个机会。自由的行动表示你愿意与观众互动。如果只能站在讲桌之后，你也必须找到与观众互动的方法。与所有观众进行眼神交流，找到一种自然的表达方式，让他们知道你的语言和想法的确是从你的内心发出的。

组织问答环节

演讲的问答环节是一个很好的机会，可以让你把观点阐述透彻，巩固你和观众之间建立的联系。问答环节可以保持观众的积极性，并提供宝贵信息，让你了解观众接收和理解信息的方式。

留出提问时间

每次演讲都要为问答环节或其他形式的观众反馈留出时间。如果你的演讲结构没有在结尾安插问答环节，那就考虑在问题出现时及时解决。

比起演讲本身，观众通常更期待问答环节。在问答环节，他们的需求会被放在中心位置，他们可以直接与你交流，检测你对自己的想法有多么坚信。你应该以欢迎的心态对待问答环节，因为这些问题能够表明演讲是否有效、是否讲到了听众真正想知道的问题。把问答环节当作反馈，即一种巩固演讲内容和效果的方式。

小贴士

保持开放

避免使用防御性**语言**，比如“你误解了我的观点”，而要表现出**同理心**：“你的反对意见，我完全能够理解。”

焦点问题

收尾

在结束问答环节之前，提前发出信号，你可以这样说：“我们还有时间再答两个问题，然后问答环节就结束了。”不要在回答完最后一个问题后戛然收尾。相反，花点时间总结你的要点，并告诉观众接下来可以采取的步骤或行动。在结尾时做到言简意赅，不要重复之前的内容。要以乐观积极的信息收尾，并感谢大家抽出时间和精力参加此次活动。

把控全场

在问答环节开场时，不仅要使用语言，还要用到肢体语言。开放的姿态表明你已做好了回答问题的准备。为了保证时刻控场，请对提问的形式和问题的焦点进行把控。尽管演讲的这一环节没有文稿可循，但你仍可以通过一些技巧确定主题。

- 确保提问者切中主题：如果提问者开始发言而不是提问，你就可以说：“我们时间很紧，请让话题回到我们正在讨论的问题上。”

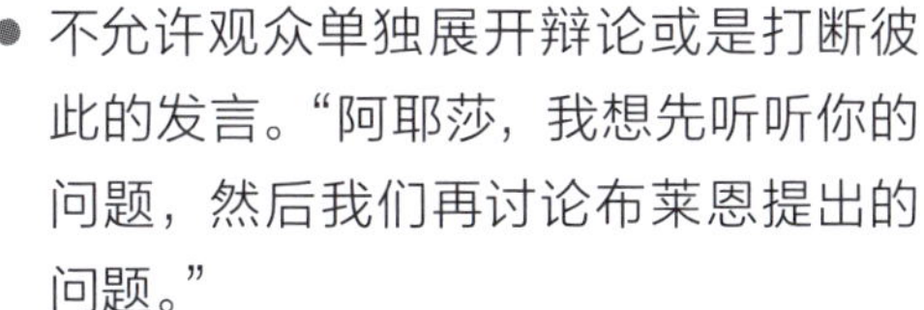

- 不允许观众单独展开辩论或是打断彼此的发言。“阿耶莎，我想先听听你的问题，然后我们再讨论布莱恩提出的问题。”
- 寻找共同的主题或更广泛的论点，将讨论引回一条信息上：“这些都是很有道理的观点，是实现我们一直在讨论的共同目标的不同途径。”
- 即使有人明显漏听了你演讲中的一个关键点，也不要觉得对方提出的问题毫无意义。礼貌而优雅地为提问者总结你演讲中的关键点，同时不要让对方感到尴尬。

小贴士

这是个好问题

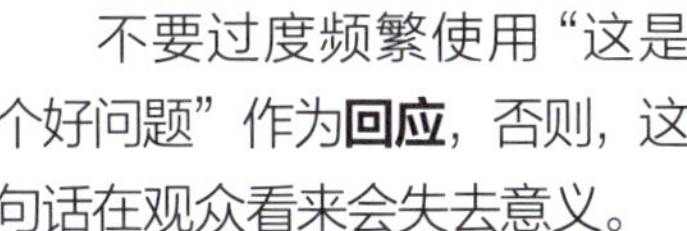

不要过度频繁使用“这是个好问题”作为**回应**，否则，这句话在观众看来会失去意义。

小贴士

利用“试金石”测试

在回答问题时，不断引用可以作为“试金石”的**关键词和短语**。这能够**突出关键点**，并帮助观众加深记忆。

回答棘手的问题

即便是准备最充分的演讲者，也会遇到难回答的问题或难对付的提问者。应对这些挑战的方法，将决定你在演讲中的成败，因为观众都在拭目以待你会如何自信有力地捍卫自己的立场。在很多情况下，在压力下保持镇定自若，比对答如流更加重要。

提前预期

在经过充分调研之后，你更容易表现得镇定自若，因此，请为问答环节提前做好准备。尽管没有稿子，但你应该可以提前预料到最可能被问及的问题以及你不希望被问到的问题。为这两种问题准备好适当的答案，但也要做好迎接始料未及的非常规问题的准备。没有人会期待你永远知道所有问题的答案，因此不要害怕承认“我不知道”。

小贴士

重复问题

在大一点的房间戴着耳麦演讲时，为了**方便**其他人听清，在回答之前对每个问题进行**重复或总结**。

保持镇定

想要处理难题，关键是要保持镇定。即便提问者不镇定，你也要表现得神情自若。避免通过肢体语言表现出任何尴尬不适，比如远离听众或中断眼神交流。如果你在演讲期间一直站立，那就在问答环节继续保持站姿。

平静对答

保持平稳的语调，即使你的回答只是承认“我不知道”。如果被问得措手不及，那就争取一些时间。要求对方重复问题，或者表示你会稍后作答。即使观众认为问题充满敌意或不公平，也仍然想看看你会如何应对。尽量不要认为某个陈述或问题是针对个人的，在回答时，要把信息传达给所有观众。尽量不要被问题激怒，记住，你的演讲由你自己把控。

回答问题

问题	解决方案	案例
啰唆或没有重点的问题	换一种方式提问	“所以你的意思是进度上有点滞后了，对吗？”
	要求对方澄清	“我想确定真的把问题听懂了。你是在问我们为什么没有进展吗？”
充满质疑或敌意的反馈	确认对方的担忧	“你说这个方法有一定风险，的确是这样，但通过我们的处理方法，风险会有所下降。”
	对对方的担忧表示理解	“我理解你的无奈。这个过程确实拖得很长。我们都希望现在就能往前推进，着手实施。”
	坚定立场	“我理解你的担忧，但请允许我保留意见。原因如下……”
难解的问题	保持镇静	“这个问题提得很好，我现在还不知道答案，不过我可以告诉你的是……”
	继续提问	“让我问问你，你会怎么回答这个问题？”或者“你能解释一下为什么要问这个问题吗？”
	往后拖延	“这个问题我们一定会放在演讲结束后讨论。”

与媒体打交道

在人们看来，传媒并不像广告那么有偏见性，且不牵扯付费，因此比广告更容易赢得观众的信任。传媒有助于宣传企业的想法或产品，并在目标受众中建立知名度和信誉。然而，不了解媒体的注意事项可能会带来负面影响，即便是精明的企业家也会落入陷阱。

了解你的角色

与独立媒体有效打交道，意味着认识到你即将进入的关系的本质。接受采访时，你的角色不仅仅是被动回答问题，而是通过塑造议程来简洁有效地呈现关键信息。虽然你不能控制提出的问题或问题的语境，但却可以控制访问的权限和你说的话。要想在采访中保持一定的主动权，你就要通过准备和练习，把信息有效传达出去。

塑造议程，以便简洁**有效地呈现**你的关键信息。

每一次媒体采访都可能**影响**企业的**形象**，因此，你应该考虑对所有可能与媒体**打交道**的员工进行**培训**。

投资培训

对于某个话题具有专业知识，并不意味着你已做好了面对媒体的准备。在采访中，对某个话题过于熟悉，往往会使我们难以用媒体要求的简洁概括的方法发言。鉴于每一次媒体采访都可能影响企业的形象和声誉，因此，你应该考虑进行投资，对所有可能与媒体打交道的员工进行培训。媒体培训通常会为管理者提供迎接采访的最佳方法。另外，培训还能帮助管理者通过巧妙回答记者的问题来打造故事，在达到企业要求的同时满足记者的需求。

与媒体打交道的基本规则

采访是一种商业交易

为每次采访设定**一个目标**，然后以尽可能**简短而令人印象深刻**的方式**达成**目标。拿捏好停止说话的时机。

一切都会被记录下来

记者们会**推定**你知道这一点。你所说的一切都**能够也一定会**被**引用**。（除非你同意接受不做记录的采访，且相信记者会尊重协议。）

表达简洁，前后一致

理解你要传达的信息及其上下文。用坚定不移的态度与记者沟通。

采访不是和朋友聊天

记者们的精力**集中**在如何挖掘**故事**上。他们不是你的员工，无论这个故事对你是否有利，他们一定会将故事**公之于众**。

答记者问

在商界，任何人都可能成为寻求行家意见的记者的采访对象。无论是电视、广播、纸媒还是其他媒体，只要你方法得当，这个机会都可以为你提供一个更广阔的平台，为你的产品或服务赢得关注，或者供你提升自己的知名度。

为接受采访做准备

记者时刻承受着挖掘故事的压力。你需要顾及他们的截稿日期，同时也要让自己有时间为采访做好充分的准备。在采访开始前，请记者提供以下信息。

- 吸引他们兴趣的点是什么？
- 他们认为你可以为故事添加什么元素？
- 故事的切入点是什么？他们想要私人视角还是公平视角的故事？
- 他们还会用到哪些资源，你可以添加哪些独一无二的内容？
- 主要观众是谁？

小贴士

建立联系

如果你认识的其他人也能提供**帮助**理解的信息或**观点**，请告知**记者**。帮助记者联系到这些资源。

不要脱离语境

很多人都担心，脱离语境与记者讲话会导致断章取义，尤其是涉及有争议性或以新闻为基础的话题。你可以提前做好规划，降低这种情况发生的可能性。

- 将你的信息转化为简洁好记的形式，比如适于广播的简单评述和适于纸媒和在线媒体的摘录。这些，都是你应该为记者提供的信息形式。
- 搭建“桥梁”，将提前预期好的问题的答案往准备好的评述上过渡。
- 抓住主动权，告诉记者你关于这个主题有什么要发表的言论，甚至可以抢在提问之前表述。利用这种机会来影响采访的方向。

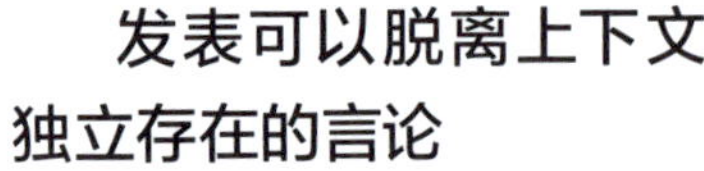

小贴士

发表可以脱离上下文独立存在的言论

确保你对记者说的每句话都是“**独立存在的**”。也就是说，要确保你的语句并非在特定的上下文中才能被**正确理解**。

接受采访

应该做的事	不该做的事
○ 为每次采访设定明确的目标。	○ 假设记者会帮你把你的观点解释清楚。
○ 主动让对方了解你的观点。	○ 希望记者能提出合宜的问题。
○ 保证回答简短且易于记忆。	○ 回答得面面俱到，让记者自己摘取切题的内容。
○ 专注于你要传达的信息，谈论你了解的话题。	○ 主观臆测正确的回答或他人的观点。
○ 保持声音自然而生动。	○ 声音单调不变。
○ 为最可能提出和最难回答的问题做好准备。	○ 不加准备地即兴回答，但求不会出问题。
○ 纠正问题中提出的错误假设。	○ 遇到不准确的信息也不纠正。

传达你的信息

“设想最坏的情况”，这是记者在采访中的一个典型主题。挖掘爆点的记者，习惯强迫采访对象推测某种情况下可能发生的情况，看公众是否有必要知悉。然而如果被断章取义地引用，那么无论措辞有多么谨慎，你给出的假设都可能引发问题。不要进行推测，而是针对你所掌握的信息发表一条有趣的评论。了解记者想要得到什么，并精心规划信息来满足对方的需求，这样，你就能占据主动权。

谈判

为谈判
做准备

谈判是一种可以通过实践、经验学习开发的技能。为谈判过程设定合适的框架，提前找出有创意的选项，你便能够找出满足各方利益的解决方案。

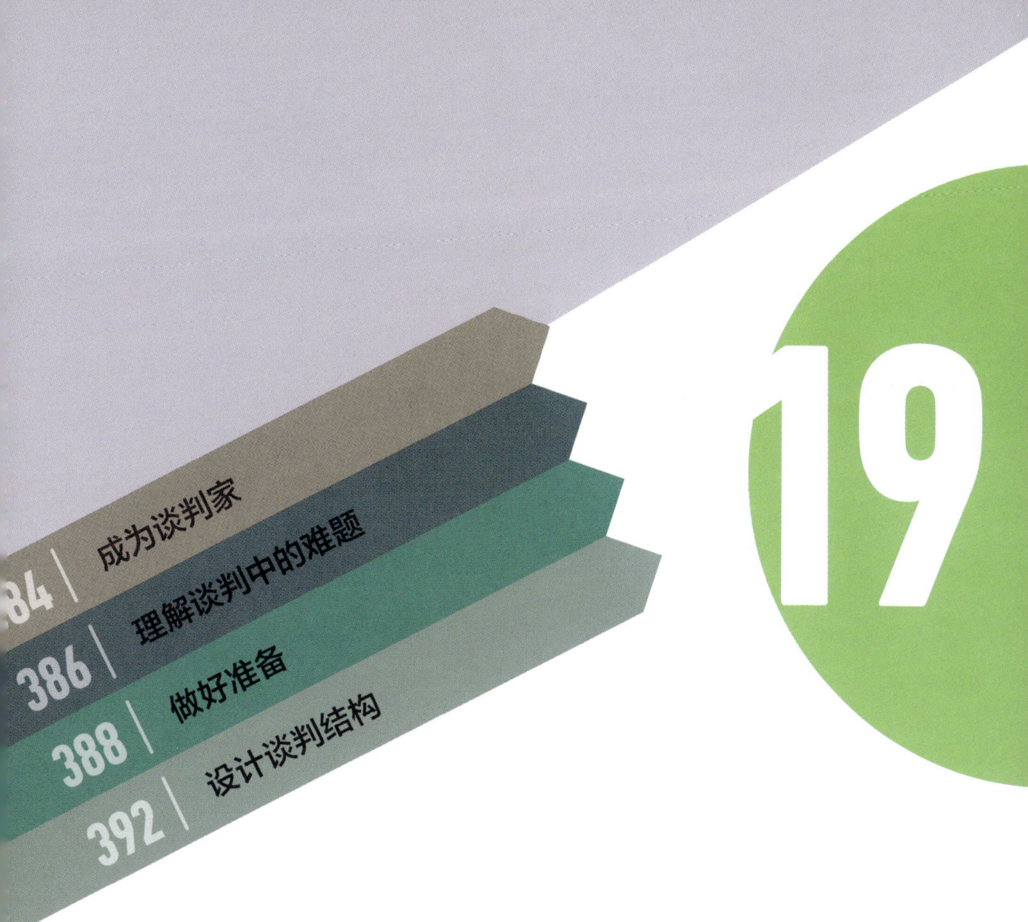

19

成为谈判家

许多人回避谈判，因为他们认为谈判意味着冲突。而实际上，谈判的性质是由你决定的。如果带着信心和理解加以处理，谈判便能成为一种充满创意的人际互动，双方共同合作，以求取得更好的结果。

认识收益

熟悉谈判技巧后，你便能为企业创造真正的价值。例如，谈判可以为你赢得高性价比且稳定的供应链，提高并购的财务价值，解决与政府官员或工会代表的分歧，或是有建设性地解决内部冲突。被越来越多的人视为核心竞争力的谈判，可以通过多种形式进行：面对面，通过电邮电话或视频聊天远程进行，或者将二者结合。许多企业都制定了自己的谈判方针和方法，并为谈判人员提供培训和导师教程。

80%

谈判者应将**80%**的**精力**用于**准备**。

小贴士

学习谈判的艺术

发展成为**成功谈判者**所需的**技巧**可能要花时间打磨，因此要有耐心。努力从你参与的每一次谈判中**学习**，无论是企业的谈判，还是工作之外的生活中的谈判。

了解基本知识

优秀的谈判者是后天培养的，而不是天生如此。虽然有些人可能天生具有天赋和直觉（如拥有与他人共情的能力），但大多数人的原则和策略都是长时间开发出来的，他们明白，从很大程度上来说，谈判是一个理性的过程。

无论是面对面还是远程谈判，想要成为一名成功的谈判者，你都必须能够以泰然自若的心理面对谈判的情境。这意味着适时调整你的方法，容忍不确定性，处理意外行为，承担可衡量的风险，并根据不完整的信息做出决定。

你需要思考的是如何解决问题和创造机会，而不是输赢：带着敌意进行谈判，便很有可能引发一场战争。如果你在战争中“获胜”，那就必然会产生一个在接下来的几个月里或许要并肩合作的输家。

构建基础

应该做的事	不该做的事
○ 对学习新技能保持开放的心态。	○ 认为谈判是与生俱来的能力。
○ 将谈判技巧视为理性和直觉的结合。	○ 以固定的视角出发进行协商。
○ 慢慢发展信任。	○ 过于急于求成。
○ 果断协商，同时也要表现出同理心。	○ 独断专行，不表达同情心。
○ 制定战略并加以坚持。	○ 投机取巧。

理解谈判中的难题

谈判的任务错综复杂，因为其中体现出一些深层的难题。要想在谈判中取得成功，你需要将真正的难题和围绕谈判展开的诸多误解区别开来。

识别真正的难题

长期以来，人们产生了诸多关于谈判的误解。许多谈判者坚信这些误解，却未能认识这些假象和他们面临的真正难题之间的区别。例如，有这样一个普遍的误解：谈判者要想成功，要么始终如一地“强硬”，要么就得始终如一地“软弱”。而实际上，卓有成效的谈判者并不需要在这二者中做出选择，而是能够灵活驾驭各种谈判风格。

使用谈判流程

一些人认为，谈判在很大程度上依靠直觉，而不是一个理性的过程。许多卓有成效的谈判者会在一定程度上使用直觉（如靠直觉判断何时做出让步或给出提议）。然而，大多数谈判任务需要用到系统的流程，如进行精准的尽职调查、识别各方利益以及设定明确的目标。

熟练的谈判者能够识别这些误解，将精力集中在谈判中遇到的真正难题上，在谈判方法中找到平衡点，做出艰难的决策，实现最有效的谈判结果。

谈判中的五大难题

战略或机遇难题

在谈判中，有时会出现意想不到的机遇。或许你很想要偏离**精心规划的策略**，但要注意，这可能会分散你的精力，阻碍你实现目标。

许多**卓有成效的谈判者**会在一定程度上使用直觉。

诚信难题

你应该向**对方**透露多少信息？如果你将一切和盘托出，对方可能会利用你的信息，从而置你于不利，因此，你需要在诚实和透明之间**找到一个平衡点**。

同情心难题

如果你对另一方产生了**同情心**，这可能有碍于你采取果断行动，从而难以在谈判中争取自己的利益。试着照顾到两个层面，维持良好的关系，但也要**保护好自己的利益**。

熟练的**谈判者**能够辨识误解，并专注于**真正的谈判难题**。

信任难题

信任是**推进**谈判必需的因素，但如果完全信任对方，你就会把自己暴露于被利用的风险之中。付出时间和精力建立信任，但也要谨慎行动。

竞争/合作难题

从表面来看，双方必须争取各自的利益，但实际上，双方也要寻求与另一方的合作，以求**创造利益**。因此，你需要**精通**两种技能，才能创造并获取价值。

做好准备

从很大程度而言，你在谈判中的成绩取决于准备工作的质量。首先考虑你的立场和目标。明确的目标可以让你避免做出太多让步，激励你拿出更好的表现。目标应该是具体、可量化和可测量的。只有这样，这些目标才能作为重要基准，衡量你在谈判过程中的进展程度。

设置限制

每次走到谈判桌前，你都应该找到以下问题的明确答案：你为什么想要为这笔交易进行谈判？这笔交易如何为你创造价值？在谈判中，有什么条件是你不可接受的？你必须从交易中得到什么结果，希望得到什么结果，又愿意放弃什么？你愿意接受的备选结果有哪些？

小贴士

做好调研

信息就是力量。在坐下来谈判之前，尽可能多地了解对方。

了解你的目标

把目标定得高些，但不能高得离谱。人们很容易严苛审视自己的抱负、为保护自己不遭遇失败而将目标定得太低，而如果这样做，你的所得一定会低于你的潜力。如果你无法制订清晰的计划，就有可能受困于“承诺升级”，这是一种为了在谈判中“取胜”而不惜任何代价的非理性冲动。

承诺升级是谈判中一种实际存在的风险，这种行为是指当及时止损、重新开始才是更加明确的选择时，你却仍抓着消极的行动不放。确保为计划走到何种程度设定一个界限，并准备好一个退出策略（终止交易的方式）。

小贴士

重视问题

列出**潜在的谈判要点**，从最关键的开始。

给每个要点**估值**，并预测你的对手可能的估值。

案例研究

避免承诺升级

为了“获胜”，人们很容易落入不惜一切代价与对方竞争的陷阱。例如，20世纪80年代，加拿大商人罗伯特·坎波（Robert Campeau）对美国联合百货公司（FDS）发起了敌意收购。美国联合百货公司的竞争对手梅西百货也产生了兴趣，就这样，一场竞购战拉开了帷幕。

不惜一切想要获胜的坎波不断提高本已很高的出价，甚至提出额外追加5亿美元。最后，坎波赢得了竞争，但两年后，他却以宣布破产收场。这是承诺升级的一个经典案例，也是一个让所有谈判者在谈判中保持远见的教训。

初步研究

- 参加谈判的人有哪些？**研究**他们的个性以及谈判经验。他们之前的经验是成功的还是失败的？**采用的谈判方法有哪些**？
- 关于对方的**谈判风格**、生活经历、爱好和兴趣，你能挖掘出什么信息？
- 在面对一个以上的谈判对手方时，研究对方是否**拥有相同的背景**并身处同一职能领域，他们会不会为了争取理想结果而**结成一派**？
- 对方是否有权做出具有约束力的决策？如果没有，做出**最终决定**的幕后“推手”是谁？

纵观全局

曾经有人问一位谈判者是否可以制订一个兼顾双方利益的提案，谈判者疑惑不解。“我为什么要关心对方的利益？”他问，“他的利益是他自己的问题。”这种狭隘的利己主义态度，是毫无准备的谈判者的特征。要想成功，你不仅要了解自己和自己的利益，还要了解谈判的另一方以及把控整个形势。在为谈判做准备时，问问自己在上文中提出的问题。

知己知彼

在开始谈判之前，确保了解对方关注的问题和利益点。谈判者之所以坐在桌前，是因为大家都需要从对方那里得到一点东西，因此你必须确定对方的关键问题和利益所在。每一个问题和利益点有多重要？有什么条件是对方不愿接受的？有哪些条件又是对方愿意做出让步的？

试着评估掌握主动权的是你还是对方。对方的优点和缺点是什么？掌握的信息和专业知识水平如何？他们与你做交易的意愿有多大？对方还有其他具有吸引力的选择吗？对方时间是否紧迫？如果知道对方期限很紧而你又可以满足其诉求，那就可以协商一个更有利的价格。同样，如果得知对手最近刚刚扩充生产能力，你便可能谈下更有利的条件和获得更多的订单。

对方能够行使最佳替代方案（BATNA）吗？这个术语指的是谈判者在谈判破裂时可以采取的备选行动方针。

小贴士

思考时间框架

根据**时间框架**制定你的**谈判策略**。与长时间的谈判相比，在短暂的一次性交涉中，你可以更加直言不讳。

战略思考

无论是线上还是线下，在现实谈判过程中发生的很多事情，都是由谈判之外的因素决定的。这就需要你从战略角度思考自己和对手的处境。例如，在一些谈判中，你和对方可能代表着其他人的利益。确保你清楚自己和对手代表的群体的身份。他们的期望是什么？你能对他们施加影响吗？

遇到多方谈判的情况，请对所有谈判方进行分析，并思考结盟的可能性。考虑应该与谁以及如何建立有效的联盟，以及怎样抵御对手联盟带来的威胁。

知己知彼的好处

- 更好地理解**可实现**的目标。
- 提高提案**被采纳**的可能性。
- 让你具备根据形势变化**调整策略**的能力。
- 有助于有效协商和取得**更卓越**的成果。
- 更好地在问题中**找到权衡点**。

62%

在一项**全球性**调查中，**62%**的受访者认为大多数人都是**可以信任的**。在丹麦，这个数字高达**86%**，使丹麦成为世界上**最信任他人的国家**。

调整你的策略

确保你的谈判策略和行为与对方的情况和方针契合。例如，在许多谈判中，另一方可以自由地放弃或加入谈判。但如果双方利益长期绑定不能靠一走了之解决问题，你的策略就应该与这一点相契合。

一些谈判者喜欢避开公众视线进行谈判，而其他人则坚持让所有利益相关者和公众知情。参考问题的敏感性、各方历史以及法务和行政体系，思考哪一种方式对你更有利。

一些谈判者会在谈判中遵守正式的礼仪，而其他人则更加灵活随便。在进行国际谈判时，要特别注意做好研究，了解你应遵守的礼节。

设计谈判结构

在为建筑制作蓝图之前，建筑师首先要研究建筑结构的功能，以及服务的目的。在为谈判做规划时，你需要像建筑师一样思考，设计出最契合谈判目的的结构和过程。

打造你的方法

每次成功的谈判都始于清晰的结构：明确的角色、商定的规则、既定的议程以及行动的时间表。谈判的框架大多由参与谈判的各方提出。然后，各方会就框架进行商议和重新打磨，反映出大家关注的问题，满足各方需求。在谈判前，先与对方进行交谈，就所有程序达成共识。如果不能就程序达成一致，那就最好推迟或完全放弃谈判。

基本原则 你需要就这些原则与对手达成一致。例如，中途改变谈判者的做法是否可取？允许旁观者加入吗？会议是否对外开放？以什么头衔称呼对方？如何安排发言顺序？如果你们不能达成协议该怎么办？各方都应达成共识，彼此尊重，努力理解对方的立场，在谈判期间要避免诉诸法律的情况出现。

谈判始于明确的**角色**、商定的规则，以及定好的议程和时间表。

小贴士

打造有效的团队

在进行**团队谈判**时，请仔细**思考**团队的规模和组成，将所有必要的**技能**包含其中，让每位关键成员的利益都得到彰显。

打造框架

达成协议的框架必须足够灵活，以适应环境的变化，但至少应该包括以下要素。

谈判的**框架**大多由参与**谈判的各方**提出。

成功框架的元素

商定谈判场所 你的谈判是当面还是在线进行?《孙子兵法》中提到“调虎离山之计”，也就是让你的对手离开舒适的环境。问问自己，场地的选择将对你和你的团队产生怎样的影响?至少确保你能够获得必要的支持条件（计算机、不受监听的电话线和必要的顾问）。

明确的议程 其中应该包括你和对手希望讨论的所有实质性问题和利益。阐明每个问题的重要性，并确定讨论问题的顺序。一些谈判者喜欢从简单的问题开始，有的人则喜欢将所有问题放在一起解决。

搭建各种流程

一旦制定了达成共识的框架，你还需要为指引谈判顺利度过不同阶段的各个流程架设结构。谈判包括三个不同的流程：谈判流程、时间流程以及社会心理流程。任何谈判都是这三者的结合。每个流程都涉及不同的技能。

谈判流程包括在讨论中管理所有信息和沟通、规划和重新规划、在谈判者之间进行协调、（实时）采取行动和应对措施，以及在不确定的条件和时间压力下做出重要决定。

谈判流程

时间流程

社会心理流程

为指引谈判**顺利度过**不同阶段的**各个流程**架设结构。

28个月

从全球来看，达成**区域贸易协定条款的平均用时为28个月**。

规划时间

时间流程指的是适当调整每个环节的速度和保证谈判各方步调一致，从而实现对时间的管理，将谈判从一个阶段向另一个阶段推进。许多谈判（和销售演示）之所以停滞不前，是因为谈判者对某些事项一再重复，无法或不愿将讨论朝终点推进。

清晰思考

社会心理流程需要我们对人类行为有一个清楚的认识，并明白人们会在谈判中扮演不同的“角色”。你必须有能力克服理性谈判的障碍，避免乐观错觉、优越感和过度自信等心理陷阱。其他的危险包括不愿撤销有可能产生消极结果或激烈冲突的决策，以及与同一团队谈判者之间的竞争。

按规则谈判

过程和结构的目的不是约束谈判，而是提供解决挑战或化解僵局的工具。明确的规则可以让你：

- 从多方谈判转为一对一的谈判。
- 向上或向下调整谈判的等级。
- 替换掉那些只顾自己的利益或过于死板的谈判者。

避免常见错误

永远不要低估准备不充分所带来的风险：如果你没做规划，就已经是规划失败。提前计划最常出现的错误包括以下几点。

确认偏差

不要因为一些**重要信息**与你现存的**观点**和**理念**不符就选择视而不见。

可得性偏差

广泛可得的信息**非常容易获取**。因此，你应该用心**挖掘**鲜为人知、不易获取的信息。

过分自信

如果低估了对手，你便会忽视**做好充分准备**的重要性，如果觉得自己对谈判结果了如指掌，你或许就会对新的信息来源和**富有创意的解决方案**视而不见。

51%

在一项国际性问卷调查中，**51%**的受访者表示他们**相信媒体**。

- 通过制定截止日期来加快流程。
- 更改会议地点或时间表。
- 引入一条秘密沟通渠道，将谈判中的一部分内容安排在私下进行。

永远不要低估**准备**不充分所带来的风险：如果你**没做规划**，就已经是**规划失败**。

依靠二手资讯

你应时时寻找**一手资讯**的可靠**资源**。行业报表分析、管理预测报告以及企业年度报告是必读的内容，但同时也要意识到，这些信息有时或许是不准确或不公正的。

信息对称性

你所掌握的信息真的有你想象的那么充分吗？为了保险起见，你应该假定比对方掌握的信息要少。

低估资源

在所有谈判中，你都必须提供支持信息，提前预测对方会对你的论点做何反应，并准备好反驳的论点。不要低估搜集这些信息的用时，尤其需要从专家和同事那里获取的信息。

确立
你的风格

谈判的方式多种多样。一些谈判者主张采取强硬而不妥协的方式。但有经验的谈判者知道，若能考虑对方的利益，努力创造双赢项目，建立互信并为未来构建关系，你就更有可能取得令人满意的结果。

20
00 界定谈判类型
402 界定以利益为基础的谈判
404 调动全脑谈判
406 打造双赢协议
408 建立关系
410 构筑互信
412 公平谈判

界定谈判类型

谈判者之所以来到谈判桌前，是因为他们有认为可以通过谈判实现的需求。为了满足这些需求，谈判者会使用不同的风格，并采取有助于取得理想收效的各种措施。

挖掘不同的方法

谈判的类型有三种：分配型谈判、综合型谈判以及混合动机型谈判。主要使用分配型的谈判者将谈判视为一项竞技运动，一场有赢家和输家之分的零和游戏。这些谈判者为成果的分配（即利益的大小）进行激烈竞争，并采取夺取价值的举措。

这种类型的谈判者利用竞争行为，试图获得对自己有利的“非输即赢”的结果。他们认为重视建立关系和信任是幼稚的，倾向于提出过激的要求，通过威胁逼迫对方让步，并夸大他们所做的小让步的价值。这种类型的谈判者还会隐藏自己的需求，不分享信息，不去挖掘可行巧妙的备选方案，甚至使用欺诈的手段。

使用综合型谈判

相对于夺取价值的谈判者，综合型谈判者认为利益的大小并不固定，是可以扩大的，通过谈判的过程，能够产生双赢的解决方案。综合型谈判方式旨在将所有谈判者的需求综合在一起。谈判者会采取创造价值的举措。他们会投入时间和精力，建立关系和培养信任，公开分享信息，并具有合作精神以及灵活性和创造性。

混合动机型谈判

分配型谈判

焦点问题

分配型谈判策略

如果对方采用的是非输即赢的分配型方式，支持双赢方式的谈判者就必须保护自己的利益。一些人会使用同样的策略硬碰硬。非输即赢的谈判风格很有可能产生次优的结果，因此，你首先应该尝试鼓动对方朝着综合型谈判贴近。夺取价值的一方往往认为对方对其策略一无所知，对此，一些谈判者会机智而坚定地表示对于对方使用的伎俩一清二楚，这对于富有成效的谈判没有帮助。如果所有应对措施都无功而返，且达成协议并非必要，许多谈判者会选择中止谈判。

42%

放弃**零和博弈**，通过谈判所得的**价值**可能会**增加**42%。

小贴士

量身打造你的方法

在适当的情况下，鉴于谈判对象及其谈判风格，你可以将**分配型、综合型和混合动机型**谈判方法混合在一起使用。

使用混合动机型谈判策略

有效的谈判往往是多种风格混合的产物，需要合作和竞争的策略并用。这样做的理由是，谈判者会共同付出成本，通过合作创造价值。一旦价值被创造出来，各方就必须在彼此之间进行分配。为了获得最有利的份额，谈判者必须由合作模式转向竞争模式。

界定以利益为基础的谈判

谈判者经常犯的一个错误，就是把谈判过程变成立场之间的较量。有些人会强硬地讨价还价，把对方视为对手；一些人则采取温和的方式，把对方当作朋友，很容易做出让步。有效的谈判者倾向于关注双方利益，而不是使用或硬或软的讨价还价工具。

关注利益

在以利益为基础的谈判中，坐在谈判桌前的谈判者清楚地知道自己想要什么和背后的原因，但与此同时，他们也明白对方有自己的需求要满足。认识到双方的需求可以通过多种方式得到满足，能够让谈判的过程向建设性问题的解决靠近，也就是通过合作找出双方可以共同采取的措施，以实现各自的利益。

理解原因

对利益的关注点应是“为什么”，而不是“什么”。每个人的渴望，都是有其原因的。想象一下，例如你和朋友正在争论水果碗里的最后一个橙子应该归谁。你的朋友可能想要拿橙子榨果汁，而你可能想要橙子皮。如果不陷入争执，而是阐述出双方需要橙子的原因，揭露出各自立场背后的潜在利益，你们便会发现，一个橙子就可以满足双方的需求。

谋求共同利益

不要只把思维局限在一两个选项上，而是**共同努力，运用创意探索**潜在的解决方案。

关注利益

确保你**清晰地了解**自己和对方的利益。

了解你的最佳替代方案

确保清楚了解自己的**最佳替代方案，**也就是在谈判失败的情况下可选的最佳方案。

组织以利益为基础的谈判

每个人的**渴望，都是有其原因的。**

从双方视角看问题

从对方的**视角**来评估形势。这可以改善**沟通**，帮助对方理解为何有可能从交易中**获益**。

公开审视问题

将情绪等与人有关的问题与**实际问题**（如价格或交货日期）区分开来。

交换信息

在做出任何决定之前，先与对方**交换**信息，共同探讨**可能的解决方案**。

遵循标准

将**先例**、**法律和原则**作为谈判的标准，而不要靠武断。这样做能使协议更加**公平**，也便于向其他人解释理由。

调动全脑谈判

每个人都有不同的想法，也会很自然地把自己的“风格”带到谈判桌上。了解自己的思维方式的优缺点，并根据对方的思维方式调整自己，可以大幅提高谈判的成功率。

了解你自己的风格

《创造性大脑》(*The Creative Brain*)一书的作者内德·赫尔曼(Ned Herrmann)提出了四种思维方式：理性型自我、保护型自我、感知型自我和实验型自我。它们分别在大脑的不同区域占据主导地位。谈判是一项全脑任务，需要勤勉而理性的能力(象限A的特征)、周密计划和组织的能力(象限B的特征)，善于与他人互动的能力(象限C的特征)，以及大胆和冒险的能力(象限D的特征)。

对你的风格加以改进

然而，在这四个象限都能占据主导地位的人只占所有人的4%。因此，大多数谈判者在履行谈判任务时都有自己的优势和劣势，应该努力在自己最薄弱的地方加以提升。例如，感知能力有限的谈判者(象限C)可以对自己的情商进行开发，以求提高。实验能力(象限D)较弱的谈判者，则可以通过参与创意工作坊来开发创造能力。

问问自己……

在谈判中利用思维方式的差异

		是	否
1	你是否**确定**了自己的思维方式？	□	□
2	你是否**找出**了自己在谈判中的弱点，并正在努力改善？	□	□
3	如果要组建一个谈判团队，你有没有考虑到每个人的**思维方式**？这些思维方式是互补的吗？	□	□
4	你能**快速评估**别人的思维方式吗？	□	□
5	在与对方谈判时，你会考虑到**对方的思维方式**吗？	□	□

影响他人

有的时候，全脑模式有助于你对谈判对手施加影响。举例来说，如果你相信对手的感知型自我（下图C类型）较强，而理性型自我（象限A）较弱，那么，相比于试图通过冗长的言论或理性的论点来取得认知上的共识，通过构建关系来联系感情的沟通效果会更好。

四大思维模式

A：理性型自我

大脑属于**A象限**主导的人往往**逻辑性强**、善于分析、**以事实为导向**且擅长数字。

B：保护型自我

大脑属于**B象限**主导的人性格谨慎、**条理分明、有条不紊**、整洁、守时、喜欢精心规划、顺从并**规避风险**。

C：感知型自我

大脑属于**C象限**主导的人性格**友善**，喜欢与人交流，**沟通公开透明**，乐于表达自己的情感，喜欢教学和对他人表示支持。

D：实验型自我

大脑属于**D象限**主导的人倾向于整体思考，能够看到大局。他们大多**富有创造力**，能适应不确定性，以未来为导向，**愿意承担风险**。

打造双赢协议

一些谈判者口口声声说想要创造双赢协议，但在遇到重大障碍时却过早地中止谈判，拱手放弃达成划算交易的机会。卓有成效的谈判者会运用技巧，确保打造出双赢协议。

提前商定条件

与竞技体育不同，有效的谈判可以产生不止一个赢家。然而，这需要双方共同付出努力来寻找创造性的替代方案，以满足各自的利益、打造双赢的协议。为了促进双赢协议，卓有成效的谈判者既关注协议的实际问题（价格、付款条件、质量和交付计划），也关注谈判双方之间的社会契约，也就是协议的关键所在。这涉及设定适当的预期、规划协议的谈判、实施以及为未来争端设置的重新审议规则。相反，如果谈判者认为谈判是一场零和游戏，必须牺牲对方才能获胜，那么双赢的协议便不可能达成。

为了促进**双赢协议**，卓有成效的谈判者既关注协议的**实际问题**，也关注打造**社会契约**。

捆绑不同条目

有效的谈判者不会一次只谈一个条目，因为这意味利益只有一个，且大小固定，这样的理念只会导致非赢即输的局面。相反，这些谈判者会将数个条目捆绑在一起。这样一来，因为谈判者对每个条目的重视程度各不相同，各方可以进行权衡。捆绑条目的关键在于，将你眼中的高价值条目（如价格）与你眼中的低价值条目（如保修）打包在一起。

在对条目进行权衡时，你可以保留对你而言的高价值条目（价格），而将低价值条目（保修）留给另一方。相应地，另一方也会同意将你眼中的高价值条目留给你，因为你的低价值条目对他们而言其实价值观很高。如果你的低价值条目在谈判的另一方眼中也属于低价值，那么对方就会拒绝接受协议。因此，了解对方眼中的高价值条目是很重要的。

双赢谈判

应该做的事	不该做的事
○ **同时谈判多个条目。**	○ 一次只谈一个话题。
○ **理解对方看重什么。**	○ 只关注自己一方的利益。
○ **发现和利用双方利益和风险差异。**	○ 忽略双方利益和风险之间的不同。

利用风险

你也可以利用风险承受力之间的差异。有些谈判者比其他人更能适应高风险。如果你是一个注重双赢和愿意承担风险的谈判者，便可以通过设计协议让自己承担更大的风险、获得更多的利益；而同样注重双赢但规避风险的谈判者，则会承担较小的风险，但从协议中相应地获取较小的收益。

小贴士

以身作则

如果你的对手是一个视**双赢**交易幼稚而不切实际的非输即赢谈判者，那就向他们展示如何通过关注利益和**捆绑条目**来**创造价值**和**达成高明**的协议。

建立关系

合同谈判者通常以任务为导向，注重实效，专注于讨论具体问题，而不为建立关系投入时间精力。相比之下，关系谈判者在讨论具体问题之前会首先致力于建立良好的关系。卓有成效的谈判者则需要精通这两种方法。

建立人际关系

当今，越来越多的西方谈判者开始重视起亚洲、阿拉伯和拉丁社会几千年前就认识到的问题：良好人际关系的价值。经验丰富的谈判者会投入时间和精力建立关系，因为良好的关系能够对谈判进程起到“润滑”作用，使之变得更有效率。建立良好关系的谈判者在打交道时能够更加透明和灵活，即使遇到最困难和容易引发冲突的问题也能解决。

提前打交道

卓有成效的谈判者知道，从长远来看，良好的关系最好通过线下或线上的当面互动建立，而不要通过电话或电子邮件。在可能的条件下，请在谈判开始之前尽量创造机会与对方交流。目的并非要谈论谈判事宜和“挖掘秘密”，而是要更好地了解对方，建立起人际关系。如果你与对方在谈判桌交手前已经见过面，那么谈判过程的气氛可能会大有不同。

焦点问题

远距离交流

在远程谈判时，建立默契的挑战可能更大。在虚拟环境中，在线下有助于你赢得人心的魅力特质（如手势、声音质地、穿衣风格等）并没有你说的话那么有力。在谈判一开始就展示出能力和专业素养（但态度不要傲慢），有助于建立信任。但是，也不要忘记人与人之间的联系。在线下面对面的场景中，请抓住每一个机会更好地了解对方，即便是谈判前五分钟的寒暄也能提高促成协议的概率。如果使用的是视频会议软件，那就打开摄像头，因为与对手面对面能够激活大脑中构建友谊的部分，提高双赢结果的概率。

非正式沟通

在与对方互动的时候，抓住一切机会表达你的感激，并祝贺对方取得的成就。在合适的情况下，要运用寒暄和幽默进行沟通，因为抓住机会进行非正式沟通有助于人际关系的构建。但也要注意谨慎行事，使用“安全的寒暄”，以免冒犯到另一方。在可能的条件下，专注于你们之间的共同点。你或许会发现，你们的共同点涉及私人偏好（你们可能拥有共同的兴趣）或想法理念（如相同的经营理念）。这些共同点提供了一个坚实的起点，有助于搭建持久、友好而有建设性的商务关系。

从长计议

另外，如果你是在协议中获得更多的那一方，那就应该顾及对方的“面子”或尊严，并以尊重相待。在尝试建立长期关系时，这种做法尤其有效。在团队谈判中，让善于社交的谈判者加入团队或许会让你如虎添翼，因为持久的人际关系可以交给这些人维护，而具体的问题则主要由其他人（合同谈判者）负责。

构筑互信

信任是所有类型的谈判取得成功的重要因素，无论是商业、外交还是法律。尽管建立信任可能意味着在对方面前展示脆弱的一面，但却可能让你展开更加有效的谈判，也更有可能达成互惠而持久的协议。

理解信任的好处

信任意味着愿意承担风险。信任的多少，要看你在对方面前愿意展露多少脆弱。谈判者之间建立信任有很多好处：不仅能提高公开性和透明度，也能让谈判者更加灵活。相互信任的谈判可以使双方直接听取对方话的表面意思，而无须核实声明的言下之意。这减少了情绪压力和其他交易成本，也使谈判过程变得更有效率。另外，信任也意味着双方更有可能达成互惠而持久的协议。

小贴士

谨慎行事

尽管互信的关系能带来诸多**好处**，但**建立信任**却并非总是可取。有些个人和团体是不值得信任的，因此在构建信任时要多加小心。

言而有信

建立信任很难，失信却很容易，尤其是违背承诺。在1716年创作出第一本谈判书籍的法国外交官弗朗索瓦·德·卡列尔（Francois de Callier）曾说，以无法维系的承诺展开的关系，注定要以失败告终。以色列前总统西蒙·佩雷斯（Shimon Peres）表示，承诺必须兑现，否则名誉将受到威胁。虽然人们有时确实会出现失误，无心许下无法履行的承诺，但要想建立信任，你就需要尽一切努力遵守自己的承诺。

发展信任

回报对于建立信任而言非常重要。当谈判者提供信息或做出让步时，他们也希望对方能有所回报。如果你不抱以信任，对方就不会进一步表达善意。有了回报，谈判双方便能够找到合作的方式，并为双方创造价值。

同时，公平公正也很重要。然而，由于公平是一个主观问题，因此要确保理解对方遵循的公平标准。人们往往会以过去的行为为基准来预测未来的行为，因此，请努力拿出始终如一的表现。

构建你的声誉

谈判者所拥有的最重要的一笔财富，就是他们的声誉。忽视长期后果而追求短期收益最大化的做法有时可能很诱人，但经验丰富的谈判者知道人们更喜欢与值得信任的人做生意，因此会极力维护自己的声誉。

谈判者为构建信任采取的措施

2015年，印度和孟加拉国达成了交换162块小型飞地的协议。其中111块飞地位处孟加拉国，归印度所有，剩下的51块位处印度，但属于孟加拉国。虽然处理这些地块的计划在20世纪70年代就已经开始协商，但印度最终做出决定，在与邻国就共享蒂斯塔河河水等棘手问题进行协商之前就批准了条约，以表示善意。

2012年，迪士尼首席执行官鲍勃·艾格（Bob Iger）与乔治·卢卡斯（George Lucas）进行谈判，欲以40.5亿美元收购《星球大战》系列电影的版权持有者卢卡斯影业。艾格通过出席谈判和耐心等待（持续了18个月）赢得了卢卡斯的信任。在进行并购的同时，艾格也提出了收购三部《星球大战》续集电影大纲的请求，让卢卡斯放心，他意在拓展卢卡斯的创意，而非取而代之。

公平谈判

公平是谈判的一个重要特征。谈判者需要相信谈判过程及结果是公平的，否则便有可能在没有达成协议的情况下结束谈判，或者拒绝将协议付诸行动。

确保公平

有助于打造成功谈判的公平分为几种。公平分配涉及谈判成果的分配（即利益的分割）。谈判者会用到三种不同的公平分配原则。

- 平等：这个原则表明，公平是通过平等分割利益实现的。
- 公正：这个原则表明，谈判成果应与各方的贡献有关。
- 需求：这个原则表明，无论贡献多少，各方都应得到所需的结果。

确保平均分配利益的方式

清晰明了

确保**最终决定**清晰明确，不存在任何潜在的误解。

行为一致

确保你在整个谈判过程中一以贯之地应用**公平原则**（即平等、公正或需求原则）。

达成共识

确认谈判各方对分配利益的方法**完全达成共识**。

35%

在一项调查中，**35%**的人认为**利益的大小是固定的**，而没有考虑到诸多可以使之增大的因素。

打造公平框架

此外，谈判者的满意程度和遵守协议的意愿通常取决于对谈判过程公平度的认知（即程序公平），以及对对方态度的感知（沟通公平）。公平是一个主观问题。在谈判时，如果能首先定义出自己眼中的公平是什么，你就可以使用这种“公平框架”作为与对方谈判时一种讨价还价的策略。如果你在谈判过程一开始就陈述出公平的重要性，或许也能鼓励对方公平谈判。

定义出自己眼中的公平，使用这种“**公平框架**”作为与对方**谈判**时一种**讨价还价的策略**。

确保满意

确保所有各方都对结果感到**满意**，这有助于他们遵守协议。

正当合理

确保各方都能向别人**解释**你分割利益的方式背后的原因。

简单易懂

确保谈判各方都能**理解**并陈述你用来确保顺利执行协议的**分割利益**的程序。

进行
谈判

谈判过程是谈判双方战略上的互动。要想谈判成功，你需要明白如何站稳立场、处理复杂情况、影响对手，并达成成交。

21
416 有力磋商
420 开价与还价
422 做出让步
424 全力说服
428 处理僵局
430 避免决策陷阱
434 管理情绪
438 应对竞争策略
440 签署合同

有力磋商

权力是决定谈判结果的一个核心因素。卓有成效的谈判者明白，权力并不是静止不动的，因此会不断加以评估和巩固。然而，即使在没有权力的情况下，理解如何谈判也同样重要。

理解能力的来源

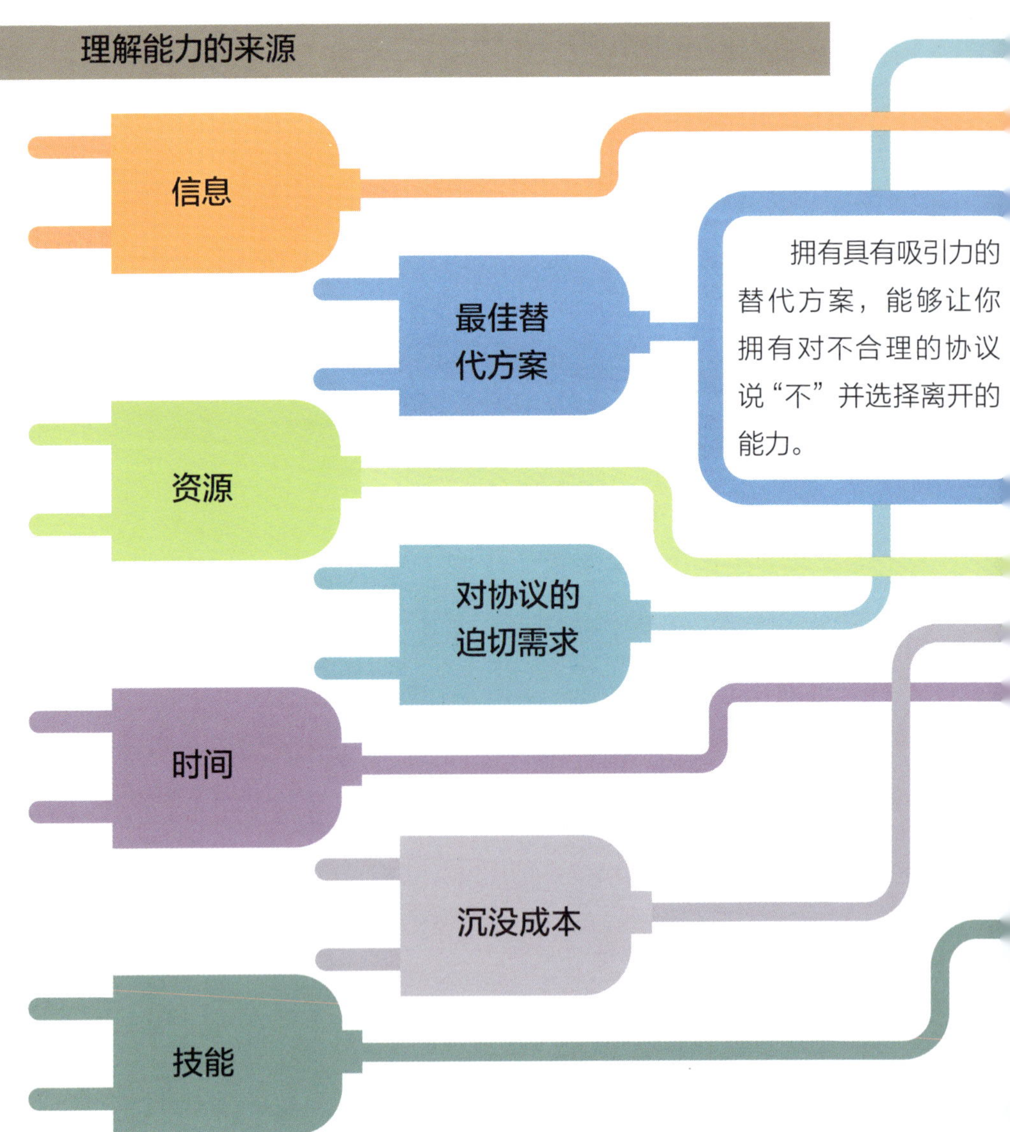

广博的见识能让你支撑自己的观点，挑战对方的观点。

对协议的需求越是不迫切，你就越有**不达成协议的余裕**。

拥有更多资源（财政、技术或人力）的一方，能力也更大。

越是愿意放弃沉没成本（如财务和情感上的消耗），你就越强大。

截止日期越接近，你就越有能力等待和探索更有利的机遇。

谈判技巧越是娴熟，你就越有能力达成双赢。

小贴士

最佳替代方案

拥有具有吸引力的替代方案，能够让你拥有对不合理的协议说“不”并选择离开的能力。

在弱势地位进行谈判

如果你处于弱势地位，永远不要与对方分享这个信息。新的机遇或信息有可能在任何时候出现，使你的最佳替代方案和谈判地位变得更强。即便你从总体来说处于弱势，也应努力找出自己的优势，进行杠杆式利用。即使是最强大的谈判方，也会有自己的弱点，因此你要努力发掘这些弱点，作为进攻的目标。

永远不要在处于劣势的情况下签署孤注一掷的交易：在谈判过程中，随着你带来的价值的增加，新的机遇可能出现，而你可能会与之失之交臂。相反，你应该循序渐进地进行协商，让对方更好地认识到你为谈判带来的附加价值。

即便你从总体来说处于弱势，也应努力**找出自己的优势，进行杠杆式利用。**

案例研究

创造力量

2017年，日本科技集团软银的掌门人孙正义（Masayoshi Son）试图收购拼车公司优步的部分股权，但在价格谈判中陷入了僵局。孙正义对媒体透露风声，如果谈判失败，他很乐意为优步的竞争对手来福车注入资金。评论人士将他的言论解读为一种利用杠杆之举，他意在表明自己愿意离开，把大笔投资投入其他渠道。2018年1月，孙正义完成了对优步15%股份的收购，这笔价值70亿美元的交易，使软银成为该公司的最大股东。

小贴士

利用魅力和诚信

当你处于弱势时，不要低估**个人魅力**的力量。人们倾向于与**讨人喜欢、值得信赖、遵守承诺**和提供**优质价值**的人做生意。

开价与还价

在开始谈判之前，计划好开场白很重要。你是要发起谈判、先行开价，还是再等一等，让对方先提出？确保心中有一个首先出价的数额，并计划如何回应对方的出价。

知道何时先开价

一些专家不建议先开价，而应让对方先报。然而，经验丰富的谈判者却对这种“不先开价”的传统原则心存疑虑。他们会根据每次谈判的具体情况来调整方式。那么，该如何决定先开口还是后开口呢？当你确信自己的尽职调查做得很彻底，或者怀疑对方的消息不灵通时，就应首先开价。通过先行一步，你便能找到一个“锚点”，或者设定一个基准，作为讨价还价的参考。

如果你没有充分了解情况，就不要先开价。考虑对方的最先报价，但不要给出回应，而是先进行尽职调查。有时候，谈判双方的技巧和见识对等，但谁也不愿先开口。这种情况通常需要一个可信的第三方介入，作为公正的中间人，方便谈判展开。

当你确信自己的**尽职调查**已经做得很**彻底**时，就应**首先开价**。

焦点问题

如何回应条件苛刻的开价

如果开价条件极其苛刻，很容易将对方搞得措手不及。卓有成效的谈判者会确保自己不被咄咄逼人的开价吓倒，避免过早做出情绪化的反应。关键在于，你要避免苛刻的开价条件成为谈判的基准数额。你可以拒绝接受不合理的开价、要求对方做出修改，或者通过提问和深入探究来证明自己出价的合理性。

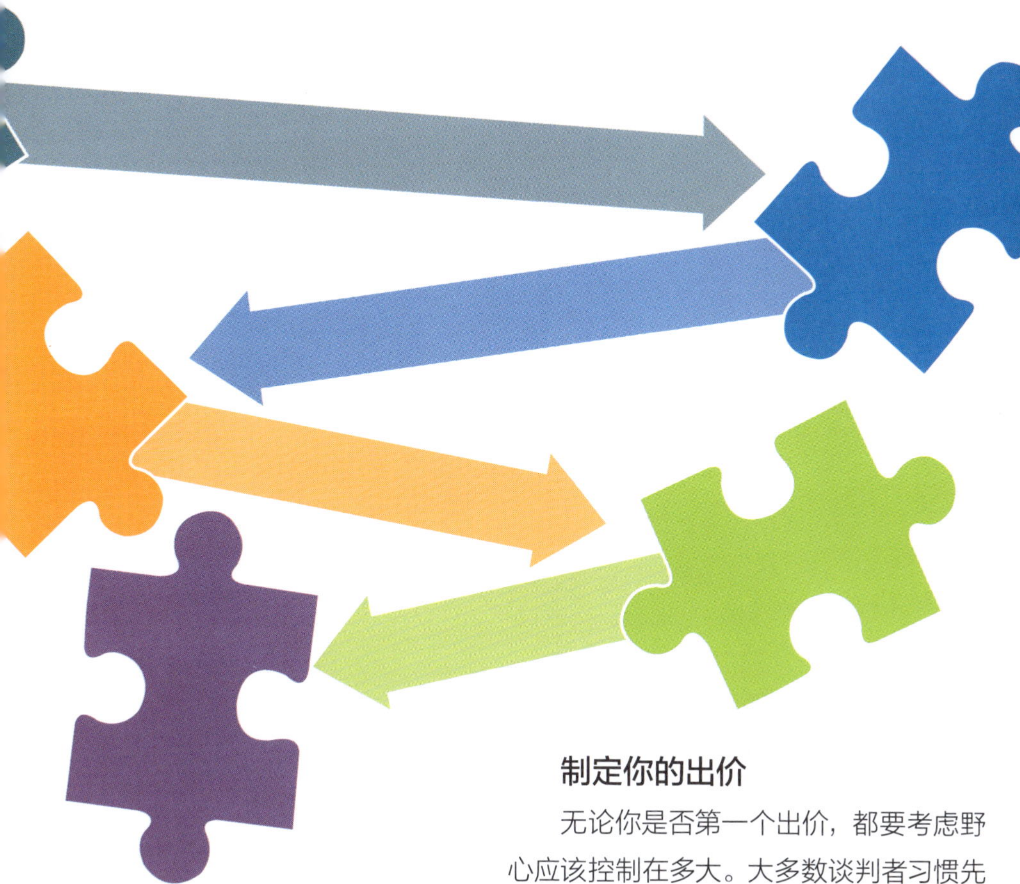

制定你的出价

无论你是否第一个出价，都要考虑野心应该控制在多大。大多数谈判者习惯先与自己谈判，压制自己的大胆出价。他们往往认为对手不会接受稍微苛刻一些的报价，以此为自己的谨小慎微找借口。专家们建议，提出过于大胆报价的卖家可能会危及自己的信誉并冒犯买家，让买家连价都不还就直接放弃。与其提出过于大胆或保守的报价，不如尽可能靠近你眼中对方的最佳替代方案。这样的报价比较大胆，往往不被接受，但仍有协商的余地。

小贴士

从长计议

如果希望与对方建立**长期关系**，那就不要在对方出价过高时投机取巧。如果给出一个更有利于对方且对你而言仍在合理范围之内的还价，你便能够**建立信誉**，培养双方的关系。

做出让步

经验丰富的谈判者知道，成功的谈判都有一定折中的空间，并且谙熟如何做出让步。他们倾向于提出留有让步余地的出价，因为让步是促成协议的润滑剂。

做出小让步

每一次的谈判都是独一无二的，因此在做出让步的问题上，并没有放之四海而皆准的绝对原则。然而，人们通常喜欢一点点地得到好消息或好处，而不是一股脑儿全部得到。因此，纯熟的谈判者往往会做出多次小的让步，让对方获得满足感。

小贴士

注意你的时机

仔细考虑第一次做出**大举让步**的**时机**。如果在最初的报价后过早提出，会给对方留下最初的报价不可信的印象。

明白何时让步

经验不足的谈判者通常会一下子做出相当大的让步以示善意。然而，这种做法可能会使对方认为还有很大的让步空间。相比之下，经验丰富的谈判者倾向于通过让步来梳理关系。有的时候，为了定下彼此让步的基调，这些经验丰富的谈判者会率先在小问题上做出妥协。

在第一次做出大的让步之前，要三思而后行。在这段时间里，争取你最初开出的条件，并让对方明白做出让步的艰难。第二次的让步应该小于第一次，且用时也应更长。逐渐减少让步的大小和降低频率，这样一来，在最终宣布“已经没有让步空间”的时候，会让自己显得更可信。

在第一次做出**大的让步**之前，要**三思而后行**。在这段时间，**争取**你最初的条件，并**让对方明白**做出**让步的艰难**。

做出和诠释让步

为互惠提供条件

为你做出的让步标上代价高昂的标签，然后降低你愿意付出的代价。这说明你期望对方做出相应的回报，定下以一换一的基调。

利用附加条件

如果你担心自己的让步不会得到回报，那就让对方以做出让步作为前提。例如，“如果你将订单增加500件，我就愿意把付款期限延长到45天”。

设置界限

一些谈判者会提出过分的要求，使协议面临崩溃的风险。为对方设定界限，明确界定哪些事情可以让步，哪些事情绝不妥协。

制定规则

有的时候，谈判者做出了**最后的让步**，但很快又出尔反尔，或者提出对方继续让步的要求。**明确规定**让步不能撤销，除非明确这些让步具有实验性或带有附加条件。

寻找协议中不可接受的条件

一些让步关系着协议的成败：没有这些条件，你的谈判对手就会放弃协议。试着把这些条件和**增值让步**区分开来，后者虽然可以带来**更好的协议**，但就算不提出，也不会导致另一方放弃谈判。

全力说服

有效的说服是成功谈判的组成部分。想要对对手施加影响时，抓住自己占据优势的时机至关重要。经验丰富的谈判者懂得如何使用合适的说服技巧，让对方接受自己的想法。

影响他人

卓有成效的谈判者使用的说服技巧，利用了人们对某种信息的自然反应。例如，相比避免损失，谈判者通常更有动力获得收益。

谈判者使用的说服技巧，**利用**了人们对某种**信息**的自然**反应**。

60%

从**全球**来看，**60%**的人都**相信**电视等媒体上的**广告信息。**

突出收益

有人给加州的一群业主提出建议，说："如果对住所进行隔热，每天都能收获50美分。"他们给另一群业主提出的建议是："如果不对住所进行隔热，每天就会损失50美分。"与听到第一种建议的业主相比，听到第二种建议的业主中有更多人对住所进行了隔热。同样，凸显不遵守协议所带来的损失而不是遵守协议所得的收获，你便能更有效地说服对方相信你的协议带来的好处。

小贴士

幻灯片的魅力

通过视频进行**远程**谈判时，集中注意力的难度可能会有所增加。在这种情况下，幻灯片等**视觉辅助工具**有助于避免分心，从而让你的话**更有**说服力。利用幻灯片来**强调**主旨，让你和谈判对手将注意力**集中**在重要的事项上。

相比避免损失，**谈判者**通常更有动力去**获得收益**。

做出小让步

单方面做出小让步是影响谈判对手的一种有效方法。无论让步是大是小，谈判者都觉得有义务予以回报。即使只是很小的让步，也有助于对方做出妥协。你的让步对对方越有利，对方就越可能感觉有义务给予回报。

94%

在给出理由的条件下，有**94%**的人会**接受请求**。

93%

即便理由说不通，仍有**93%**的人会**接受请求**。

利用说服技巧让谈判更有效

利用匮乏心理

渴望得不到的东西，这是人的本性。给对方开出条件时，告诉对方你提供的**独特收益**是他们在别处无法得到的。

获得承诺

鼓励对方先接受一个较小的请求。这样一来，对方便更有可能**进一步做出承诺、答应**你的关键请求，以证明之前答应你的决策是正确的。

给出理由

给出合理的理由，对方就更有可能**同意你的要求**。试着给出一个有证据支持的理由，但即使给出的理由说不通，也能增加达成协议的可能性。

给予“社会认证”

在做决定时，人们常会参考“**社会认证**”，认为如果很多人都以某种方式做事，这种方式就一定合理。展示你的产品或服务是如何被他人**有效利用**的。

让对方说“不”

提出无理的要求，给对方说“不”的**机会**，然后立即让步，提出一个较为**合理的要求**。这也会让对方觉得有义务做出让步。

设定一个基准

不完全知情的谈判者倾向于将项目成本与某个**参照点或基准**进行对比。你可以设定一个基准，以此影响对方做决定的方式。

处理僵局

谈判并不总能以达成协议收尾。在谈判过程中，僵局或死局都可能出现。该如何处理僵局？是该选择放弃、宣布谈判失败，还是鼓励双方留下、继续推进谈判？

处理僵局

经验丰富的谈判者会提前预料到谈判过程中可能会出现的僵局。他们会提前做好预测，并想好在僵局发生时采取的应对措施。他们认为僵局是谈判中自然存在的环节，不会因为出现僵局就拱手放弃协议。

僵局往往会带来负面情绪，有时还会滋生强烈的怨恨。在谈判之前和谈判过程中，你应该时刻关注对方的担忧、感受，尤其是形象。研究表明，谈判者需要维护自己的形象，如果一方或双方不太注意维护对方的尊严或“面子”，谈判就不太可能成功。你应该时常注意避免损害对方的自我形象，在陷入僵局的关键时刻尤为如此。

12%

在**饭局**上进行的谈判，会**带来12%的额外利润**。

应对僵局

应该做的事	不该做的事
○ 预测可能出现的僵局，提前计划如何应对。	○ 相信自己在问题出现时能够清晰果断地思考。
○ 思想开放，灵活变通，寻找创造性解决方案。	○ 认为一旦陷入僵局，协议就一定会“落空”。
○ 调动情商冷静地做出反应，因为你明白，僵局是可以解决的。	○ 陷入僵局时，提前离开谈判桌。

推动谈判顺利进行

专家建议，面对僵局，在紧张的时刻，你应该先花些时间平复心情。这有助于缓和当下的紧张情绪，讨论可以放到日后继续。

继续展开谈判时，在开场时先凸显现有的共同利益。通常来说，僵局是在取得一定进展之后才发生的。因此，将僵局放在已取得的成果的背景下讨论，并强调协议失败对双方可能造成的损失。

如果僵局仍在持续，你们或许需要尝试扩大利益的体量。如果在谈判中固守零和博弈、利益大小固定不变的心态，这将限制在你谈判中运用创意达成最佳协议的可能性。谈判的目的并非在争论中占上风，而是寻找使双方利益最大化的解决方案。考虑有什么新的方法可以帮助你们达成共识。对于正在讨论的事项进行延伸，但要避免做出让步。如此一来，你就可以添加一个对对方有吸引力的条目，来抵消在另一关键问题上的僵局。

避免决策陷阱

绝大多数谈判者都认为自己是理性的。而实际上，许多谈判者会系统性地做出错误的判断和非理性的选择。这些常见错误会导致糟糕的决策，因此，理解和规避这些常见错误是非常重要的。

做出正确的决定

了解谈判者可能陷入的决策陷阱不仅有助于你避免犯同样的错误，还能让你利用对方的错误凸显自己的优势。许多手段和策略都可以用来避免决策陷阱，或使之成为你的优势。

冷热认知

心理学家将决策方法分为"热认知"和"冷认知"两种。在高压下迅速做出的决策使用的是"热认知"，而符合逻辑、慢慢做出的决策，用到的则是"冷认知"。在高压环境下，试着克服你的情绪，使用"冷认知"进行判断。

了解决策陷阱，**你**便有可能利用对方的错误来**凸显自己的优势**。

小贴士

注意你的时机

为了避免没有达成**最佳协议**的感觉，即便对方的第一报价**很吸引人**，也绝不要接受，而要进行一些协商。

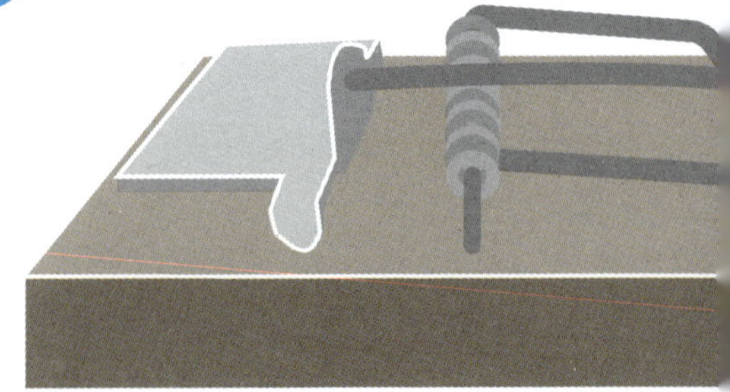

制定决策的策略

在改变最初决策和及时止损时，要做到雷厉风行；在参与谈判过程之前，就应该**制定一个退出策略**。

在对手信息不灵通时，设定**基准**可以为你带来**优势**，但要知道，对方也可能对你使用同样的计策。

找到一个**值得信任的专家**来挑战你对自己谈判能力的过度自信，并强迫你对自己有一个符合实际的判断。

确保你的报价基于**可靠的研究**。在进行购买时，要求产品具有性能**保证**。

投入时间和精力去寻找那些不易收集的**信息**。你很可能会发现让你占据有利地位的公开资讯。

为了打动对方，用较为生动的方式**展示信息**，但要谨慎避免高估那些让人眼花缭乱的信息。

作为一名谈判者，要了解对方**审时度势**和开出条件的方式。

把每一次谈判看作一个**独特的案例**，每次谈判都是各不相同的。

了解各种决策失误

失误的种类	具体描述
非理性承诺升级	○ **违背**自己的利益，即便最初的决定会产生负面的结果（“赔了夫人又折兵”），仍选择加码坚守。
锚定和调整	○ 把有误的锚点当作调整和决策的基准。例如，一个消息不灵通的购房者可能会把卖方的要价作为还价的依据，而没有对房屋价值进行周密的尽职调查。
过度自信	○ **高估自己**判断的精准程度。这会使你过高评估自己在谈判中的能力、面对的选项以及成功的概率。
赢家诅咒	○ 如果在出售时**草率签署合同**，你会觉得“赢”得太过容易、本可以从交易中获得更多。 ○ 如果在购买时**草率签署合同**，你会质疑“我本可以花更少的钱买到这个东西”，或是“这东西有什么问题？我一定是上当了”。

失误的种类	具体描述
信息可得性偏差	○ 凭借唾手可得或是只花一点努力就能挖掘到的现有信息制定决策。
生动性偏差	○ 对于生动呈现的信息**记忆更加深刻或更加重视**，但却轻视同样重要但枯燥的信息。
背景与风险	○ 根据事项的呈现方式（如一只装有水的杯子可以被描述为“半空”，也可以被描述为“半满”）**做决定**。例如，规避风险的谈判者害怕失败，因此更有可能积极响应凸显损失的条件。相比之下，寻求风险的谈判者愿意等待更好的机会，因此对凸显损失的条件反应消极。
小数偏差	○ 基于少量的事件、案例或经验**得出结论**，相信可以从有限的经验推出公理。

管理情绪

在谈判最激烈时，你所表现的情绪会极大地影响对方的情绪。有效的谈判者会努力让自己的行为与对方同步，形成一种反映共同情绪状态的人际社交节奏。

理解情绪取向

谈判涉及三种情绪取向：理性（面无表情的“扑克脸”）、积极（友好和善）、消极（抱怨牢骚）。谈判进行到最后通牒阶段，在三种情绪中，积极和理性的取向要比消极取向更能有效地达成目标。而想要建立有建设性的长期关系，积极的情绪取向则要比理性或消极的取向更有效。

理性情绪

一些谈判者认为，向对方暴露情绪会使自己变得脆弱，导致过多放弃利益，因此会在谈判时尽量以“扑克脸”示人。他们还认为，表露情绪可能会导致僵局、使人做出错误的决策或导致谈判中止。

焦点问题

巧妙利用愤怒

一些谈判者善于巧妙地表达愤怒，以此推动对方同意他们的请求。他们的目的是争取对手做出让步，让对方认为愤怒是底线即将被触及的标志。制造恐惧，会迫使对方屈服和同意提出的要求。这种做法发出的信号是，谈判者宁愿在没有达成协议的情况下离开谈判桌，也不愿接受低于自己要求的条件。对手或许也希望通过让步为不愉快的沟通画上句号。

积极情绪

一些谈判者认为，表现积极情绪有助于提高协议的质量，因为积极情绪有助于促进创造性思维，催生出灵活的解决方案，使沟通更加顺畅。与消极或理性的谈判者相比，态度积极的谈判者会倾向于使用合作策略和强硬手段，交换更多的信息，想出更多的替代方案，因此不易陷入僵局。

消极情绪

为了施加影响，态度消极的谈判者会表现出愤怒、狂躁和不耐烦的情绪。愤怒有时可以作为工具巧妙利用，但真心动怒的谈判者会失去对对方的同理心，在增加和分割利益上也不如积极的谈判者有效。与情绪积极时相比，在感到愤怒的时候，谈判者往往难以取得双赢的结果。另外，愤怒的谈判者不太愿意合作，且能寻求报复的概率也更大。

85%

85%的**成功**取决于理解人类行为的**能力**。

监控和**调整**你的**情绪**

你**必须**找到**与对方共情**的方式。

利用情商

谈判者情绪失控时，进行有效谈判的心智能力便会被削弱。想要克服这一点，你必须巧妙地管理自己的情绪。你需要意识到你正在经历的情绪，并进行监控和调整，还需要找到与对方产生共鸣的方法。与任何团体或个人进行谈判时，有意识地调整愤怒非常重要。例如，如果对方收回之前的承诺，你或许会感到沮丧，但你可以用“误解”来掩饰愤怒，而不是开诚布公地表达出来。

问问自己……

在进行谈判时，我是否会调动情商？ 是 否

1 在不很了解对方的情况下，我能否**建立情感上的联系**？ …………………… ☐ ☐

2 我能**判断做出理性决策**的能力何时会被情绪影响吗？ …………………… ☐ ☐

3 我能**控制**自己的情绪、确保**工作效率**一直在线吗？ …………………… ☐ ☐

4 即便不认同对方夺取价值的策略和做事方式，我是否仍能控制情绪、以一种**有节制的方式做出**反应？ …………………… ☐ ☐

应对竞争策略

在非输即赢、必须分出高下的竞争性谈判中，谈判者会不顾对方利益，运用各种操纵术，使自己的利益最大化。他们往往认为这些策略相当有效。然而实际上，这些策略大多会适得其反，使得谈判更加激烈，甚至导致僵局。高超的谈判者能够识别这些伎俩，并知道如何进行规避和抵消影响。

竞争策略及规避方法

提出过高或过低的报价

谈判者认为你没有充分掌握信息，并试图利用这个优势，或以卖方身份提出过高的卖价，或以买方身份提出过低的买价。他们的目标是用对自己有利的基准取代你心目中的基准。

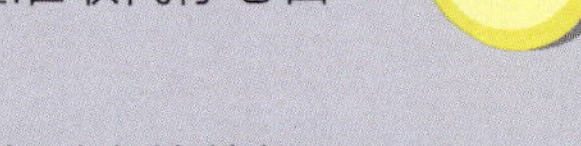

如何规避：坚信你自己的基准，努力看穿对方的伎俩。

唱红脸/唱白脸

一个谈判者表现出强硬的态度，使用威胁和发出最后通牒等进攻性战术；另一个人则表现出理解，让你相信他或她是站在你这边的。双方都不是你的队友，只是在努力让自己的利益最大化罢了。

如何规避：全力捍卫自己的利益。

施加时间压力

另一方通过施加时间压力逼你让步，比如设定一个迫在眉睫的最后期限，或者使用拖延战术来压缩谈判的自由时间。

如何规避：运用你的判断力来决定最后期限是否切实。

把事项分离开来

有的谈判者会坚持在探讨下一个问题之前先就某个问题达成协议。这不仅会阻碍捆绑处理多个条目，也有碍于制定折中选项。

如何规避：一次就多个问题进行谈判，声明“在就所有问题达成共识之前，不会达成协议也不会签署”。

使用情绪勒索

一些谈判者会试图通过制造愤怒、沮丧或绝望对你施加恐吓或影响。他们试图在情感上动摇你，让你觉得谈判止步不前的责任在你。

如何规避：运用情商。保持冷静，集中注意力，努力让谈判回到正轨。

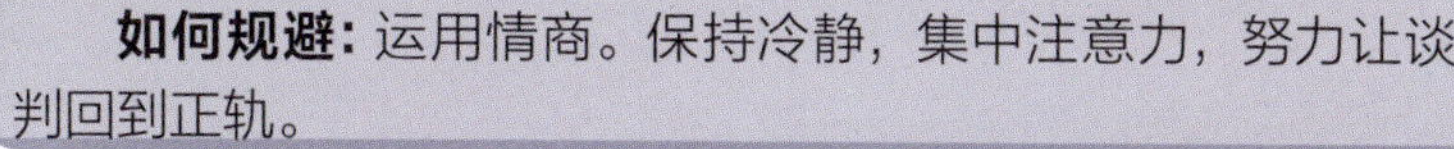

得寸进尺

各方已经达成协议，但在最后一刻，对方却要求再做出小的让步。大多数谈判者都会选择让步，因为他们担心如果不能满足对方最后一刻提出的请求，协议可能会前功尽弃。

如何规避：记住，在最后一刻拒绝做出小的让步，往往不会让协议前功尽弃。

97%

在一项调查中，**97%**的**让步**都是在**谈判**后期的**威胁**压力下做出的。

签署合同

在达成一致后签署合同，是任何谈判过程中最后也是最关键的部分。这一步当然不简单，除了谈判结果，这一步还涉及关系的建立和谈判协议的顺利施行。遇到复杂和涉及多方的协议，合同的签署便尤为重要。

为签署合同做准备

在签署合同之前，你和你的对手都需要明白，这一步的目的不是签署合同，而是完成合同规定的任务。双方在协议中追求的目标是什么？实现这些目标需要付出什么代价？目标的实现需要共同努力，因此重点在于确保双方都是带着诚信签署合同的。审视双方的关键利益，确保没有忽视任何因素。如果另一方觉得需求没有得到满足，而是被迫签署合同，便很可能将整个协议推翻。

把交易的达成作为你与对方合作的**开始**。

在**签署合同**时，确保没有**任何一方**做了过多的牺牲。

如何确保有效执行合同

思考协议的执行

大多数谈判者都低估了执行的重要性。如果不加思考，紧张的谈判过程可能会削弱你在签署协议后将目标落到实处的能力。例如，如果你使用强硬的谈判策略迫使另一方接受条件，那么另一方可能会在签署合同时感觉受到了不公平的待遇，并因此破坏协议或拒绝履行。

在动笔签署之前，先与对方讨论协议的具体执行。想要确保成功执行，你所同意的条件必须满足双方的需要。除非双方都确信协议能够成功实施，否则继续对话也就没有意义了。

达成协议

一份书面协议，通常标志着谈判的结束。有的人会将双方的解决方案总结成协议，然后要求对方在文件上签字。这是结束谈判最简单也是最自然的方式。签署协议之后，应为修改留出空间。换句话说，如果情况发生变化，双方应该很乐意联系对方加以讨论。经双方同意，这些必要的改变可以纳入新的协议。确保在协议最后列入这一项，因为只有完善的协议才算完整，如果情况发生变化，最好留出一些灵活空间，而不是强迫另一方将整个协议推翻。

在执行过程中，让所有**利益相关方**参与进来。

随着过程的推进，与大家分享你的任何**担忧**。

在完成执行环节之前，与对方**持续**合作。

问问自己……

签署合同

		是	否
1	你是否**考虑**到了所有可能的利益相关方？	☐	☐
2	你是否对协议的目的进行了明确？	☐	☐
3	你是否能确保双方都理解执行协议需要什么条件？	☐	☐
4	你是否与对方建立了关系、为未来的合作铺平了道路？	☐	☐
5	如果由另一支团队接手协议的执行，你是否做好了足够的铺垫？	☐	☐

打磨
技巧

无论你在谈判方面经验多么丰富，也总能通过一些方法来继续提升技巧。无论是集体和国际谈判，还是运用技能来调解冲突，你都需要运用有针对性的方法加以应对，以达到最佳成效。

22

团队协商

许多商业形式太过复杂，仅靠一位谈判者，不可能彻底了解协议的方方面面。在这种情况下，团队协商或许会得到更好的成效，但这种形式需要高度的内部协调和成员之间信息畅通无阻。

理解何时动用团队

有些谈判需要动用多种能力。除了纯熟的谈判和心理社会技能，你或许还需要具备特定的技术专长，比如在法律、草拟合资企业提案或规划领域中掌握技能。你可能需要利用公关手段影响对手，或者对政治和战略具有敏锐的理解力，以便在谈判中识别多个利益相关者，并找出对方的利益点。如果对上述任何一种能力有所欠缺，你都不会从团队的集体智慧中受益。

你或许**需要**具备特定的**技术专长**，比如在**法律**、草拟**合资企业提案**或**规划**领域中掌握技能。

小贴士

腾出时间做准备

确保你拥有足够的时间来**打造一个有凝聚力**且值得信赖的团队，并在团队协商之前留出时间打磨**团队策略**。

3%

在谈判中，**3%**的男性会对男性撒谎，但24%的人会对女性**撒谎**。

在谈判中，你或许**需要**对对手**施加影响**。

焦点问题

做出决策

说到团队协商，我们就不得不讨论如何确定团队的行动方针。总体来说，达成决策的方法有三种：第一种是一致同意。即所有团队成员必须对特定问题达成一致。这是一个严苛的规则，不建议在大多数情况下运用。第二种是多数决定原则。即决策由多数人做出，少数服从多数。这种决策方法的风险在于，多数人可能会对少数人无法接受的解决方案进行强制执行。第三种决策方法是达成共识。这通常也最为合理，即做出并非团队所有成员都完全同意，但所有人都能接受的决策。

优势与陷阱

理解优势

团队协商有很多好处。作为团队的一员，你便有空间尝试多种灵活的折中方法和选择，除此之外的好处还有很多。仅凭“人多力量大”，就会让团队产生安全和强大的感觉，并向对方发出明确的信息，表明对协议的重视。在团队中进行谈判时，你感受的压力会更少，且不太可能在过程中过早做出太多让步。

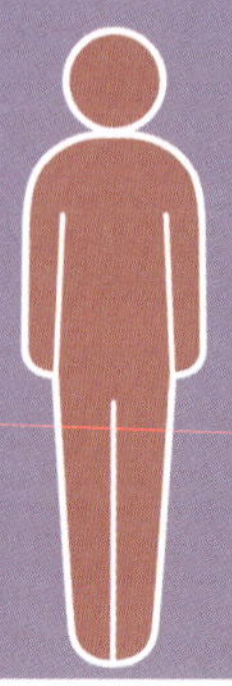

规避陷阱

在团队中进行谈判可能会导致偏离重点和缺乏一致性，因此，你应该任命一位首席谈判者领导团队，提前商定每个成员的角色和责任。避免陷入“群体思维”，也就是团队成员感到必须遵从现有的群体思维、不愿意提出与之冲突的想法。团队也很容易产生一种错误的凝聚力：即“我们”是善的团队，而“他们”是恶的团队。如果发生这种情况，对方为和解所做的真诚尝试，可能被视为欺诈性的“花招”而遭到驳回，从而错失达成协议的机会。

多方谈判

许多商业伙伴关系或交易会涉及三个或三个以上参与方的协议，各方都有自己的立场、需求和目标。在这种环境下进行谈判，不仅需要运用灵活性，还要持续警惕谈判的陷阱，比如提防反对方之间的结盟。

寻找复杂问题的平衡点

从很多方面来说，多方谈判都与两方谈判具有相似性，但由于较为复杂，所以需要用到一套更广泛的技能来应对，这些复杂性包括以下几点。

社交复杂性 参与谈判的人越多，社交背景就越复杂。在两方谈判中，你的关注点是对方，但多方谈判则需要你对每位谈判者进行理解和分析，并与其建立关系。在谈判中，即便对手是多方组成的联盟，你也必须学会抵制社交压力和保护自己的利益。

战略复杂性 谈判多方具有多重利益，且各方之间经常会出现利益冲突。每一方都有其最佳替代方案，可能会随着联盟的形成而改变。想要为多方谈判做准备，必须不断对你和对手的最佳替代方案进行重新评估。

情感复杂性 多方谈判或许是个非常费力的过程。控制好你的情绪，因为情绪压力往往会导致糟糕的决策。

在多方谈判中制胜

应该做的事	不该做的事
○ 组建或加入联盟。	○ 坚持独自行动。
○ 抵抗改变核心利益的团队施压。	○ 面对多方联盟时过于容易妥协。
○ 明确表达反对意见。	○ 保持沉默：沉默可能会被理解为默许。
○ 监控各方立场。	○ 只关注谈判的某一个环节。

信息复杂性 谈判参与者的数量会带来多重信息交换、提案及折中选项。你需要开发一个可靠的信息系统，记录在谈判室内交换的所有信息，并在需要时将信息调出。

过程复杂性 谈判过程的制定或许涉及诸多难点。包括参与标准、地点选择、议程顺序以及决策方针在内的谈判结构，必须被大家视为公平的。在高价值谈判中，聘请专家有效地推动谈判进程，不失为一种明智的选择。

案例研究

主持多方对话

如何博得196个不同谈判方的信任？在准备共同主持2015年12月于巴黎举行的联合国气候变化谈判时，丹尼尔·赖夫斯奈德（Daniel Reifsnyder）与艾哈迈德·朱格拉夫（Ahmed Djoghlaf）就面临着这个挑战。在国际峰会召开的10个月前，他们邀请代表们前往日内瓦，协助起草协议初稿，允许所有人随意添加任何建议。这不仅确保了每个人都拥有发言权，也让大家对联合主席建立了信任。经过了进一步的会谈，代表们逐渐放心允许联合主席独立编辑协议文件。到了10月，一份20页的草案诞生，成为了日后《巴黎协定》的基础，这份具有历史意义的协议不仅减少了碳排放，也减缓了气候的变化。

建立制胜联盟

一旦有两方以上参与谈判，就有结成联盟的机会。为了保护自己的利益并维持自己在谈判中的地位，你的主要目标之一，就是提前考虑好进攻（如何建立制胜联盟）和防御（如何建立阻击联盟）策略。

尝试建立一个坚实的联盟时，有三个基本因素需要考虑。首先是协议本身。对于你的愿景以及计划用来实现愿景的策略和战术，一些人会同意，而另一些人则会反对。

建立一个联盟时，有**三个因素**需要考虑。

小贴士

分割利益

向联盟伙伴清楚地表达，如果你能达成目标，**利益**（也就是所谓的“馅饼”）将如何分配。分配当然必须是公平的，但公平并不一定意味着份额相等。

赢得影响力和信任

建立联盟时要考虑的第二个重要因素就是影响力。一些潜在的合作伙伴或许具有巨大的影响力，可以利用他们的有利地位帮你推进议程，而其他的合作伙伴或许不具有强大的影响力，对推进起不了什么作用。第三个需要考虑的因素是信任。联盟是受自身利益驱使的临时组成的实体，因此，一旦能在其他地方获得更高的回报，合作伙伴便很容易因受到诱惑而背叛联盟。你所关注的目标，应该是寻找值得信赖且会对联盟保持忠诚的潜在合作伙伴。

小贴士

占据有利地位

如果认为自己与对手相比处于弱势，那就考虑**建立一个联盟**。加入一个**成功**的联盟，可以帮助你扭转**力量的天平**。

召集联盟伙伴

在建立联盟时，首先要确定所有的利益相关者，包括你的目标的支持者和反对者。根据利益相关者的认同度（高、中或低，或者从1到10分级）、对联盟的影响力，以及在你心中的可信度对他们进行分类。其次去接近你的最佳潜在盟友，也就是认同你的愿景和议程、具有巨大影响力且值得信赖的一方。

其次，去**接近**你的**最佳潜在盟友**。

问问自己……

构建联盟

	是	否
1 你知道自己的**谈判议程**和想要达到的目标吗？	☐	☐
2 你考虑过在建立联盟时需要考虑的**主要因素**吗？	☐	☐
3 你能**找到**最有可能与你合作、共同实现目标的潜在**盟友**吗？	☐	☐
4 你应该以什么**顺序**召集每位潜在**盟友**？	☐	☐
5 你知道接近潜在盟友的**最佳方式**吗？	☐	☐

将注意力放在那些**认同**你的**愿景**的**盟友**身上。

获得盟友

接下来，将注意力放在那些认同你的愿景、值得信赖但目前没有权力的盟友身上，因为随着谈判的推进，这些人的影响力或许会越来越大。忽略那些软弱的对手，也就是那些不同意你的议程且影响力微乎其微的人。与此同时，也要考虑该如何阻止强大的对手。

你能和对手的某位潜在合作伙伴结成联盟吗？联盟伙伴往往仅靠利益驱动。一旦别处出现更大的利益，他们便可能选择叛变。因此，你应该努力巩固联盟的团结一致。要想做到这一点，一种方法就是要求每位合作伙伴对联盟做出公开承诺，并增加出尔反尔的难度。

国际谈判

在当今的全球化经济中，越来越多的商业交易都是跨越国界进行的。国际协议谈判是一种挑战，因为你必须熟悉当前谈判背景的复杂形势，例如谈判各方和利益相关者的议价能力，还要熟悉包括汇率波动和政府控制等因素在内的更广泛的背景。

理解差异

参与国际谈判时，你可能会在几个关键领域体验到巨大的差异。

协议 西方谈判者希望以一份涵盖全面、万无一失的法律合同为谈判收尾。在以亚洲国家为首的其他国家，谅解备忘录可能更为常见，这种协议涵盖范围更广，但实质性内容却较少。

时间敏感性 在奉行“做事”文化的国家，人们坚信应对事件和时间进行严格把控。在一些不把时间视为关键资源的国家，谈判可能既缓慢又耗时。

正式程度 来自较为随意的文化背景的谈判者往往穿着随意，只称呼对方的名字，不太在意人与人之间的身体距离，对官方头衔也不太注意。相比之下，来自较正式文化背景的谈判者倾向于使用正式的头衔，并会关注席次安排。

国际谈判中需要考虑的因素

01

政治风险

一些国家长期以来资源丰富、**政治稳定**，而另一些国家则资源稀缺、政治波动。

02

意识形态

在美国这样奉行个人主义文化的国家中，企业的目的是服务于**股东的利益**，但在集体文化中，企业却有一个更宏大的宗旨：为社会的**共同利益**做贡献。

03

文化因素

对于个人在社会中扮演的角色、关系的本质以及人们应遵守的沟通方式，不同的文化有着**截然不同**的**文化理念**。这些理念对你**处理**谈判的方式有着重大的影响。

04

国际金融

货币的波动影响着费用和利润的平衡。投资所用的货币的**稳定性**，会影响到你所承受的风险。许多政府还会对**货币流动**进行管控，并限制跨境资金的数额。

05

官僚主义

商业惯例和政府法规因国而异。在一些国家，政府官僚机构在商务中**根深蒂固**，企业在采取行动前往往必须获得**政府批准**。

06

政治和法律制度

在不同的国家，税法、劳工法、法理学和执法政策、管控合资企业的法律，以及吸引商业**投资**的**财政激励措施**有所不同。

在亚洲谈判

想要在任何国际谈判中取得成功，意味着要花大量时间熟悉复杂的谈判环境，有足够的灵活度来改变自己的工作方式，并学会应对各种各样的政府机构。亚洲的整体文化和商业生态对于西方企业而言尤为陌生，而随着亚洲地区经济地位的迅速上升，每位管理者都要对其特殊之处有所了解。但请记住，并非人人都会遵循刻板印象，另外，正如西方谈判者可能对非西方谈判风格不甚了解一样，来自非西方国家的谈判对手或许也并不了解西方的谈判风格，甚至更甚。最好的谈判者会谨慎缓慢地采取行动，不做任何臆断。

亚洲谈判风格

- 关系
- 感情
- 公平
- 发自内心的信任
- 面子
- 律法主义
- 决策

小贴士

耐心谈判

来自印度的谈判者更关心得到**理想的结果**，而不是谈判过程的效率，有时会为得到**最划算的交易**而谈判数周甚至数月时间。永远不要给对手施加压力，催促快些达成协议，否则便可能空手而归。

中国的商业领导人会在建立**人际关系**和稳固的**社会网络**方面投入大量时间精力，这就是所谓的“**关系**”。他们偏爱在自己信赖的人际网络中做生意。

儒家讲究“**心平气和**”，也就是镇定自若，这使得西方谈判者很难“读懂”对手和理解他们的立场。

公平的概念以需求为基础：拥有更多资源的人应该将资源给予拥有更少的人。

相比于名不见经传的企业，亚洲企业喜欢与**值得信赖的人**做生意。打造信任的漫长过程，建立在开放、**互助、理解和构建情感纽带**的基础之上。

行为**合乎道德**和成效斐然的人，能够获得**尊严和声望**。面子在亚洲人的心中有着**强大的力量**，西方企业的谈判人员必须特别注意这一点。

如果可以强调不履行承诺的惩罚，就有可能侮辱你的亚洲谈判对手。在这里，合同内容简短，只是对建立起的关系的一种**有型的表述**，不被视为“固定不变的”法律文书。

尽管东亚社会的等级分明，但在决策时采用的却是**达成共识**的方式。为了维护关系和给人面子，首席谈判者不会将决策强加于人。

认识差异

亚洲文化的特点是关心他人的感情。这种文化强调相互依赖、合作与和谐，而西方文化则更看重竞争、以成就为导向，并鼓励自信果断的心态。与亚洲文化一样，在南美，良好的关系至关重要，但情感表达也同样关键。

亚洲和南美社会倾向于优先考虑集体目标，为集体利益牺牲自我是一项指导原则。此外，人们也更能接受权力分配的不平等，人际关系建立在不同身份、年龄和性别的基础上。

小贴士

建立联系

向合作伙伴展示**互惠互利**的**长期愿景**，强调彼此之间的**人际关系**，而不是法律义务。

亚洲和南美社会倾向于**优先考虑集体目标**，为**集体利益**牺牲自我是一项指导原则。

亚洲和南美社会倾向于**优先考虑集体目标**；为**集体利益**牺牲自我是一项指导原则。

规避不确定性

另一个文化上的不同，是人们对模棱两可的适应程度。中国和日本的商务人士习惯规避不确定性，更喜欢清晰有序的环境，并在仔细评估大量信息后制定决策。与此截然不同的是，在一些西方社会，人们更习惯模棱两可的环境，愿意根据有限的信息迅速做出决定。在南美洲，人们可能会有意含糊其词，避免直接予以否定。

另外，也要注意沟通方式上的差异：亚洲人可能会使用“高语境”沟通（间接、含蓄、暗示性），而西方人则会使用“低语境”沟通，即更加直接和具体的方式。

理解情绪

南美商务人士往往会在谈判开始时寻求建立亲密友好的关系。他们可能会以热情的方式进行交谈和表达情感，而这种方式则是许多亚洲和欧洲文化所避免的。

南美谈判风格

进行问候

在每次会议开始时，与每位团队成员**单独**进行热络的问候，能让对方感觉到自己的价值和重要性。在南美文化中，**开放和热情**的态度是职场的一个要素。

表达情绪

在许多**对话**中，使用**夸张的手势**、大声且充满激情地讲话被视为正常行为。不要等到停顿时才加入辩论，**保持对话的顺畅进行**可以建立联系和**加深信任**。

家庭关系

大家族构成了南美洲社会的**核心**。个人和工作之间的区别通常不那么清晰，因此在谈判时，**表达**对南美同事家庭的**兴趣**和讨论自己的家庭是非常重要的。

表达尊重

同样重要的是，要以**契合**对方在公司中的角色和**社会地位**的**尊敬态度**对待对方。业务流程遵循**指挥链**，但在每个层级上，团队成员都要在工作中**相互尊重**。

避免冲突

在谈话中，人们很少用到“不”这个字。拒绝或否定请求被视为不礼貌的行为，因此，许多南美人会避免某些话题或使用保守和隐晦的表达方式暗示其**真实意图**。

雇请谈判教练

许多谈判者都有盲点、持有错误的假设，并且容易重复犯同一个错误。有些人经常无法完全理解对方的观点；还有一些人无法将关注点从立场转向利益，或是没法掌控自己的情绪。雇请教练是一种好办法，有助于你了解自己的优缺点，开发技能，以获得更大的成功。

理解教练的益处

许多谈判者没有意识到自己的技巧有提升的空间，而是过滤信息，只听自己想听的，而不去吸收有效谈判所需的完整信息，从而总是犯同一类型的错误。重视个人利益的人所犯的另一个错误在于归因。谈判者往往会把谈判中的问题归咎于对方谈判者。一位愿意挑战你的理念的客观的教练有助于帮你认识自己的局限，从而提升在谈判中的表现。

57%

57%认为自己在谈判中表现**果断**的人，在**别人的眼中**都不够果断。

与教练合作

应该做的事	不该做的事
○ **接受通过教练培训会变得更加成功的理念。**	○ 拒绝雇用教练，觉得自己没有提高的空间。
○ **尊重教练对你弱点给予的评价。**	○ 认为教练不理解你高超的谈判方法。
○ **利用教练给你的反馈提高技能。**	○ 觉得自己懂得更多，不理会教练的建议。

焦点问题

角色扮演

情景角色扮演是为谈判做准备的有效方法。教练能够帮你针对自己的角色进行排练，确保你的论点和谈判过程没有漏洞或缺陷。例如，教练可能会帮助你确定最佳替代方案，或是确保你不会因为紧盯潜在协议而不愿放手。尽管无法提前完美地规划谈判过程，但“对目的地及各种地形有所了解”仍有其意义，即使双方在谈判中偏离了正轨，你仍能找到途径实现目标。

接受评估

第一次与教练合作时，教练会对你的表现进行评估。第一步往往是进行一场360度的反馈会谈，教练会从与你进行谈判的人那里搜集数据，找出你的强项和弱项。教练或许还会实地参与你的一些谈判，留意观察你现有的表现。通过实地观察你的表现，教练便可以针对如何改善给出富有见地的建议。通过这种分析方法，教练得以从你的理念和行为中挖掘规律，从而加深你的自我认知。

一位**优秀的教练**能够帮助谈判者**检验自己的假设**、思考**不同的视角**、**确定如何推进谈判。**

对谈判风格进行微调

接下来，教练便会与你一起找出你想在整个指导过程中专注提高的技能和心态。教练拥有丰富的经验，知道如何从你的谈判风格中识别潜在的危险，并能够帮助你主动出击，提前预防危险出现。另外，教练也会帮助你自行找出问题并予以解决。教练还能与你一起尝试不同的谈判方法和风格，从而丰富你的技能。另外，教练还会提出很多问题。一位优秀的教练能够帮助谈判者检验自己的假设、思考不同的视角、确定如何推进谈判。许多教练还会利用场景角色扮演，帮助你尝试用新的方法做事。

将新的理念和方法引入实际谈判之后，教练便会进行一次较为轻松的评估，帮助你从错误、成就和错失的机会中汲取经验。从中学到的知识，可以应用到下一轮的谈判之中。

如何调解矛盾

作为一名管理者，你经常需要与企业内的人直接谈判，但也可能被要求作为第三方参与进来，帮助陷入纠纷的人解决冲突。因此，你需要了解有效调解的原则，并认识到管理调解人的角色与其他调解人有何不同。

定义调解

调解是一个经过组织规划的过程，由中立的第三方协助解决谈判双方之间的冲突。想要进行有效的调解，被选中的人必须是双方都能接受的。双方必须完全确定调解人会不带偏见且客观地评估争端。

妥善行事

如果被要求调解纠纷，你需要确定自己能够保持公正，不被卷入正在发生的事件的情绪旋涡中。你的职责要求你通过矛盾双方的视角看问题，找出这些视角之间的共同点，并利用这些信息提出双方都能接受的建议。

有效协调的原则

鼓励自决

确保争端各方**认识到**他们的分歧，明白他们是**自愿参与**调解进程的，且可以在任何时间点自由退出。

把主动权交出去

让产生争端的各方明白，他们必须对冲突和冲突的**解决**负起**责任**，并找出问题所在，**利用创意化解矛盾**。

保持中立

确保自己保持**中立**，协助**促进**调解过程，而不是试图对冲突的结果施加影响。

鼓励保密

清楚地告知各方，调解的过程是**保密**的。只有当矛盾双方相信调解人是**中立且可信**的，他们才有可能分享重要信息。

使用顾及全局方针

试着理解每一方的**利益**，并推动达成一个大家都能接受的全局性（**双赢**）解决方案。

紧盯目标

始终切记，通过**全局谈判**进行调解的**目的**不是实现绝对的正义，而是提出各种选择，找出**最可行**和**最令人满意的选项**。

保持中立

作为调解人的管理者所扮演的角色与其他中立的第三方调解人类似，目标也与其他调解人一致：帮助矛盾双方解决争端。然而，由于冲突往往影响着企业的目标和绩效，管理者有时可能会发现自己很难对后果保持中立态度。为了保护企业的利益，管理者有时可能不得不对冲突的调解以及争端的化解施加更多的把控。此外，管理者往往与矛盾双方有过交集，未来可能还会发生关系。面对这些挑战，管理者必须尽其所能，以公正的方式调解纠纷。

47%

据估算，**80%**的商业纠纷都是通过**调解解决**的。

为了保护企业的**利益**，管理者有时可能不得不对冲突的调解进行**把控**。

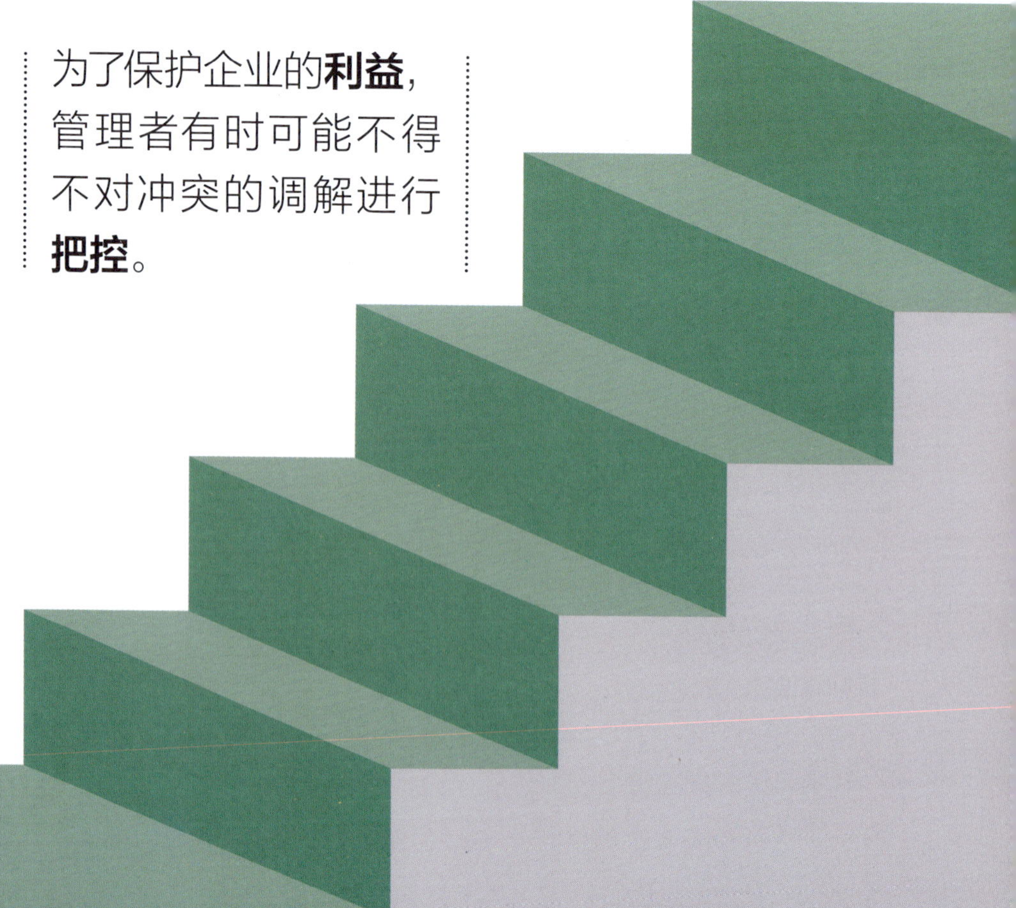

以管理者身份调解矛盾

应该做的事	不该做的事
○ **确保达成矛盾双方都满意的顾及全局的协议。**	○ 没有花时间充分倾听和理解矛盾双方的利益点。
○ **尽快有效地解决矛盾。**	○ 任由冲突影响企业的日常运作。
○ **确保调解过程对双方的公平性。**	○ 引入自己的偏见。
○ **允许矛盾双方抒发各自的感情。**	○ 不顾及矛盾双方的情绪。

理解调解过程

调解是一个循序渐进、井然有序的过程。然而，不同于一般调解中运用的严格法律程序，管理人员使用的程序是灵活的。主要包括五个步骤。

- **初步建立联系** 与各方会面，确定问题所在，并提供关于调解过程和原则的总体信息。
- **评估与准备** 接下来，你需要介绍自己作为调解人的角色，并与矛盾各方交谈，了解争议的性质。你还应该确定矛盾双方是否做好了接受调解的准备，从而对自己的调解能力进行评估。另外，你还应该要求双方签署合同，承诺接受有建设性的调解。最后，把有争议的问题列出来，以便日后讨论。
- **联席开幕会议** 无论是线上还是线下，准备充分后，你都必须打造一个心理安全的调节环境。阐明参与规则，如相互尊重、做笔记、与矛盾各方私下会面。为各方提供信息，让他们了解各自立场和利益之间存在的差异，并着手解决问题。
- **联席会议** 继续将矛盾双方的关注点从立场转移到利益，打造有利于共同解决问题的环境。排列问题的优先次序并缩小问题范围，确定存在共识和分歧的领域，并鼓励矛盾双方提出切实可行的建议。这可能需要一次或多次会议才能达成。
- **达成协议** 当矛盾双方开始在越来越多的问题上达成一致时，将协议的各方面记录下来。确保最终的协议精确具体，得到争议各方认可且富有前瞻性。

向大师学习

不论在商业、法律、外交、劳动还是体育行业，谈判大师都拥有一套个性化的特征，这些特征将他们与普通谈判者区分开来，定义了他们的成功。通过了解谈判大师的技巧和态度，每位谈判者都能从中获益。

成为成功的谈判者

谈判大师的卓越能力主要彰显在三个方面：理解和分析问题的能力（认知技能），管理情绪尤其是消极情绪的能力（情绪技能），以及通过发展人际关系和信任与他人建立联系的能力（社交技能）。如果想要磨炼谈判技巧并成为谈判大师，这些都是你需要努力的领域。

界定关键属性

娴熟的尽职调查

谈判大师深谙准备不足的危险，并会投入充足资源进行计划和收集有效信息。

焦点问题

糟糕的协议

谈判大师明白，谈判的重点不在于达成协议和签订合同，而是努力追求自己的利益。不签订协议总要好过签订糟糕的协议，因此他们会做好心理建设，如果利益得不到满足，就会离开谈判桌。经验不足的谈判者往往看重达成协议，倾向于维系谈判，到头来却落得一纸糟糕的协议。

造成这种后果的原因有两点：首先，谈判者不想放弃为达成协议所涉及的沉没成本（费用）。其次，他们不愿面对无法达成协议、前功尽弃的事实。与之相反，谈判大师却愿意放弃沉没成本，如果没有达成交易，他们也不会觉得自己在谈判中表现失败。

战略思考

谈判往往不只涉及谈判双方，因此，谈判大师会花时间分析没有出现在谈判桌旁的“玩家”的利益、如何维系力量平衡，以及可以利用哪些机会增加自己的力量。

看到另一方的利益

谈判大师明白，只有知道对方的利益所在，他们才能开出有吸引力的条件或折中方案。他们很擅长转换视角，从另一方的角度看待问题。

投资人际关系

谈判大师会利用所有可能的机遇来培养信任和发展关系，并会长期维护这些关系。

坚定而灵活

对于必须达成的事项，大师级的谈判者态度坚定而明确，而在希望达成的事项上则会保持灵活。

管理情绪

谈判大师会主动采取行动，时刻监控并积极把控自己的情绪。

理解每个人的独特性

谈判大师总能以全新的方式处理每一种情况，并时刻做好调整方法的准备，以适应当下谈判的具体情况。

致谢

管理人才

创作者：菲利普·L.亨塞克（Philip L. Hunsaker）和约翰娜·亨塞克（Johanna Hunsaker）

第四章远程办公的创作者是劳拉·卡瓦纳（Lara Kavanagh）和韦斯·尼科尔森（Wes Nicholson）

如果没有Cobalt id设计公司的凯蒂·戴伊（Kati Dye）的发起、指导、坚持和灵活变通，这本书也就无从诞生。我们也要感谢DK出版公司的彼得·琼斯（Peter Jones），感谢他在这本书的日期安排和商务事宜上的协助和灵活变通。

领导力

创作者：克里斯蒂娜·奥斯本（Christina Osborne）

为DK出版公司写书，会让作者立即融入最有效的团队协作之中，这是众多人才、巨大耐心和坚定付出的伟大结合。我要感谢阿黛尔·海沃德（Adèle Hayward）和彼得·琼斯，感谢他们的远见和组织管理，感谢马雷克·瓦利斯维奇（Marek Walisiewicz），感谢他用鼓舞人心的方式领导大家将视觉的冲击与文字融合在一起，也要感谢他的编辑和设计师团队为这本书赋予无穷趣味。

实现高绩效

创作者：迈克·伯恩（Mike Bourne）和皮帕·伯恩（Pippa Bourne）

我们要感谢麦克在克兰菲尔德管理学院商业绩效中心的朋友和同事，感谢他们给予本书的支持和建议。另外，我们也要感谢英格兰及威尔士特许会计师协会为皮帕留出写这本书的时间，尤其感谢查尔斯·卡特（Charles Carter）和黛比·金普顿（Debbie Kimpton）的支持。

有效沟通

创作者：詹姆斯·欧洛克（James O’Rourke）

我要感谢Cobalt id设计公司的好朋友们，是他们帮助我将几十年的经验、教学和研究浓缩成一本有趣可读的书籍。如果不是马雷克·瓦利斯维奇打电话让我考虑这个项目，我绝不会写出这部作品。我要特别感谢凯蒂·戴伊和其他才华横溢的艺术家、编辑和设计师，是他们将我的想法和评论结集成了一本精美的书。还要感谢丹尼尔·米尔斯（Daniel Mills）和DK出版公司的专业团队，是他们的勤奋和专业精神，让这本书以及这个系列熠熠闪光。感谢你们所有人。

演讲

创作者：艾琳·平克斯（Aileen Pincus）

作者要感谢DK出版公司和Cobalt id设计公司的编辑，感谢他们对这个项目的指导。特以这本书献给斯考特、本杰明和安娜，感谢他们的爱、支持和耐心；也感谢我的父亲梅耶·平克斯（Meyer Pincus），他对文字和思想的热爱，将永远延续下去。

谈判

创作者：迈克尔·比诺里（Michael Benoliel）和魏华（Wei Hua，音译）

我们要感谢美国谈判中心（Centre for Negotiation）以及新加坡国际视野公司（International Perspectives）

的商业伙伴、新加坡管理大学的同事、我们的编辑阿姆里特·考尔（Amrit Kaur），以及我们的研究助理黛博拉·吴（吴穗玲, Deborah NG Sui Ling，音译）。感谢大家的支持。感谢来自美国、英国、中国、印度、新加坡、泰国、马来西亚、印度尼西亚和菲律宾的众多管理人员，感谢大家积极参与我们的谈判培训和教练研讨会，对我们的专业知识的实际意义和准确性进行了终极测试。感谢我们在约翰霍普金斯大学、新加坡管理大学和新加坡南洋理工大学的学生。是你们的勤学好问，帮助我们将抽象的思维凝聚成了具体的文字。感谢包括马雷克·瓦利斯维奇、彼得·琼斯、凯蒂·戴伊在内的诸多才华横溢的设计师和编辑。你们对这本书的出版事宜所付出的努力，让我们的谈判和教练辅导理念得以与公众见面。这个集体努力的产物，会将谈判的最佳实践发扬光大。